Teleshakespeare

# Jorge Carrión

# Teleshakespeare

## Edición remasterizada

Galaxia Gutenberg

Publicado por
Galaxia Gutenberg, S.L.
Av. Diagonal, 361, 2.º 1.ª
08037-Barcelona
info@galaxiagutenberg.com
www.galaxiagutenberg.com

Primera edición: octubre de 2022

© Jorge Carrión, 2011, 2022
Según acuerdo con Literarische Agentur Mertin, Inh.
Nicole Witt e. K. Frankfurt am Main, Alemania
© Galaxia Gutenberg, S.L., 2022

Preimpresión: Maria Garcia
Impresión y encuadernación: Romanyà-Valls
Pl. Verdaguer, 1 Capellades-Barcelona
Depósito legal: B 17335-2022
ISBN: 978-84-19075-68-0

*Para Marilena*

Acomoda la acción a la palabra, la palabra a la acción, con este cuidado especial; que no rebases la moderación de la Naturaleza, pues cualquier cosa que así se exagere, se aparta del propósito del teatro, cuyo fin, al principio y ahora, era y es, por decirlo así, sostener el espejo a la Naturaleza, mostrando a la Virtud su propia figura, al Vicio su propia imagen, y a la época y conjunto del tiempo, su forma y huella.

Wiliam Shakespeare

Mañana se descubrirá la navegación aérea, el hombre habrá conquistado el espacio como había conquistado los océanos. Mañana podrá comunicarse de un extremo a otro de la tierra sin hilos ni cables. La palabra humana, cualquier movimiento humano, darán la vuelta al mundo con la rapidez de un relámpago… Siempre será la ciencia, amigo mío, la revolución invencible que emancipe a los pueblos con más paz y más verdad. Hace ya tiempo que habéis borrado las fronteras con vuestros ferrocarriles que se prolongan sin cesar, cruzan los ríos, horadan las montañas, juntando todas las naciones en las mallas cada vez más espesas y fraternales de esta inmensa red…

Émile Zola

La crítica no sabe afrontar bien los éxitos comerciales. Y eso ocurre desde siempre. Precisamente porque es la crítica y necesita de una «crisis». Si una película es mayoritaria en su punto de mira, si reproduce el consenso social a su manera, no la molesta, aporta una pequeña variante a una serie ya legitimada, siendo así que es vista por gente que se considera sincrónica de la película, de la misma generación y de la misma época, así que no vemos lo que la crítica puede añadir. [...] Lo que quizá ha cambiado hoy en día es lo que yo llamaría *el efecto de presente.*

SERGE DANEY

La primera tarea del crítico consiste en reconstituir el juego complejo de los problemas que enfrenta una época particular y examinar sus diferentes respuestas. [...] La actividad artística constituye un juego donde las formas, las modalidades y las funciones evolucionan según las épocas y los contextos sociales, y no tiene una esencia inmutable. La tarea del crítico consiste en estudiarla en el presente.

NICOLAS BOURRIAUD

Al ocuparme de lo desconocido y trabajar con ideas especulativas, encuentro reconfortante recordar que el descubrimiento de estructuras fundamentales ha llegado siempre por sorpresa y que se ha topado con el escepticismo y la resistencia.

LISA RANDALL

ATENCIÓN

El presente libro contiene un sinfín de *spoilers*.

# Índice

## TELENOVELAS

# Episodio piloto

## I. EL CINE O LA PATERNIDAD

En el principio no fue el cine.

En el principio fue la oración. Y la poesía y el mito y la tragedia y el cuento y la comedia. Y, después, la novela –tragicómica. Y el ensayo. Y la pintura. Y la fotografía. Y, finalmente, el cine.

Y su hija: la televisión.

Lo que los une es la repetición. El rezo, lo poético o el relato, mucho antes de que pudieran ser escritos fueron memorizados y repetidos, mediante fórmulas retóricas, mediante estructuras emuladas, mediante la mnemotecnia que articula la cultura. La imprenta no es más que una máquina de repetir. De multiplicar las lecturas y, por tanto, las imitaciones, y, por tanto, las variantes; es decir, las series.

David Griffith, que en la adolescencia trabajó en una librería y que en la juventud trató de ser escritor y escribió de hecho algunos guiones, en *The Birth of a Nation* narró en realidad dos nacimientos: el de Estados Unidos y el del lenguaje cinematográfico. Hermanos siameses: USA es, sobre todo, lo que de ella han representado sus películas. Su modelo no eran los hermanos Lumière, sino Charles Dickens leído a través de la pintura victoriana. «Yo hago novelas en cuadros», afirmó, como si su lectura de la novela realista hubiera sido eminentemente visual. Con su configuración de una gramática del cine, lo cierto es que hizo repetitivo y por tanto serial un lenguaje que hasta entonces podía ser único, excepcional en cada una de sus obras.

Eisenstein escribió: «No me gustan mucho los filmes de Griffith, o al menos el sentido de su dramaturgia: es la expresión última de una aristocracia burguesa en su apogeo y ya en pleno declive. Pero es Dios padre. Lo ha creado todo».

Charles Chaplin lo llamó «el padre de todos nosotros».

Murió en 1948, el mismo año en que nació la programación de la red comercial de televisión en Estados Unidos, mientras el lenguaje televisivo se iba creando lentamente, con su múltiple paternidad. Porque en los inicios de la televisión también encontramos cuerpos, discursos y técnicas que proceden del cabaret, del teatro, de la radio, del cómic, de la publicidad, de la política o de la prensa. Su condición multicanal implica una naturaleza mutante.

En 1958, Alfred Hitchcock –que también expresó su respeto por el Padre– ganó la Concha de Plata en el Festival de Cine de San Sebastián por *Vertigo* y el Globo de Oro a la mejor serie de televisión por *Alfred Hitchcock Presents*. Hay que esperar treinta y tres años, hasta 1991, para volver a encontrar en la lista de los Globos de Oro el nombre de un gran director de cine. Me refiero a David Lynch, quien el año anterior había ganado la Palma de Oro en Cannes por *Wild at Heart*, y que entonces fue premiado por *Twin Peaks*. Me refiero al prólogo de la época dorada de la teleficción en que vivimos: el salto entre la serialidad antológica de Hitchcock (cada entrega sin relación argumental con la anterior ni con la siguiente) y la serialidad progresiva, con diversas líneas argumentales y una apuesta definitiva por la calidad de la imagen, de los escenarios y de la actuación. Me refiero a la teleserie que se ubicó en la vía abierta en los ochenta por *Hill Street Blues*, cuyo guionista Mark Frost fue el co-autor de *Twin Peaks;* que coincidió en los noventa con *Northern Exposure* y con *Homicide*, la adaptación teleserial de un libro homónimo de David Simon, cuyo primer episodio dirigió el cineasta Barry Levinson. A partir de entonces, con el cambio de siglo, se volvió habitual que en los títulos de crédito de las teleseries figuraran nombres de directores y guionistas cinematográficos como Steven Spielberg, Lars von Trier, Martin Scorsese, Sam Raimi, Quentin Tarantino o Alan

Ball. Pero también se normalizó el caso inverso, como el de Rodrigo García o el de J. J. Abrams: tras destacar en el ámbito televisivo, hacerlo también en la gran pantalla.

El cine y la televisión se han convertido en vasos comunicantes en perpetua retroalimentación, catalizada por el matrimonio entre el Cielo y el Infierno, Lynch y Frost, Levinson y Simon. O viceversa: las bodas entre Infierno y el Cielo, entre el Cine y la Televisión, cierta forma de incesto para asegurar la supervivencia de la especie –la imagen animada.

Tal vez uno de los ejemplos más significativos del siglo XXI del diálogo entre ambos medios lo encontramos precisamente en un largometraje de Abrams: *Star Trek XI*. En un final antológico y borgiano, comparten el presente narrativo las dos versiones del personaje de Spock: el joven, interpretado por Zachary Quinto, y el viejo, encarnado por el casi octogenario Leonard Nimoy, protagonista, director ocasional y guionista de gran parte de las entregas de la franquicia *Star Trek*. En una brillante actualización del tópico *puer senex*, el viejo Spock se convierte en un profeta que vaticina la importancia que la fe y la amistad tendrán en el futuro de Spock y de Kirk. Un futuro que –de hecho– ya ha sido escrito en todos los capítulos teleseriales y en todas las películas precedentes, desde los años sesenta. Como si de un signo de los tiempos se tratara, Leonard Nimoy apareció paralelamente en esa película y en la teleserie *Fringe*. Y Zachary Quinto debutó como protagonista de cine después de encarnar todo tipo de personajes teleseriales en *CSI*, *Six Feet Under* o *Heroes*. En una película, por tanto, dialogan cara a cara dos momentos históricos de la televisión. El cine se convierte en lugar de encuentro de criaturas en quienes se puede rastrear la propia genética cinematográfica.

El actor que encarna en *Battlestar Galactica* al almirante Adama es el mismo James Edward Olmos que, un cuarto de siglo antes, daba vida a Gaff en *Blade Runner*. El cuerpo envejecido de Olmos en la teleserie se contrapone al cuerpo adulto de Olmos en la película, como si sus células y sus carnes y sus arrugas fueran el escenario de un progreso histórico y artístico. Mientras que en la película de Ridley Scott los humanos manteníamos a raya a los replicantes, en la teleserie los *cylons* no dudan en acabar con nosotros. Si sobrevivimos es gracias a que la nave de combate *Galáctica* no estaba conectada a la red de defensa que unía al resto de la flota.

La supervivencia, por tanto, era una cuestión de desconexión.

Mientras que, en líneas generales, el cine de autor se desconecta de los ritmos y las estrategias que proponen las teleseries, buscando su representación en las salas de los festivales y de los museos, el cine *mainstream* conversa en cambio con ellas, en una situación inimaginable antes de los años noventa. Eso no significa que la teleficción no sea a menudo de autor y que no recurra a las herramientas narrativas del arte y ensayo: no hay más que pensar en algunos planos y secuencias de obras de HBO como *Carnivàle*, *In Treatment* o *Treme*.

Me parece más fértil pensar en el cine y en la televisión como vasos comunicantes que tratar de analizar el cine hollywoodiense de nuestros días en su especificidad ciertamente imposible. Si se mira la cartelera global de 2010, se verá que la caracterizó la siguiente nube de etiquetas: *remake*, tercera parte, franquicia, animación, homenaje y cita. En esa fecha se estrenó la primera película de Kevin Smith distribuida por una gran productora, *Cop Out*. La extensa escena inicial es un sinfín de parodias de momentos de la historia del cine policial, que sólo se puede disfrutar si se conocen los modelos, el archivo del subgénero. Entre las persecuciones se suceden los chistes marca de la casa y las ineludibles escenas alrededor del coleccionismo y del mundo del cómic, pero no se puede hablar de una película *personal*. El eslogan de *The A-Team*, el *remake* de la teleserie de los años ochenta, es elocuente sobre la situación del cine de entretenimiento: «No hay plan B».

El esplendor del cine y de la televisión norteamericanos empezó a declinar justamente en los ochenta, cuando lo hizo también el fordismo. Es decir, cuando Occidente fue dejando de producir masivamente y en cadena, cuando la producción industrial fue siendo delegada hacia el Este y hacia Oriente, emergió la televisión de calidad en el vacío postordista, para documentar la depresión y para ocupar con un poderoso capital simbólico, de producción serial, los almacenes abandonados, las factorías desiertas, los puertos que dejaron de exportar. Los pozos petrolíferos abandonados de *Friday Night Lights*, la decadencia del puerto de Baltimore en *The Wire*.

Las series son el penúltimo intento de Estados Unidos por seguir siendo el centro de la geopolítica mundial. Como económicamente ya no es posible, los esfuerzos se canalizan hacia la dimensión militar y simbólica del imperio en decadencia. La teleficción documenta, autocrítica, esa deriva doble: geopolítica y representacional.

Las teleseries norteamericanas han ocupado, durante las dos primeras décadas del siglo XXI, el espacio de representación que durante la segunda mitad del siglo XX fue monopolizado por el cine de Hollywood. Quizá ninguna de las grandes teleseries haya pagado esa deuda con la tradición cinematográfica con la misma contundencia que *The Sopranos*. El argumento fue concebido por David Chase como guión de un largometraje y, de forma natural, evolucionó hacia el guión de una teleserie que acabó teniendo seis temporadas y unas setenta y cinco horas de duración. Las películas de *gangsters* en que se inspira están presentes a muchos niveles: desde un *cameo* de Martin Scorsese hasta conversaciones sobre la saga *The Godfather* pasando por la proyección de *The Public Enemy*, de William A. Wellman, o la imitación constante que hace Silvio de Michael Corleone. Podría decirse que después de esos homenajes, no sólo *The Sopranos* se convirtió en la mejor ficción sobre mafiosos de la historia, sino que el resto de las grandes teleseries se liberó de la necesidad de expresar su gratitud por los elementos retóricos y visuales que estaban heredando del séptimo arte. Así, aunque el lenguaje sea claramente deudor del cinematográfico, en *Six Feet Under* o *The Wire*, el cine no es explícitamente tematizado; la narratividad teleserial parece haberse ya emancipado, conservando sin duda multitud de elementos heredados, como hizo el cine con la pintura y la novela realista del siglo XIX, pero sin necesidad de hacer hincapié en esa deuda.

La línea que va de *M\*A\*S\*H* a *I May Destroy You*, pasando por *Hill Street Blues* o *Breaking Bad*, procede de la incorporación del *cinéma vérité* al cine y a la televisión norteamericanos. Es decir, de una forma de filmar la ficción como si fuera realidad que en sus orígenes fue una respuesta de los autores europeos al paradigma hollywoodiense. Ese uso de la cámara se ha convertido en un elemento fundamental de la narrativa televisiva de nuestros días, porque remite a su condición ontológica. A lo que aspira a *ser*. En el plano visual, encontramos el estilo documental; en el plano del guión, el predominio de la alusión, de la referencia indirecta, de la información dosificada. Los mundos creados por las teleseries comienzan *in medias res*, en el momento de crisis (de cambio) en que se inician todos los grandes relatos. No hay introducción. No hay *previously on*. No hay *dramatis personae*. El episodio piloto retrata a los personajes profesional y familiarmente, con su máscara (lo que quieren representar) desencajada, súbitamente violentados. Se ofrece tal como es a las pupilas del espectador, mediante cámaras que vacilan sobre el hombro del camarógrafo, en planos que vibran, a través de texturas que parecen sucias, en planos fijos que emulan los de las cámaras de seguridad. No sólo en las obras realistas, también en las fantásticas: *Battlestar Galactica* plantea en los mismos términos su historia de androides y naves del espacio, y *The Walking Dead* parece por momentos un documental sobre náufragos y zombies. Todo se retrata con la misma ilusión de verdad que encontramos en un documental y en el cine que ha incorporado su estética. Porque las teleseries persiguen la creación de un mundo. Sellan desde su inicio un pacto con el telespectador para que este asuma que lo que está viendo es tan real y tan ficticio como la vida misma.

Un mundo paralelo con el que relacionarse a través de la adicción.

El protagonista de *Inception*, de Christopher Nolan, es realmente fascinante; pero el telespectador de nuestros días sale de la sala con la sensación de que, para ser un personaje redondo, a ese chico le faltan al menos cuarenta horas de vida ficcional. Esa insatisfacción es irreversible. Nuestra relación con los personajes de ficción ha cambiado para siempre. Cada año que pasa se bate el récord de la teleadicción. El nuevo estupefaciente se llama *personaje*. Actúa por empatía; estimula la identificación parcial; lo sentimos cercano y lejano a un mismo tiempo; real y virtual. Nuestro y múltiple: se encarna en formatos y en cuerpos diversos, lo leemos en pantalla y en papel, lo regalamos como figura de plástico, lo compramos en la portada de *Rolling Stone* o lo ponemos de salvapantallas. La adicción sólo puede ser serial, insistente, repetitiva. Pasó el tiempo del culto a una película única e irrepetible.

En *Sherlock* los mensajes que el detective y drogadicto más famoso de la historia envía o recibe a través de su teléfono móvil o las búsquedas que hace en internet se sobreimprimen en la pantalla, en un modo de utilizarla que recuerda al que es habitual en los videojuegos. *Spartacus* –a través de la película *300*– traslada al televisor el expresionismo de los cómics. *Black Mirror* retrata la presencia de las pantallas en nuestras vidas cotidianas: desquiciantes, imprescindibles, nos han cambiado la manera de mirar. Sin duda el uso desprejuiciado que hacen las teleseries actuales del *flashback* y del *flashforward*, el número de tramas paralelas que barajan, los laberintos narrativos que construyen o el ritmo que imprimen a su acción no habrían llegado a las pantallas del siglo XXI sin, por ejemplo, el *macguffin* de Hitchcock, los hallazgos formales de Scorsese o las estructuras de Tarantino; pero la tradición audiovisual va más allá de la narrativa cinematográfica y se imbrica en las técnicas contemporáneas que han moldeado nuestra forma de leer. El mando a distancia, el zapping, la congelación de la imagen, la viñeta, el rebobinado, la apertura y el cierre de ventanas, el corta y pega, el hipervínculo. Mientras que la velocidad a la que nos obligan a leerlas sintoniza con el espíritu de la época, el profundo desarrollo argumental y psicológico al que nos han acostumbrado conecta con la novela por entregas y con los grandes proyectos narrativos del siglo XIX *(La Comedia Humana, Los Episodios Nacionales)*.

Entre principios del siglo XXI y finales del siglo XIX, la biografía entera del Padre Cinematográfico.

## II. LA NUEVA HISTORIA

La obra de arte es hija natural de uno o varios individuos e hija bastarda de la Historia. Cuestiona una o varias psicologías, los códigos de un lenguaje y su contexto contemporáneo.

La excelencia de la televisión de la primera década del siglo XXI no se explica, por tanto, sin su marco histórico.

Me refiero, por un lado, a los cambios experimentados por la industria: desde la metamorfosis de los formatos del cine y la televisión (vídeo, dvd, digitalización de los contenidos) hasta la irrupción del capitalismo de plataformas (Netflix, Amazon Prime Video, Disney+), pasando por la importante huelga de guionistas norteamericanos de finales de 2007 y principios de 2008 o la globalización de la producción de series. Y, por el otro lado, a que tanto en el cine como en las teleseries la Historia contemporánea ha sido discutida y representada. Desde la perspectiva norteamericana, por supuesto: el 11-S, la progresiva importancia de la minoría latina, George Bush, las guerras de Afganistán y de Irak, Lehman Brothers, Hillary Clinton, Bernard Madoff, el huracán Katrina, Barack Obama, Facebook y Twitter, Donald Trump, la pandemia de la covid-19. En *Lie to me*, por ejemplo, se proyectan imágenes reales de la política de nuestra época para evidenciar la mentira en el lenguaje corporal del líder de turno. Así, aparecen Ahmadinejad, Bush hijo, Hillary Clinton y, sobre todo, su marido Bill Clinton, jurando que él no había tenido «relaciones sexuales con esa mujer» (algo que repite en *American Crime Story: Impeachment*). La mirada estadounidense.

Pese a la corta historia de la televisión, la relación de las series con la Historia es cuento largo.

Sin la Guerra Fría no se entienden los personajes de *I Spy* ni de *Mission: impossible*. A finales de los setenta, *Lou Grant* enfocó la relación entre la prensa y la sociedad estadounidense en la época del Watergate. Poco después, el fin de la guerra de Vietnam pobló las pantallas de veteranos de esa guerra, como Thomas Magnum o los miembros del Equipo A. Fue tal vez *China Beach* la teleficción que retrató esa guerra con mayor complejidad, sobre todo cuando en la cuarta temporada se establecen dos tiempos paralelos: finales de los sesenta y principios de los setenta, en Saigon, y mediados de los ochenta, en Estados Unidos (un precedente de *This is Us*). Así, la experiencia bélica se convierte en pasado y, como tal, en objeto de versiones y de interpretaciones. Quizá lo más cierto de todo lo que une ambos momentos sea la patología (estrés postraumático) que la protagonista sufre desde sus últimas semanas en Vietnam: no fue hasta 1980 cuando la Asociación Americana de Psiquiatría reconoció oficialmente su existencia, gracias a la presión ejercida por los veteranos. En la misma década de los ochenta, *Miami Vice* mostró cómo se consolidaban las redes de narcotráfico internacional bajo la presidencia de Ronald Reagan. Hasta entonces, la política estaba sobre todo en las calles. Con *The West Wing*, a finales de la década siguiente, el Despacho Oval penetró en la intimidad de cualquier televidente. Como si las guerras abstractas y lejanas necesitaran concretarse en figuras y espacios concretos y cercanos. Durante la primera década del siglo XXI los presidentes reales y ficticios de Estados Unidos se fueron convirtiendo en presencias constantes en las series. Si durante muchos años Fidel Castro cenó cada noche con sus súbditos gracias a la cercanía del televisor, los presidentes norteamericanos son ahora los vecinos de los ciudadanos globales al otro lado del espejo de la pantalla.

En 2001 se estrenó *24* y las Torres Gemelas fueron derribadas. Aunque las consecuencias del atentado terrorista más televisivo y televisado de la historia contemporánea constituyen el trasfondo de todas las teleseries estadounidenses de la primera década del siglo, ninguna como *24* sintonizó con la historia del imperio en decadencia. El año en que acabó el siglo XX se estrenó también *The Agency*, cuyo episodio piloto original –que no se estrenó como tal– enfocaba un posible atentado de Al Qaeda contra los grandes almacenes Harrods de Londres; pero el hecho de que sólo estuviera dos años en antena y el éxito de *24* eclipsaron su impacto en el imaginario del terrorismo.

Concepción Cascajosa Virino, en *Prime Time*, y Fernando de Felipe e Iván Gómez, en *Ficciones colaterales. Las huellas del 11-S en las series «made in USA»*, han historiado y analizado la representación del atentado. La primera teleserie que habló de él fue *Third Watch*, cuyos protagonistas eran precisamente policías, bomberos y enfermeros de la ciudad de Nueva York: en tres capítulos, emitidos en octubre y noviembre de 2001, con un estilo docudramático, se obviaron las imágenes directas del atentado para enfocar los rostros y el horizonte psicológico de las ruinas. El resto de teleseries ambientadas en Nueva York que ya existían en septiembre de 2001 fueron incorporando también la realidad inmediata a sus guiones: *Without a Trace, NYPD Blue, Law and Order, CSI: New York*. Todas ellas optaron por hablar de las consecuencias, de las heridas, del trauma, sin representar lo que ya había sido visto por el Televidente Global, lo que –por tanto– no era necesario volver a presentar en un marco de ficción. Mientras tanto, *The West Wing*, en el capítulo «Isaac e Ismael», ofrecía una interpretación ensayística «que ponía al 11-S en su contexto», en palabras de Cascajosa, «reconocía que la relación con Israel había sido determinante en los atentados».

Si en estos ejemplos tenemos acercamientos puntuales o laterales a la posición de Estados Unidos en la geopolítica internacional alterada por el terrorismo, en 24 la cuestión es constante y central. Durante sus nueve temporadas, la sintonía con la Historia de la teleserie protagonizada por el agente federal Jack Bauer se dio en dos niveles simultáneos. En un primer nivel, el de lo representado, el agente de la Counter Terrorist Unit, con sus acciones, con su continuo escapismo y con su defensa del fin en detrimento de los medios, fue la encarnación de la política de George Bush. Quiero decir: el psicoterror. Quiero decir: en el cuerpo de Bauer pudimos leer la Ley Patriótica y Guantánamo y la asfixia simulada y el resto de técnicas de tortura utilizadas por la CIA con el beneplácito del gobierno. Quiero decir: en los salvajes métodos de Bauer y en los ilógicos comportamientos de los terroristas a quienes perseguía, en el combate físico, mental y moral entre ambos bandos, se reflejó el telón de fondo psicológico y moral del enfrentamiento entre Estados Unidos y Al Qaeda, la invasión de Afganistán y de Irak, su ramificado e inacabable impacto. No es casual que en la séptima temporada, estrenada en 2009, Bauer sea interrogado por una comisión del Senado, que lo acusa precisamente de torturas, si se tiene en cuenta que a finales del año anterior Obama alcanzó la presidencia.

Tan importante como el cuerpo perpetuamente en tensión de Bauer (su rostro ensangrentado, sus músculos sudados, su ropa hecha trizas) es el modo escogido para su representación –el segundo nivel. 24 simula ser una serie en *tiempo real* y, sobre todo, incluye en su estrategia narrativa dos elementos fundamentales: el cronómetro y la fragmentación de la pantalla. El modo en que la CNN cubrió el ataque contra las Torres, con su combinación de imágenes registradas por profesionales con otras de factura amateur, tiene en 24 una presencia fantasmática en los movimientos de cámara y la alternancia de filmación directa con planos de cámaras de seguridad e imágenes satelitales. La lectura que proponía la teleficción fusionaba la pantalla del telediario con la pantalla del ordenador, en un ritmo de visión dominado por la cuenta atrás. Porque la aceleración de la historia contemporánea ha sido paralela a la aceleración de su lectura. 24 no es, desde un punto de vista artístico, una de las mejores teleseries; pero posiblemente sea la que mejor le tomó el pulso a la primera década del siglo XXI.

O tal vez no: porque *Battlestar Galactica*, que comenzó a emitirse a finales de 2003, se inicia con un atentado elevado a la enésima potencia. Por tanto, con un planteamiento opuesto al de 24 y al de la Realidad. ¿Y si en vez de unos miles de muertos estuviéramos hablando de miles de millones? El exterminio de la raza humana por parte de los *cylons*, que utilizan como estrategia militar la infiltración, el virus, el terrorismo. Los *cylons:* creados por los humanos como Estados Unidos creó a Al Qaeda. Los *cylons:* con sus células durmientes. Los *cylons:* torturados y vejados por los seres humanos, como los prisioneros de Abu Ghraib.

Torturas que aparecen en la vigésima temporada de *Law and Order* (para cuestionar la política represiva en el contexto del terror de la guerra contra el terror).

Que aparecen en la décima temporada de *JAG* (para criticar la cadena de mando).

Que, trasladados a otra prisión secreta, vuelven a aparecer en la primera temporada de *Rubicon* (para mostrar las estrategias utilizadas por la CIA después del escándalo: los torturadores son ahora agentes jordanos) y en el cuchillo que el agente Peter Quinn clava en la mano de Nicholas Brody durante un interrogatorio de *Homeland*.

Aquí tenemos un debate de fondo: la potencia del realismo (aunque sea hiperbólico) y la potencia de la ciencia ficción (postapocalíptica) para analizar críticamente la deriva del Presente. A diferencia del resto de teleseries citadas, cuya capacidad de provocar reflexión e impacto es cualitativa, *Battlestar Galactica* puede plantear una situación cuantitativamente extrema. No sólo el asesinato de la mayor parte de la especie humana en vez de las tres mil víctimas mortales de Nueva York; también, cuando los supervivientes deciden asentarse en Nueva Cáprica y el planeta es invadido por los *cylon,* una situación inversa a la de la ocupación de Irak, en que

estos son los torturadores y aquellos, los terroristas capaces de in-
molarse por la causa de la liberación.

Pero la ficción realista es mayoritaria y en ella es más sencillo
rastrear la presencia de la Historia Contemporánea: la primera fase
de la guerra de Irak en *Generation Kill;* la guerra de Afganistán en
una de las tramas secundarias de *FlashForward;* la figura de Madoff en un capítulo de *The Good Wife* y en toda la tercera temporada de *Damages;* Nueva Orleans devastada por el huracán Katrina en
*Treme;* veteranos de ambas guerras en series estadounidenses como
*Blue Bloods* o *Arrow* y británicas como *Sherlock* o *Luther;* las mismas guerras y el mismo huracán en el trasfondo de *Studio 60;* las
mutaciones del conflicto entre Israel y Palestina, vistas desde ambos
lados y tanto en árabe como en hebreo, en *Fauda;* los casos judiciales más sonados de la segunda década del siglo en *The Good Wife;*
la pandemia biológica y mental en la inesperada cuarta temporada
de *In Treatment:* cómo representar el presente en marcha, los dispa-
rates, los caprichos y el dolor contemporáneos. Acontecimientos o
figuras concretas que se inscriben en el panorama general, el horizonte psicológico e histórico definido por la paranoia, el miedo, la
conspiración y sólo un atisbo de esperanza.

En todos esos casos la Ficción va a remolque de lo Real.

Pero en muchas ocasiones ocurre a la inversa y el cine y la televisión operan una suerte de pedagogía social. Preparan al inconsciente colectivo para cambios inminentes. Envían postales del futuro.
David Palmer, el primer candidato afroamericano a la presidencia
de Estados Unidos, es el objetivo terrorista de la primera temporada de *24.* En la segunda, ya es presidente. En la quinta, será asesinado, como expresidente, y su hermano, Wayne, se convertirá en el
segundo presidente afroamericano de Estados Unidos. La siguiente
persona en el cargo es Allison Taylor (la primera presidenta de la
historia de Estados Unidos). Pero en 2007 ya existían dos presidentas
en las pantallas norteamericanas: la Allen de *Commander in Chief* y
la Reynolds de *Prison Break.* El liderazgo de Hillary Clinton y Barack Obama, por tanto, no sólo había sido prefigurado por las teleseries (y antes de ellas por el cine y la literatura), sino que también
había sido explicado televisivamente a la masa, para que esta com-
prendiera que lo que en el ámbito de la Ficción era normal también

podía serlo en el de lo Real. Obama fue presidente entre 2009 y 2017: no es casual que la desternillante comedia satírica *Veep*, protagonizada por la exsenadora y vicepresidenta Selina Meyer, cosechara entre 2012 y 2019 ni más ni menos que diecisiete premios Emmy.

## III. MIGRACIONES

El origen racial de Obama y las líneas mayores de su política se traducen en las teleseries coetáneas. La lectura clásica que ve en la ciencia ficción literaria, en el fantástico hollywoodiense o en el cómic de superhéroes respuestas a determinados contextos políticos (desde la amenaza rusa convertida en invasión alienígena durante la Guerra Fría hasta George Bush metamorfoseado en el canciller Palpatine de *Star Wars*, pasando por los mutantes como trasuntos de las minorías que reivindicaban sus derechos civiles en los sesenta), se adapta ahora a los argumentos teleseriales. En el *remake* de V, la llegada de las naves nodrizas revela que los visitantes extraterrestres llevaban tiempo infiltrados entre los seres humanos, constituyendo una suerte de alteridad invisible, que se blanquea al revelarse como tecnológicamente superior. Anna, su líder, anuncia entonces la creación de un *sistema sanitario universal*. En *FlashForward* y en *Fringe* los jefes de los protagonistas blancos son afroamericanos. En *True Blood* se utiliza el concepto «salir del ataúd» en alusión a los vampiros que dejan de consumir sangre humana y se convierten en «American Vampires». La propuesta de *True Blood* pasa por la legalización y la normalización de una minoría histórica de nuestro imaginario colectivo: porque también son *reales*.

En *The Event*, el presidente es cubano-americano. Latino. Que así sea.

«Vivimos en South Florida, el inglés es un idioma extranjero», dice uno de los protagonistas de *Nip/Tuck* en el episodio piloto.

Hasta muy avanzada la primera temporada de *Dirt* no aparece ningún personaje latino. Lo hace, finalmente, sin identidad individual, como parte de un grupo. Los latinos propinan una paliza brutal a un aprendiz de fotógrafo blanco, se mean encima de él y le dan descargas eléctricas en los testículos. La redacción de la revista

*Dirtnow* está conformada por blancos anglosajones, que entrevistan, fotografían y sacan en portada a artistas blancos anglosajones. Los afroamericanos sólo aparecen en la trama como estrellas del baloncesto o del rap, y los latinos, como criminales violentos. Estamos en Los Ángeles de Beverly Hills, de Hollywood, de carísimas clínicas de desintoxicación y clubes exclusivos. Al parecer, la existencia de Salma Hayek y Antonio Banderas en esa topografía real no es más que una cuestión de minoría no representativa; porque los personajes afroamericanos y latinos sí abundan, en cambio, en *The Shield*, una teleficción policial ambientada en el multirracial y pobre Farmington District. Aunque estemos en la misma megalópolis, se trata de mundos opuestos. La mayoría de los agentes de esa comisaría son blancos anglosajones, con *Vic* Mackey y sus tres compañeros del Equipo Especial en su centro. En las primeras temporadas las tensiones circulan, sobre todo, en un triángulo visiblemente racial: el que pasa por los ángulos del chivato novato (afroamericano), el ambicioso capitán (de apellido Aceveda) y *Vic* Mackey. En *The Shield* las tres *razas* –según la cosmovisión norteamericana– son representadas según los porcentajes de la estadística aproximada nacional: de los 330 millones de estadounidenses, la mayoría blanca no llega al 60% de la población; la minoría latina ya no lo es tanto, con cerca del 20%; y poco más del 10% es afroamericano (el origen del resto es asiático y de otras partes del mundo).

Las lentes y los filtros que distorsionan la realidad en el guión y en las imágenes de una serie de televisión –por cuestiones tanto de libertad creativa como de *rating* y de casting– transforman las estadísticas demográficas en espectros de la verosimilitud. La mayoría de la población de Miami es de origen cubano y centroamericano, pero en *CSI Miami* sólo uno de los protagonistas es latino, Eric Delko, de madre cubana, que deja la unidad policial en la octava temporada, reemplazado por Jesse Cardoza. La minoría debe seguir con su cuota. También en *Lie to me* hay un único personaje latino en un equipo de personajes blancos: Ria Torres. Es la *natural*, es decir, la única capaz de detectar las mentiras por vía de la intuición y no de la ciencia. En *FlashForward*, en cambio, no hay ningún personaje de origen hispano, pero uno de los protagonistas (Demetri Noh) es asiático-americano. Probablemente se trate del persona-

je más trágico de la teleserie: sabe desde el principio en qué día
exacto va a morir. Pero los estereotipos asiáticos no son tan claros
como en el caso de los latinos: en *Dexter*, Masuka es el bufón, es
decir, lo opuesto que Noh. Sin embargo, hay un rasgo compartido por los personajes coreanos y japoneses de *Lost*, *Heroes* y
*FlashForward:* todos necesitan huir y se acaban integrando, de un
modo u otro, como refugio, en la cultura (pop) estadounidense.

Los personajes de origen hispanoamericano, de hecho, habitan
las teleseries en dos estados complementarios: el tránsito y la ciudadanía. El primero está a menudo ligado con la violencia y la crimi-
nalidad. Tal es el caso, por ejemplo, de la centroamericana Maya
*(Heroes)*, cuyo superpoder consiste en masacrar a quien se encuen-
tre a su alrededor, y que emigra ilegalmente a Estados Unidos junto
con su hermano Alejandro en busca de respuestas científicas a su
maldición. O de El Despellejador *(Dexter)*, un psicópata también
centroamericano que emplea a inmigrantes en su pequeña empresa
de jardinería, mediante la cual selecciona a sus víctimas y las deso-
lla. Hugo Reyes *(Lost)*, el capitán Aceveda *(The Shield)*, Federico
Diaz *(Six Feet Under)*, Carmen Molina y Gustavo Fring *(Breaking
Bad)* y buena parte del elenco de *Dexter*, en cambio, son ciudadanos estadounidenses –caracterizados, por cierto, por una relación
problemática con la ambición.

El conflicto entre tránsito y ciudadanía se observa con fascinante
complejidad precisamente en *Dexter*, tal vez la teleserie norteamericana donde confluyen mayores tensiones raciales y culturales y
donde encontramos mayor presencia de latinos (no en vano está
ambientada en Miami). De hecho, Dexter y su hermana son los
únicos *wasp* de la comisaría. Y los que (al menos sobre el papel)
tienen menos poder en ella, hasta que Debra es nombrada teniente.
Un mestizaje problemático, que los guionistas han sabido mostrar
tanto en el idioma español que a veces utilizan para expresarse los
personajes como en la trama de relaciones humanas que se miniatu-
riza en el departamento policial, pasando por la construcción de
cada capítulo, donde a menudo cobran protagonismo las fricciones
étnicas. En uno de los episodios Dexter descuartiza a una pareja
blanca y enamorada que se dedicaba a traficar con espaldas moja-
das y a humillarlos; un niño hispano, testigo presencial, está a pun-

to de identificarlo, pero el retrato robot del asesino de sus captores, según su descripción al agente encargado de dibujarlo, es el de Jesucristo. El psicópata como mesías para un niño educado en la América Hispana. En el departamento de policía del Miami que escenifica la serie los movimientos políticos se guían por cuotas de minorías. Así, la teniente María LaGuerta ha accedido a su cargo por su doble condición de mujer y de latina, lo que anima los conflictos de una de las subtramas. En la tercera temporada el asesino protagonista se enfrenta a dos asesinos latinos: el mencionado Despellejador, de origen humilde, por un lado, y el político Miguel Prado, por el otro. La influyente familia Prado está relacionada con la LaGuerta, de modo que el telespectador asiste a un examen de las relaciones entre facciones del poder latino en Estados Unidos. Tanto en el jardinero psicópata como en la familia Prado imperan códigos de honor y de respeto que son ajenos a los blancos y anglosajones hermanos Morgan. Mientras ambos caen en el abismo, empujados por la pulsión patológica y criminal del protagonista, los compañeros que asesinan en su caída pertenecen a otras razas.

La representación de los personajes latinos en las teleficciones estadounidenses se polariza entre la violencia (a menudo extrema) y la ambición (nunca implacable), con una gradación de matices que tiene que ver con la defensa a ultranza de la familia y con las pasiones y el instinto. Permanecen en un mundo radicalmente separado del blanco anglosajón. Son pocas las alianzas o relaciones sentimentales duraderas entre personajes de orígenes diversos. Durante varias temporadas, la funeraria de *Six Feet Under*, que tradicionalmente fue Fisher&Sons, se llama Fisher&Diaz. Pero los socios acaban por separarse, al tiempo que la pareja compuesta entre el afroamericano Keith Richards y el angloamericano David Fisher se consolida, adopta a dos niños negros y se muda a la casa y funeraria. Y en *This is Us*, el niño negro adoptado –Randall– e integrado a una familia con dos hermanos gemelos blancos de su misma edad –Kevin y Kate–, en la edad adulta, ya padre él mismo de tres hijas afroamericanas (una de ellas adoptada) y en la época del #BlackLivesMatter, analiza su infancia y recuerda todos los momentos en que sintió y sufrió su diferencia.

## IV. LA SOCIEDAD RELACIONADA

Puede leerse el arte más avanzado de los años noventa como una prefiguración de la sociedad de la década siguiente. El arte relacional intuye la emergencia de la sociedad hiperrelacionada. Es decir, de obras que construían, en el espacio de la galería o del museo, pequeñas utopías de la proximidad, hemos pasado a toda una sociedad vertebrada a través de la ilusión de la relación inmediata, de la conectividad, de la red. Nicolas Bourriaud ha definido el arte relacional como un conjunto de prácticas artísticas que toma «como horizonte teórico la esfera de las interacciones humanas y su contexto social, más que la afirmación de un espacio simbólico autónomo y privado», en el seno de la «civilización de lo próximo». Si la sociedad se articula mediante redes –y es más consciente de ello que nunca– y la Biblioteca de Babel parece estar al alcance de nuestras manos, lo que importa no es tanto la potencial infinitud, sino los nodos, los lugares de encuentro –concretos. Cada pantalla y cada *mouse* y cada teclado que interviene en ella.

En 1992, Nokia introdujo en su logo el eslogan *Connecting People*. En 1998 nació Google, y en 2001, Wikipedia. A medida que fue avanzando la primera década del siglo, no sólo los acontecimientos históricos fueron apareciendo, casi en sincronía con lo Real, en los capítulos de las teleseries; también lo fueron haciendo las innovaciones tecnológicas. Sin las bases de datos policiales y sin Google Maps muy probablemente Dexter sería incapaz de asesinar. Los teléfonos móviles son elementos fundamentales en la tensión dramática de las obras ambientadas en el presente. Tal vez la teleserie realista que mejor hizo coincidir la Historia y la Pantalla fue *The Good Wife*, porque el adulterio mediático –inspirado en el de Bill Clinton– y la campaña política –basada en la de Obama– fueron constantemente tensionados con su representación en YouTube, Twitter y en otras plataformas virtuales. La incorporación de personajes adolescentes cataliza, sin duda, el poder de esas presencias. La teleserie nos recuerda que en nuestros días, gracias al acceso directo a las pantallas globales que posee cualquier ciudadano, un vídeo grabado en un teléfono móvil por dos estudiantes o los tuits envenenados de la novia del hijo de un candidato pueden ser tan decisivos en una campaña política como las declaraciones de una prostituta, las malas artes de un consejero o el carisma de un rival. Todos somos agentes políticos que creamos noticias y decidimos, continuamente, el rumbo de los flujos de información.

La comunicación a través de mensajes de telefonía móvil se normalizó en series como *House of Cards;* la fabricación en serie de noticias falsas protagonizó una temporada de *Homeland,* y la emergencia de nuevas tecnologías, aplicaciones y redes sociales se ha narrado en *The Billion Dollar Code* (sobre Google Earth), *Devs* (la revolución de la supercomputación cuántica) o *Super Pumped* (acerca de la lógica tóxica de Uber). Durante las dos primeras décadas del siglo la serialidad se ha ido interesando progresivamente por la narración de lo viral. Y por su arqueología: *Halt and Catch Fire*, por ejemplo, dramatiza la emergencia de la informática de usuario en los años ochenta, como un diálogo muy tenso entre los avances en la ingeniería y la tendencia de la mercadotecnia a magnificar o tergiversar esos logros para mantener activa una economía puramente especulativa.

Más que ninguna otra manifestación artística, las teleseries circulan por la red a dos niveles simultáneos: el del consumo y el de la interpretación. Ambos confluyen en un tercer nivel, posterior: el de la reescritura. Las audiencias de las teleseries son especialmente interactivas. Henry Jenkins ha hablado, incluso, de «la inteligencia colectiva de los fans mediáticos» para referirse al «papel cada vez más decisivo que desempeñan los consumidores dotados de poder digital en la configuración de la producción, la distribución y la recepción de los contenidos mediáticos». El resultado de la internacionalización de esa convergencia es el *cosmopolitismo pop*, cuyo paralelo en el ámbito de las prácticas artísticas es el *nomadismo estético*. Dos prácticas a menudo entrelazadas que se definen por su contra-espacialidad: no se conciben en las fronteras de las naciones o de los Estados, descreen de una única lengua, su motor es la perpetua traducción. Se ha desestabilizado para siempre la separación entre el artista o artesano como productor y el lector o televidente como consumidor; ya no existen ámbitos de proximidad definidos exclusivamente por legislaciones locales. El consumo internacional y en red supone la proliferación de una nueva sentimentalidad, que atraviesa la pantalla, transforma la cotidianidad individual, varía lo que entendemos por identidades colectivas y, sobre todo, por relaciones sociales. La suma de la actividad en todas las plataformas da como resultado una cifra altísima, frenética. La que erotiza y anestesia, estimula y adormece a un telesujeto que es más activo y más pasivo que nunca.

Cuando se dispone de centenares de canales por los que navegar, el zapping clásico adquiere un nuevo sentido: el televidente crea su propio *sampleado* al ir pulsando botones del mando a distancia o al ir abriendo y cerrando ventanas en la pantalla. Todos producimos porque todos somos actores. Agentes de la interpretación, el desvío, la recomendación, el contagio. Todos somos piratas textuales que leemos, descontextualizamos, descargamos, traficamos con links y con lecturas de las obras que identificamos como pertenecientes a ese metagénero que es la Teleserialidad de Culto. Todos somos fans. Todos somos microcríticos. *Lost* no tenía veinte millones de telespectadores, tenía veinte millones de microcríticos, un sinfín de hermeneutas que comentaban en tiempo real la obra, que alimentaban la *Lostpedia* hasta convertirla en una biblioteca inabarcable, que se introdujeron en el laberinto de su videojuego y que juzgaron tan implacablemente su final que condenaron la teleserie: sublime como obra-en-marcha, pero discutible como obra cerrada. Esos veinte millones de individuos, por supuesto, eran muchos millones más, pues la audiencia global es incalculable, y no eran consumidores exclusivos de *Lost*, ni tampoco de teleseries: hijos de sus lecturas, de sus gustos, de su compleja cultura, se inscriben en una red relacionada de cientos de millones de microcríticos recreadores. La energía que nutre de información y de arte el universo teleshakesperiano.

Pocos años antes del estallido de la Segunda Guerra Mundial, en «El narrador», Walter Benjamin escribió que lo que distingue a la novela de la narración es su dependencia del libro. Juan José Saer escribió en *El concepto de ficción*: «la novela no es más que un periodo histórico de la narración y la narración es una especie de función del espíritu». A diferencia de la novela y del cine, a quienes les cuesta desprenderse de los formatos de reproducción en

que fueron alumbrados y que parcialmente los constituyen, el relato breve y el capítulo teleserial se han adaptado perfectamente a
los nuevos contextos de circulación y de lectura de lo literario y de
lo audiovisual. Tal vez porque no están ligados a un objeto o a un
espacio con connotaciones rituales (con ecos remotos e incons-
cientes tan poderosos como la Biblia o el Mito de la Caverna) la
lectura y el consumo de relatos (crónicas, apuntes, microrrelatos,
cuentos: *posts*) y de episodios de series se han desprendido con
relativa facilidad de su soporte de origen, el papel y el televisor,
para desplazarse a las pantallas conectadas a internet, apoyándose
en el comentario y la interpretación inmediatos, en los comentarios del blog, las redes sociales o el *streaming*. Mientras la novela
se desplaza lentamente hacia la narrativa digital y *crossmedia*, las
teleseries –sin metamorfosis– se han adaptado sin sufrir trauma
alguno a YouTube, a las páginas de descarga, a los cofres de dvd,
a la interacción de la web 2.0 y a las plataformas de contenidos,
tal vez por la fuerza colectiva de unos seguidores y usuarios que,
más que fieles a ciertos creadores o subgéneros, como ocurre en
otras artes, son fieles al metafenómeno en sí.

Es sabido que la primera teleserie que provocó un fenómeno fan
fue *Star Trek* y que su *fandom* consiguió, sobre todo mediante el
envío de decenas de miles de cartas, que la serie continuara a finales
de los sesenta y que –con el tiempo– se convirtiera en un mito fundacional de la ficción televisiva y de la creación de vastas comunidades humanas como círculos concéntricos a su alrededor. La cadena NBC llamó a los autores de esas cartas «*decision makers*». Las
campañas de fans para asegurar la continuidad de sus teleseries fa-
voritas o para propiciar cambios de guión según su conveniencia son
una constante desde entonces: los seguidores de *Doctor Who* traba-
jaron como voluntarios en cadenas públicas locales para recaudar
fondos que aseguraran la emisión del programa; los fans de *Twin
Peaks* organizaron concentraciones para protestar por el fin de la
serie; los seguidores consiguieron que se rodara la segunda temporada de *Jericho* y su ímpetu fue imprescindible para que *Fringe* lle-
gara a su quinta y última temporada. Aunque la gran mayoría de
las teleseries no pasen de la primera, lo de menos es el éxito o el
fracaso de esas demostraciones de coordinación y de poder. Lo que

realmente importa es la reivindicación de una lectura intelectual-
mente activa. Por eso el *fandom* televisivo, en el cambio de siglo, ha
sufrido un proceso de abstracción (o de desmaterialización). Si en
los casos de la ciencia ficción y la fantasía, es decir, de *Star Trek*,
*Buffy the Vampire Slayer* o *Lost*, se mantiene la actividad física *(off
line)*, en forma de reuniones, coleccionismo, disfraces o escenografías diversas; en los casos de obras realistas, como *The West Wing*,
*The Sopranos* o *Mad Men*, la actividad es eminentemente virtual
*(on line)* y, por tanto, privada en el momento del consumo y en red
cuando se comparte y es debatida.

Pero el consumidor y lector de teleseries no es exclusivo en cuanto a géneros o a tendencias. De modo que se ha extendido un *fandom* difuso, que ve las obras de todo signo en la pantalla de su televisor o de su ordenador, que compra las teleseries en FNAC, se las
baja de alguna página de internet o las ve en plataformas, que habla
sobre ellas en conversaciones informales y sobre todo a través de
ámbitos digitales. El culto se ha vuelto *mainstream*. El *fan art* (ilus-
tración, collage, vídeo hecho por seguidores), la *fan* y *slash fiction*
(relatos sobre los personajes favoritos), el *songfic* (canciones y bandas sonoras) y el *cosplaying* (disfraz y adopción de un estilo de vida
vinculado con el espíritu de un producto) ya no es una cuestión de
minorías. El estilismo vintage de *Mad Men* influyó primero en los
desfiles de Prada y Louis Vuitton y después se impuso a través de
Mango y Zara, por no hablar de nuestro consumo de cócteles
(como hizo antes *Sex and the City*).

Se trata de una corriente global que circula en paralelo a la programación de las cadenas de televisión locales, como su alternativa
cosmopolita. Lo que no la exime de su potencial crítico: mientras
que los personajes, las historias y el mundo creados suscitan empatía o rechazo, la cultura estadounidense que representa es examina-
da por el espectador internacional desde una actitud proclive al
análisis y al cuestionamiento. El hecho de que la mayoría de las series mantenga una línea editorial implacable con la sociedad y
sobre todo con la política norteamericanas favorece esa actitud mi-
crocrítica.

En los años noventa, internet comenzó a aliarse con relatos de
índole diversa (publicitarios, literarios, teleseriales) en lo que dio en

llamarse la narrativa *crossmedia*. Su desarrollo actual ha alcanzado altísimas cotas de interactividad y, por tanto, de complejidad lectora. Pongamos el ejemplo de *Lie to me*. Cada capítulo comienza con la misma mentira: «La siguiente historia es ficcional y no se refiere a ninguna persona o hecho concretos». Una mentira inofensiva, que inmediatamente es desmentida en la página web de la teleserie: «Basado en los descubrimientos científicos reales de Paul Ekman». En efecto, el doctor Cal Lightman, líder de The Lightman Group, y los casos que resuelve son ficción; pero su especialidad, la interpretación de las microexpresiones, esto es, de la fugaz y mínima gestualidad en que revelamos si estamos mintiendo o decimos la verdad, remite al trabajo de Ekman, un ser real, máximo experto mundial en lenguaje corporal, autor de quince libros, profesor emérito de psicología de la Universidad de California, asesor de unidades antiterroristas y de los guionistas de la serie. En el blog «La verdad detrás de *Lie to me*», Ekman comenta cada episodio que ha inspirado con su trabajo.

Si damos por sentado que una teleficción no se limita a los capítulos que se emiten, porque se expande en otros frentes, como la página web, entenderemos que el capital de esa serie de la Fox se encuentra en la negociación bidireccional entre lo real y lo ficticio. Las instantáneas de las celebridades en el acto de mentir no son sólo un gancho, tienen también voluntad de reto. Porque el marketing, con efectos tangibles en el guión, persigue la educación del televidente. Una de las aplicaciones de la página web permite jugar a «verdadero o falso» visionando a gente que afirma algo mientras pestañea más o menos de lo normal, frunce el ceño, se acaricia el lóbulo, juega con su lengua o contorsiona la comisura de la boca. *Lie to me*, con la asesoría científica de Ekman y con unos diálogos orientados hacia la comprensión de las microexpresiones, ubica en la pantalla una pedagogía cuyo objetivo penúltimo es la aplicación de las lecciones a la vida real. Y su objetivo último, fidelizar espectadores de la obra central, la serie, mediante productos paralelos y también narrativos.

El segundo fruto natural del matrimonio entre las Teleseries e Internet ha sido la *webserie* (y las series con capítulos de menos de treinta minutos). Una de las más importantes surgió del cruce entre profesionales del medio (durante la huelga de guionistas) y la dedicación y el entusiasmo propio de los aficionados y fans: *Dr. Horrible's Sing-Along Blog* es una miniserie musical de tres actos sobre superhéroes, con un aspirante a supervillano como protagonista. Aunque su energía haya sido principalmente amateur, cadenas como Fox (con *The Cell*, veinte episodios de dos minutos cada uno sobre un prisionero kafkiano cuya única conexión con el mundo es un teléfono móvil) han detectado su potencia viral y varias teleficciones han creado obras complementarias, a menudo pensadas para alimentar la adicción en la pausa entre temporadas, en formato *webserie*. Es difícil calibrar el impacto en audiencias tan variables y nómadas como las actuales, pero me atrevería a decir que las desventuras del Doctor Horrible fueron más influyentes que *Lost: Missing Pieces*. Por muchos motivos, pero sobre todo por ser parodias.

Porque la parodia es un mecanismo narrativo de primera magnitud en el mundo audiovisual de hoy, tanto en el oficial como en el underground que alimentan los fans. Y las teleseries no son ajenas a ello.

En un capítulo de *The Flintstones*, la célebre serie de los años sesenta, apareció una parodia de *The Adams Family* a través de sus nuevos vecinos, los Gruesomes. Tempranamente, en dos teleseries coetáneas, por tanto, ya se observa la necesidad de crear vínculos paródicos tanto entre el mundo real y el representado como entre los propios mundos de ficción. Ese proceso de reficcionalización, que se encuentra tradicionalmente tanto en las aventuras apócrifas e individuales de personajes célebres como en las obras que ponen en relación seres con procedencias divergentes (como hacen Alan Moore y Melinda Gebbie en *Lost Girls*, donde la Alicia de Carroll, la Dorothy de *El Mago de Oz* y la Wendy de *Peter Pan* disfrutan de una segunda vida sexualmente mucho más activa), tiene en el ámbito teleserial la particularidad de la parodia animada.

Me refiero, por supuesto, a *The Simpsons* y a *Family Guy*, que con sus incorporaciones de personajes secundarios extraídos del mundo real y del mundo de la ficción, actúan no sólo como plataforma de legitimación y de prestigio –ya que sólo las celebridades tienen cabida en ellas– sino también como evidencias de la retroalimentación que, a través de la parodia, convierte el Universo de la Ficción en una construcción laberíntica y sumamente compleja. Porque cada alusión paródica implica, finalmente, una lectura. En la teleserie animada de Seth MacFarlane, el Doctor House aparece en una versión dibujada y totalmente reconocible y le da un puñetazo a su paciente porque esos son, en el fondo, sus métodos. El eco de Sherlock Holmes desaparece junto al resto de rasgos sofisticados del personaje: su esencia es su violencia verbal y su desprecio de las reglas, que en los dibujos se vuelve violencia física. En la teleserie de Matt Groening el malhumorado médico se convierte en el Doctor Mouse, dentro de la ficción interna _The Itchy and Scratchy Show (Rasca y pica):_ le corta las piernas a su paciente y se las empalma a las orejas. En otro episodio, un Doctor House en miniatura es introducido por Marge en el microondas, donde explota e impregna de sangre la puerta transparente del electrodoméstico.

Como la comedia clásica o como el esperpento valleinclanesco, la caricatura revela lo esencial. Ese es el motor de _House:_ el carácter salvaje de su protagonista. Todo lo demás es, según la lógica de _The Simpsons_ y _Family Guy,_ accesorio. Probablemente porque la esencia de estas es justamente la parodia y todo lo que, en sus fotogramas, no deforma elementos reconocibles de lo Real o de la Ficción es también prescindible.

Las _fan fictions,_ relatos escritos y audiovisuales en que los seguidores de un mundo de ficción elaboran escenas y tramas paralelas, son más paródicos que fieles, y a menudo introducen distorsiones relacionadas con la orientación sexual de los personajes. En la ontología de los seres de ficción, entraríamos en un segundo grado, de distorsión y de complejidad política respecto al _original._ Si Batman vive en cuantas versiones han hecho de él autores de cómic, guionistas de televisión, novelistas y directores de cine, de modo que tenemos un ser de existencia múltiple (como todos los grandes seres de tiales), cuando Batman ingresa en el universo de las _fan fictions_ como el amante de Robin o como un superhéroe negro su identidad no sólo muta de una galaxia engendrada por autores profesionales a otra en manos de autores amateurs, sino que se democratiza, se convierte en patrimonio común y, desde él, en una herramienta de interrogación ideológica. No sólo se cuestionan la raza o el género, también es puesta en discusión la propiedad intelectual de los seres ficcionales. George Lucas, preocupado por el carácter pornográfico de muchos textos protagonizados por *sus* personajes, intentó controlar las ficciones de los seguidores de *Star Wars*. Las productoras y las cadenas tratan de controlar la energía de los fans mediante estructuras oficiales; pero el fan (cada uno de nosotros) es eminentemente libre. Un sujeto crítico y recreador.

–¿Puedes ser libre si no eres real? –le pregunta, en *Caprica*, el avatar de Lacy a Zoe Graystone, pura realidad virtual encarnada en cuerpo de robot.

¿Tienen los personajes derechos de autor? ¿A qué dimensiones de su ser afectan? ¿Cuándo expiran? ¿A quién pertenece Han Solo? ¿Es un nombre, una biografía ficcional, unos rasgos físicos, el cuerpo aún joven de Harrison Ford? ¿De quién son los agentes Mulder y Scully? ¿Quién posee el amor de Paolo y Francesca o el de Jack y Kate? Como ante la pasión amorosa, nos encaramos a instancias ontológicas intangibles. El cuerpo es un actor; pero antes de él fue un dibujo o un holograma, y después de él se encarnará en otros cuerpos. La ficción tiene, en su origen, uno o varios creadores, pero se materializa en forma de píxeles. Y el personaje muere de éxito, para ingresar en el panteón de los mitos contemporáneos que nos pertenecen a todos, incluidos usted y yo.

## V. EL GIRO MANIERISTA

Como las grandes tragedias de Shakespeare, *Rome* supo alternar la macropolítica y la micropolítica: la transición de la República al Imperio y las historias de dos centuriones de la XIII Legión, el Senado y el burdel, Julio César y un criado judío, los amoríos de Marco Antonio con Cleopatra y las iniciaciones sexuales de los jóvenes aristócratas que ya nadie recuerda. Una de las virtudes de la teleserie fue saber imbricar ambos planos –el de la historia general y de la intrahistoria de los afectos y las pasiones– en un conjunto armónico. El magnicidio de César, con la última estocada de Bruto, supone la intersección climática de ambos niveles: el

de la alta política, pasto de crónica histórica, y el de las relaciones
personales, vivero de ficción dramática. Como en tantos momentos de la teleserie, el asesinato se realiza a sabiendas del legado
shakesperiano: mediante el desvío. Julio César mira a Bruto, pero
no pronuncia las célebres palabras. Como en la tragedia del siglo xvi, el peso cae en el personaje de Bruto, el posible héroe trágico, que mucho más tarde morirá patética pero heroicamente, a
manos de soldados romanos.

*Spartacus*, en cambio, pese a un primer capítulo en que se reconstruye cómo los romanos traicionan a los tracios, con quienes
se habían aliado para combatir a los dacios, de modo que el protagonista nos es presentado en el meollo de la geopolítica de su
época, se centra en los entresijos de un *ludus*, el gimnasio donde
entrenan los gladiadores, que es al mismo tiempo la residencia de
su dueño. Aunque la arena donde tienen lugar los combates esce-
nifique la relación entre los gobernantes y el pueblo, el espacio
realmente importante de la teleserie en su primera temporada es
ese *ludus*, esto es, el ámbito micropolítico. No importan los empe-
radores, sino los esclavos. No importan los discursos, sino los
cuerpos. El sexo y el combate. La piel lubricada, el taparrabos, el
bíceps, la rivalidad masculina, los pezones de mujer, la compraventa de seres humanos. Como se observa también en *The Tudors*
o en *The Borgias*, donde la corte es sinónimo de depravación y de
lujuria, parece que optar por una ambientación histórica para una
teleserie conlleva exacerbar la violencia y la sexualidad. De ese
modo, la antigua Roma o la Edad Media serían parques temáticos
en que proyectar una supuesta libertad sexual y violenta, siempre
pretérita, hoy perdida.

En el octavo capítulo de *Spartacus*, los esclavos y candidatos a
gladiadores son desnudados a petición de Ilithyia, una aristócrata
romana que se plantea comprar a uno de ellos. Escoge a un galo de
larguísimo pene. Vemos el pene infinito. El capítulo termina con la
castración y crucifixión del galo, después de que trate de asesinar a
Espartaco por indicación de su *domina*. La hipermasculinidad de la
teleserie, constantemente recordada mediante la palabra «*cock*»,
aparece como una radicalización de los planteamientos de *Rome*.
En uno de los capítulos de esta, Atia (que recuerda físicamente a

Lucrecia, la macbethiana esposa del amo del *ludus*) le regala a Servilia un esclavo de largo miembro decorado con una tortuga de oro incrustada con piedras preciosas, y ante las dudas sobre la conveniencia de semejante regalo afirma:

–Un largo pene es siempre bienvenido.

La pornografía estaba muy extendida en la sociedad romana: vidrios, camafeos, cerámicas, lucernas, esculturas y pinturas, a menudo colocadas en los lugares más visibles del *domus*, mostraban sin pudor toda suerte de escenas amatorias. En ellas el pene aparece con mucha mayor frecuencia que la vagina. La romana era una sociedad falocrática. La representada por *Spartacus* lo es el doble que la representada por *Rome*.

Entre ambas obras, en lo que respecta al sexo, tiene lugar un tránsito: del erotismo a la pornografía. No me refiero a la mera representación de la desnudez y de la penetración, porque en ambas teleseries abundan las nalgas masculinas y femeninas, el sudor y las posturas kamasútricas, siempre planificadas según los procedimientos y el pudor del *soft porn*. Me refiero a que *Spartacus* es consciente de haber llegado a las pantallas después de *Rome*. Esa conciencia de posterioridad se traduce en la búsqueda de la vuelta de tuerca sexual: las esclavas, por ejemplo, calientan oral o manualmente al marido y a su esposa, cada una a un lado de la cama, antes del encuentro entre ambos. Y también en el paso de la exhibición realista de la sangre y el sexo a su representación porno y *gore*. *Spartacus* no sólo muestra la promiscuidad del *ludus*, también muestra amputaciones, degollaciones, fracturas óseas, decapitaciones, sangre que brota a presión. Porque es un producto manierista que se sabe deudor del clasicismo de su antecesor.

A partir de 2007 el clasicismo viró hacia el manierismo; la posmodernidad teleserial experimentó un giro, una torsión, que en muchos casos puede identificarse mediante parejas de obras emparentadas. Me refiero a la vuelta de tuerca que significa *Spartacus* respecto a *Rome; Fringe* respecto a *The X-Files; Treme* respecto a *The Wire; Mad Men* o *Boardwalk Empire* respecto a *The Sopranos; Boss* o *House of Cards* respecto a *The West Wing; Girls* respecto a *Sex and the City;* u *Ozark* respecto a *Breaking Bad*. Como si al final de la década, en la aceleración vertiginosa del arte en que vivimos, hubiera empezado a llevarse a cabo una relectura manierista de una tradición que, aunque breve en el tiempo, es abundante en obras y, sobre todo, está sometida a la competición por el prestigio crítico y por la audiencia. O como si se tratara de darle una segunda vida manierista a series que han logrado un público y un reconocimiento notables: el mayor ejemplo de ello, durante la segunda década y la tercera década del siglo, tal vez sería el de *The Good Fight*. Aunque la firmen los mismos creadores que *The Good Wife* –el matrimonio King–, esté protagonizada por algunos personajes que ya conocíamos de la serie anterior y siga siendo una ficción judicial, pasamos de una obra de carácter realista con momentos irónicos a una obra inspirada en hechos reales que explora las posibilidades retóricas de la parodia, la sátira e incluso el surrealismo. La serie *Fargo*, que reimagina el espíritu de la película del mismo nombre de los hermanos Cohen y expande su mundo en clave barroca, sería otro ejemplo de ese mismo tipo de operación conceptual, que se ha vuelto moneda de uso corriente en la industria y el arte teleshakesperianos.

La perfección formal (elíptica), histórica (fidelidad embellecida, perfeccionada) y escenográfica (color, formas, volúmenes, espacios) de *Mad Men* puede entenderse como un ejercicio de barroquismo tras el esplendor clásico de otras ficciones también históricas como *Rome, Carnivàle* o *Deadwood*. Respecto a esas tres, *Mad Men* –no en vano la última cronológicamente y la de ambientación más moderna– puede leerse como una operación de limpieza narrativa y estética. Las caras sucias del vulgo son reemplazadas por los rostros aseados de los creativos publicitarios. América supera la pobreza congénita y los tiroteos implícitos en toda fijación de fronteras y sitúa en su lugar la televisión, Madison Avenue, la vida de barrio residencial, la tiranía de la moda y los cócteles sofisticados. En el año 2000, Matthew Weiner escribió el guión del capítulo piloto de *Mad Men;* dos años más tarde, lo leyó David Chase, quien reclutó a su autor para el equipo de guionistas de *The Sopranos*. Mientras no se vislumbró el final de esta, no hubo interés por el proyecto de Weiner. El estreno de *Mad Men* en 2007, por tanto, se puede ver con la continuación de la línea proyectada por la obra maestra de Chase. Y sus guiones, como la exacerbación de una cierta escritura, de una cierta planificación artística, de un modo de entender la elipsis y el símbolo totalmente literario.

El giro manierista no puede establecerse, por supuesto, exclusivamente entre dos ficciones; ni puede ser pensado en clave evolutiva. Pero no hay duda de que la teleficción es creada con una alta conciencia de tradición propia, por guionistas que durante varias décadas de vida profesional han participado o participarán en diversas obras, con la memoria añadida de los canales en que estas se inscriben, con sus tendencias narrativas, estéticas y comerciales. *Breaking Bad* es un buen ejemplo de la multiplicidad de antecedentes directos que se pueden rastrear en una teleserie sin caer en la sobreinterpretación; y de la operación manierista que, respecto a ellas, lleva a cabo.

En lo que respecta a la representación urbana y al tráfico de drogas, *Breaking Bad* se puede leer como una reescritura de *The Wire*. En ninguna otra teleserie se insiste tanto como en estas dos en la idea de la ciudad como en una tierra de frontera ni en la importancia social y económica del consumo de estupefacientes. En la segunda temporada de la obra de Simon el puerto es explorado como conexión internacional de ese comercio ilegal; en la de Gilligan Albuquerque conecta tanto con el resto de Estados Unidos como con México y, en la quinta temporada, con Europa. Una escena concreta sugiere esa relación manierista: un niño de aspecto inofensivo se acerca en su bicicleta hasta uno de los vendedores de Walt y Jesse, y empieza a dar vueltas alrededor suyo; el vendedor está pendiente de un par de individuos de mirada agresiva que lo observan desde el interior de un coche; el niño aprovecha esa distracción para sacar una pistola y pegarle un tiro. El asesinato de Omar a manos de un mocoso de Baltimore es recordado inmediatamente después de ver ese otro asesinato. Mientras en *The Wire* teníamos a un niño negro y nervioso, en *Breaking Bad* tenemos a un niño gordo de origen hispano en bicicleta. Algunos personajes concretos parecen, de hecho, versiones deformadas de los creados por Simon y Burns: tal es el caso del discreto y educado narcotraficante Mr. Fring, que parece estar inspirado en El Griego; o del abogado Saul Goodman, cuyo referente sería Maurice Levy, el abogado judío que representa a los hermanos Barksdale. La figura retórica que vincula a ambas

obras es la hipérbole. Mr. Fring, además de regentar una cadena de
comida rápida (Los Pollos Hermanos), es mil veces más eficiente e
implacable que los Barksdale o El Griego. Su hombre de confianza
parece salido de una película de Robert Rodríguez. La pátina kitsch
que recubre el universo de *Breaking Bad* hace que Saul se anuncie
en televisión, hable como un predicador y parezca oriundo de Las
Vegas.

Lo mismo se podría decir respecto a los personajes de *The Sopranos*, el otro gran referente directo de la obra de Vince Gilligan.
Pero mientras que los chándales o la vulgaridad de Tony y sus
compinches brillaban como purpurina en un contexto (el barrio
residencial de clase alta, los restaurantes o los colegios de gente
culta) que no era cutre como ellos, el aspecto de todo Albuquerque es similar, de un kitsch de baja intensidad, perpetuamente brillante por el sol y por el desierto. A diferencia de la obra de Simon
y Burns y en la estela de la de Chase, *Breaking Bad* no sólo tiene
un protagonista antiheroico, sino que además este dirige una pequeña organización criminal y forma parte de una familia de cuatro miembros, en casa, y algunos más fuera de ella. El conflicto
entre ambos ámbitos, difícilmente conciliables, hace que Tony
Soprano tenga que asesinar a su sobrino Christopher o que Walter
sea enemigo de su cuñado y no llegue a tiempo al nacimiento de
su hija porque tiene que entregar a la misma hora un cargamento
de metanfetamina. Como la relación entre Carmela y Tony, la de
Skyler y Walt está basada en la mentira y explotará por culpa de ella.
La segunda temporada de *Breaking Bad* termina con la separación física de los dos protagonistas, cuando ella descubre los
engaños de su marido para justificar los cien mil dólares que ha
costado su quimioterapia y su radioterapia.

–Vuelve a casa y te lo explicaré todo –le dice él.

–Me da miedo saber la verdad –responde ella.

Ese miedo a conocer profundamente al otro (el monstruo) podemos rastrearlo en las series de nuestros días como una puesta en
complejidad del sujeto contemporáneo. El pánico inconsciente de
Debra Morgan a saber quién es en realidad su hermano Dexter; el
miedo de Carmela a conocer el grado de implicación de Tony Soprano en la violencia mafiosa; la habitación secreta donde se refu-

giaba Nathaniel Fisher –su vida secreta. La vida oculta, mucho más intensa que la aparente, y por tanto envuelta en diversas capas de enmascaramiento, se relaciona conceptualmente con el manierismo en su autoconciencia de la artificiosidad. La distancia entre el químico y padre de familia Walt White y su *alter ego* el narcotraficante Heisenberg se hace explícita en el uso del disfraz (el sombrero negro y las gafas de sol); pero cuando aprieta el gatillo, cuando asesina, no lo lleva puesto.

Las traiciones y las mentiras y las máscaras afectan a todos los personajes de *Breaking Bad*, que no rompen con los modelos anteriores, que no son diametralmente distintos de los protagonistas de *The Wire* o *The Sopranos*, ni de los personajes del cine, el cómic y de la literatura con que estos pueden emparentarse, sino que se desplazan mínimamente de ese sistema de representación, muy condicionado por la estética de la cadena HBO, para situarse en una zona muy autoconsciente, la que ha ido delimitando la cadena ACM (*Rubicon, Mad Men, The Walking Dead, Hell on Wheels*), cuyos procedimientos de escritura se distancian sutilmente de los de las obras precedentes. Si la teleserialidad contemporánea descree de la firmeza del héroe y acentúa su confusión, Don Draper y Walter White, mentirosos compulsivos, llevan hasta el paroxismo esa confusión vital. Pero es sobre todo en la forma como sus historias son narradas donde se observa el giro manierista: en su exacerbado barroquismo. Las dilatadísimas elipsis de *Mad Men* y su absoluta dependencia del estilismo. Los planos imposibles de *Breaking Bad*: la cámara en el interior de una freidora o en la mirada desquiciada de una mosca.

*Better Call Saul* duplica el manierismo de *Breaking Bad* en una precuela tan o más brillante que la serie original. Aunque la acción ocurra unos años antes, Gilligan y Peter Gould aciertan al no camuflar el envejecimiento de los actores que encarnan a Mike (Jonathan Ray Banks) y Saul (Bob Odenkirk). También constituye un acierto corregir el exceso de violencia espectacular y de ingenio resolutivo de Walter White: *Better Call Saul* es un drama psicológico de una penetración y una sutileza estratosféricas. En vez de ir más lejos en el universo de *Breaking Bad*, los creadores optan por profundizar en él. La duplicidad de Walter/Heisenberg palidece al lado de la de

Jimmy McGill/Saul Goodman. Mientras que uno vive desdoblado sólo los últimos años de su vida, el otro lo ha hecho desde la infancia. En una tensión insoportable.

## VI. LA BIBLIOTECA DE BABEL

La mayor parte de *Robinson Crusoe* no ocurre en una isla desierta. Pero los mitos modernos crecen olvidando su origen textual y el de Robinson es el de un náufrago solitario y autosuficiente, que sobrevive durante años sin compañía, hasta que conoce a Viernes, su otredad esclava. Y caníbal: «Sí, mi nación también comer hombres; comerlos todos». Esa soledad no tenía demasiado futuro literario: la extensa parte de la novela en que el personaje se dedica a edificar y a acumular posesiones y excedente agrario es sin duda la más famosa pero también la más aburrida. Por eso *La isla del tesoro* o *El señor de las moscas*, entre otras muchas ficciones, trasplantaron al contexto isleño sendas comunidades violentas y conflictivas. El canibalismo, en cambio, sí tenía futuro. Si la versión moderna del mito nace de un caso real (el del marinero Selkirk en que se inspiró Defoe), la posmoderna, aunque se nutre de una vasta tradición literaria y cinematográfica, vuelve a encontrar en la realidad su referencia. El 13 de octubre de 1972 se estrelló en los Andes el avión que daría lugar a varios libros y películas, el más célebre de los cuales es *Alive!* A causa de la nieve, los metros que rodeaban el avión se convirtieron en una isla. La muerte fue destruyendo al grupo de supervivientes. Y estos, como es sabido, a falta de alimentos, acordaron recurrir a la antropofagia. Muy poco tiempo después, entre 1975 y 1977, la BBC proyectó los capítulos de *Survivors*, ciencia ficción apocalíptica en que, una vez más, el mundo entero era una isla casi desierta, tras el enésimo genocidio por parte de una epidemia (o de alienígenas). Desde su primera edición, en el año 2000, el *reality* *Survivors* significó el regreso a la Isla como escenario teatral. Se desdramatizó el canibalismo, pero se mantuvo simbólicamente la violencia mediante la amenaza de la expulsión. Y, sobre todo, se inventó la competición que no había existido en tres siglos de precedentes: en la isla habría dos equipos, dos bandos. Una guerra. Todo eso está en *Lost*. Porque tras la acción, el deseo, la muerte o las explosiones, siempre hay un archivo audiovisual, una biblioteca y una conciencia indiscutible de Tradición.

Algunas teleseries construyeron, capítulo a capítulo, auténticas bibliotecas de narrativa, poesía y ensayo. En *Northern Exposure*, gracias al radiolocutor local, se sucedían las referencias a Shakespeare, Nietzsche, Baudelaire, Tocqueville, Freud o Jung (en su articulación de una comunidad hilvanada por los miedos y los anhelos del inconsciente colectivo). El trasfondo macondiano de Cicely se hace explícito en el capítulo «Mr. Sandman», en que los personajes –en plena aurora boreal– tienen sueños ajenos. Culmina con una cita radiofónica de *Cien años de soledad:*

–En ese estado de lucidez alucinada –lee el locutor y su voz atraviesa las ondas del pueblo– algunos vieron las imágenes soñadas por otros.

En la misma línea se situó en la década siguiente *Lost*, pero llevando la incorporación de alusiones librescas al paroxismo: nunca podías saber si la referencia se ajustaba a un patrón psicológico o a la interpretación correcta de una escena o capítulo, porque el desvío era constante. Entre los libros de la biblioteca que construyó la serie se encuentran algunos que dibujan las coordenadas generales de su lectura: tal es el caso de *La invención de Morel*, de Adolfo Bioy Casares, de *Alicia en el País de las Maravillas*, de Lewis Carroll, o de *Dune*, de Frank Herbert.

Encontramos otra gran biblioteca en las tres temporadas de *In Treatment*. Las alusiones librescas se suceden a lo largo de la serie, no sólo como *atrezzo*, sino como claves para entender la caracterización y los conflictos de los personajes. Una de las pacientes del doctor Paul Weston, Amy –por ejemplo– reconstruye el primer encuentro erótico con su marido invocando una escena literaria. Dos capítulos después, Laura, otra paciente, confiesa que entiende su primera relación sexual, cuando la adolescente que era se acostó con un hombre de cuarenta años, según el patrón de *Lolita*. La joven Sophie narra el 11-S a través de un híbrido de diario y carta dirigido a un personaje de *Harry Potter*. En las temporadas siguientes, los personajes abordan sus problemas personales citando escenas o aspectos de *El señor de las moscas*, *On the Beach*, *The Memory of Running*, *Jane Eyre* o *Hamlet*. Y hablan con su terapeuta de Shakespeare, Melville, Neruda o Beckett. Además, encontramos personajes que trabajan con textos, como una actriz o una agente literaria. Pero sobre todo estamos ante la presencia física de los libros. Esas estanterías que saturan el estudio de Paul.

Cada vez que aparece en pantalla un psicoanalista volvemos a reconsiderar el lugar que ostenta la tradición de la conversación en nuestra época pixelada. Como entre el lector y el libro, en terapia la relación también tiene dos polos. Hay que buscar el sentido, el orden que no existe en el caos de lo real en el relato que esas dos personas van construyendo lentamente. Muchas veces los pacientes se quejan de que Paul contesta a las preguntas con nuevas preguntas. Una máquina de interrogar: eso debería ser tanto una buena serie como una buena novela. En los minutos iniciales de un episodio, ante los mecanismos kafkianos que rigen a los operadores telefónicos, Paul lanza contra el suelo su teléfono móvil. El mismo aparato al que es adicta su hija adolescente. El conflicto entre oralidad y escritura, entre libro y nuevas tecnologías, se reformula una y otra vez en el seno de la serie. Los niños y los jóvenes son adictos a la tecnología, mientras que esta apenas se encuentra presente en la vida de los adultos, que en cambio aparecen siempre rodeados de libros.

Cuando Paul es denunciado por no haber informado sobre el posible suicidio de Alex Prince, se revela que él no toma notas de las sesiones, porque confía en su extraordinaria memoria. Gina, en cambio, que fue su supervisora, es escritora. La novela que publica en la tercera temporada –elogiada por Lorrie Moore– provoca los celos de Paul, porque demuestra que ha sido capaz de reinventarse, de dejar atrás su etapa de psicoanalista para aplicar a la literatura su conocimiento de eso que llamamos *el alma humana*. Pero también provoca la indignación de Paul porque se reconoce en uno de los personajes, de modo que siente que Gina –a quien durante toda su vida ha visto como garante de la ética profesional– ha traicionado la confidencialidad que une a un médico con su paciente. Un pacto que riñe con la lógica de la escritura literaria, porque según Paul:

–El paciente es el autor de su vida. En la quinta y última temporada de *The Wire*, un periodista que acaba de ser despedido dice que va a tener tiempo para dedicarse a escribir la Gran Novela Americana. La alusión literaria es acompañada, en capítulos cercanos, de referencias a Dickens y a Kafka. La pretensión última de *The Wire* no es otra que ser leída como gran literatura, como una novela por entregas sobre una metrópolis secundaria en el imaginario norteamericano, pero con un potencial que sus creadores, el escritor Simon y el expolicía y exprofesor Burns, junto con otros guionistas, novelistas y redactores políticos, supieron elevar a gran metáfora de Estados Unidos. La Gran Novela Americana Televisiva. No sólo terminamos la serie con la sensación de conocer Baltimore, sino que intuimos que la existencia de cualquier metrópolis de Estados Unidos se rige por patrones similares. La mezcolanza migratoria, la importancia del estatus, la pobreza, el gueto físico y psíquico, el problema de la educación, los límites de la ley siempre sobrepasados por los actos delictivos, la corrupción institucional, la violencia. A través de una lente estadounidense, todo ello se revela universal. Como Carcetti y sus tres encarnaciones: el concejal que en su carrera hacia la alcaldía nos convence (telespectadores) de sus rectas intenciones; el alcalde que nos decepciona; el gobernador que ha sacrificado su ciudad para lograr situarse en lo más alto de la cadena de mando. Existen políticos como Carcetti y barrios como los de Baltimore, de hecho, en todas las ciudades postindustriales del mundo. *The Wire* nos permite, al cabo, leer literariamente cualquier fenómeno urbano internacional.

La intertextualidad es una obsesión de nuestro tiempo. Los capítulos con título intertextual son tan frecuentes en *Lost* («A través del espejo», «El principito») y *The Wire* («El aspecto dickensiano») como en muchas otras obras: «El largo adiós» *(The West Wing)*, «La bella y la bestia» *(Dexter)*, «Grandes esperanzas» *(Modern Family)*. En muchas ocasiones, encontramos en el título la clave interpretativa del episodio. Y siempre: el recordatorio de que estamos ante actualizaciones de una tradición que se reencarna en nuevos contextos históricos. La novela de Dickens habla de un huérfano en una *familia desestructurada*, de su maduración y enriquecimiento y del honor y otras cuestiones decimonónicas; la comedia de la cadena ABC, de las mutaciones actuales de la *unidad familiar*, como la de una pareja gay que adopta a un bebé vietnamita. Entre ambas obras, encontramos el sufragismo, el feminismo, la reivindicación de los derechos de las minorías, el matrimonio homosexual o el posfeminismo. Suficientes transformaciones sociopolíticas como para invalidar el argumento de que todas las historias familiares posibles ya fueron narradas por la novelística del realismo y por los Grandes Autores de la Literatura Universal.

Lo que nos une a Homero o a Shakespeare es tan real como todo lo que nos aleja de ellos: no es necesario decir que en la combinación de vínculos y de distancias se cifra la fórmula de la originalidad.

Nos encontramos en un momento histórico de una complejidad semiótica sin precedentes, por la multiplicación de lenguajes y de vehículos de transmisión, en grados de simbiosis e hibridación inimaginables hace treinta años. En ese contexto, tan proclive a la desorientación, al extravío, se impone la lectura literaria de la representación artística. El estudio de los videojuegos, de las teleseries o de las novelas gráficas como literatura expandida no sólo supone su incorporación a la tradición narrativa, es decir, su domesticación (llevarlos al *domus*, a nuestro hogar), también significa observar la producción cultural de nuestros días con una mirada comparativa, que establece conexiones, que crea redes y que las pone en el contexto de la historia, generadora constante de *diferencia* entre textos más o menos afines.

Si durante buena parte de los siglos XIX y XX la novela fue el modelo de relato; si durante los dos últimos tercios del siglo pasado ese lugar probablemente lo ocupó el cine, cuya retórica incorporó y amplió los mecanismos narrativos de la novela, sobre todo, pero también los que la pintura o la fotografía o la radio habían elaborado anteriormente; en este cambio de siglo la televisión digitalizada se ha situado en ese centro simbólico desde donde los relatos que la circundan son completados, nunca neutralizados. Quiero decir que la centralidad de los modelos de narración televisivos (el noticiero, el concurso, el documental, el *reality show*, la teleserie, etc.) amplifica la percepción o el sentido de otras modalidades discursivas. Un ejemplo: la novela no ha sido la misma tras incorporar el zapping y no está siendo la misma mientras asimila la influencia del videojuego. Otro ejemplo: el libro de viajes adquiere nuevas dimensiones en conversación con el documental de viajes o con los telediarios, por no hablar de Google Images o Google Maps.

Seguramente el término más adecuado para hablar de «teleserie», cuando nos referimos a una de ambición artística, sería precisamente «telenovela». Esa palabra, obviamente, tiene connotaciones en nuestra lengua que nos alejan de la excelencia conceptual y técnica, de la literatura de calidad. Sin embargo, estamos ante una aspiración de legitimidad que otro arte narrativo afín, el cómic, sí que ha logrado mediante el término «novela». La novela gráfica disfruta en estos momentos de un estatus cercano, si no equivalente, al de la gran literatura. Como ejemplo se puede citar un cómic estrictamente contemporáneo a *The Wire*, *Fun Home*, de Alison Bechdel, que narra una historia familiar en clave explícita de *Familienroman*, que es autobiográfico y, sobre todo, que ostenta una voluntad intertextual, estructural y metafórica tan ambiciosa que admite ser leído como una obra maestra literaria. Quizá no poseamos otro modelo, otro marco de lectura más adecuado que ese. Y el propio autor tampoco posea otro. De modo que su intención es que leamos su arte como literatura (una literatura expandida, donde lo visual ha sido incorporado naturalmente, gracias a nuestra educación multidimensional). *Fun Home* o *The Wire* son «grandes novelas americanas» en un sentido más justo que muchas novelas recientes que se conciben a sí mismas como piezas de esa tradición literaria, sin darse cuenta de que esta ha mutado. De que son epígonos prescindibles.

El debate de fondo se da entre la unicidad y la serialidad. Antes del fordismo a nadie se le hubiera ocurrido hablar de un *serial killer*. La producción y la muerte en cadena fueron precedidas por el folletín, que somete a la lógica de la industria editorial a la vieja necesidad humana de alimentar su imaginario con sagas, es decir, con historias encadenadas. La desmembración de una novela en capítulos de publicación semanal o la serie de relatos protagonizados por los mismos personajes son fenómenos decimonónicos con consecuencias duraderas en la historia de la cultura contemporánea. Se aceleran los ritmos de escritura, publicación y lectura. Los personajes de ficción devienen fenómenos de masas. Escritores como Charles Dickens y personajes como Sherlock Holmes son de los primeros en tener fans. Las colas se multiplican en el puerto de Nueva York para aguardar la llegada de la nueva entrega de la última novela de Dickens. Las cartas de queja y las bajas de suscripción se suceden cuando Sir Arthur Conan Doyle decide matar a su detective.

Como ocurrirá más tarde con Tom Ripley, Sherlock Holmes es un personaje de sexualidad ambigua. Además, es un toxicómano. Ambos rasgos suyos encajan a la perfección en el imaginario social del siglo xx y el xxi. En el primer número de *Playboy*, en pleno 1953, se incluían pasajes de la obra de Conan Doyle, ilustrados con la imagen de un yonqui chutándose. En *La vida privada de Sherlock Holmes* se duda de la heterosexualidad del protagonista y se construye una hipótesis de amor platónico con una mujer fatal. Los mismos rasgos del personaje siguen vigentes en *Sherlock*, la teleserie de la BBC, y en tantos otros investigadores catódicos. El ciclo de la reencarnación. Y del reconocimiento. La serialidad interiorizada como sucesión de unidades de significado. No es casual que el cine mudo tuviera en las figuras de Buster Keaton y de Charles Chaplin verdaderos emblemas de la repetición. Ni que una vez que estos dejaran de hacer películas surgieran las entregas de *Star Trek* y de *Babylon 5* en televisión y sucesivas series cinematográficas (*Tarzán, Superman, Star Wars, James Bond, Indiana Jones, Matrix, El señor de los anillos, Bourne*...). La lógica folletinesca perdura en la novela popular y en el cine de género, en un sinfín de obras que van pasándose el testigo hasta llegar a las teleseries de los últimos veinte años, en un ciclo de reencarnaciones basadas en el reconocimiento.

En cada destino trágico encontramos la sombra de Edipo.

En cada huérfano, el rastro de Oliver Twist; en cada asesino psicópata, rasgos de Jack el Destripador o de Hannibal Lecter.

En cada nuevo detective encontramos huellas de Sherlock.

El detective se reencarna en neurólogo, ingeniero de sistemas, forense, agente del servicio de inteligencia, experto en sangre: lector de realidades traumatizadas. Es casi siempre un adicto al trabajo, con una vida social sectorializada, a menudo un ser nocturno; un marginal con perspectiva para observar lo real y, sobre todo, para desmenuzarlo o para reconstruirlo. Alguien, de un modo u otro, monstruoso. Como House, adicto al trabajo y a las pastillas, residente por cierto en el número 221B de una calle de Nueva Jersey. Consciente o inconscientemente, ese rastreo, esa identificación, nos da placer y el placer nos lleva a la adicción.

En el álbum ilustrado *El archivista*, del ciclo *Las ciudades ocultas*, Schuiten y Peeters llevan a cabo un interesante cruce de dos poéticas afines: la de Italo Calvino y la de Jorge Luis Borges. En la última página del libro se descubre el rostro de quien archiva los documentos sobre ciudades imposibles y no es otro –como ya habíamos imaginado– que el del escritor argentino. No hay autor alguno del siglo XX que esté tan presente en la telenarración actual. Aunque el espejo sea un viejo símbolo de la duplicidad, de la división interior o incluso de la multiplicidad, cuando aparece en una teleserie –algo muy frecuente– nos resulta borgiano. Lo mismo se puede decir del ajedrez (el combate entre dos inteligencias superiores, el cálculo, la estrategia) o del laberinto (la complejidad, el destino). Un capítulo de *FlashForward* se titula «El jardín de los senderos que se bifurcan», pero no remite a un laberinto físico, sino al plan secreto de los conspiradores y, por tanto, al guión secreto de la propia teleserie. Sobre la cabeza de un villano se dibuja, esquematizado, todo lo que ha ocurrido y todo lo que ocurrirá, el pasado y el futuro, en un presente que enseguida es destruido por el fuego.

Se quema el guión ante nuestros ojos.

Las pantallas, los encefalogramas, los esquemas o las pizarras: la representación del caso es al mismo tiempo la del argumento de ese episodio. Pero se podría ir más allá y decir que la mayoría de las teleseries contienen su propio *aleph*. Un punto en el que convergen todas las líneas maestras del guión, todo el universo que ha creado la propia obra. Aparecen formas varias del mural en *Prison Break*, *Dirt*, *Heroes*, *Lie to me*, *Sherlock*, *Rubicon*, *The Wire*, *Person of Interest*, *The Following* o *Dark*, como resumen del arco mayor argumental de la temporada o de la serie, sean estas buenas o malas. Como en la película *Memento*, son tanto el esqueleto del guión como la exteriorización de la identidad del personaje en la red relacional en que se imbrica. Como si los guionistas necesitaran encarnarse en el protagonista, mirar a través de sus ojos los iconos y las palabras clave, remarcadas, subrayadas, vinculadas mediante líneas y flechas, que sintetizan sus aventuras y señalan las vías de su fracaso o de su éxito. Constituyen el problema, el nudo, el enigma que los propios guionistas tienen que resolver, porque muy a menudo la trama no responde a un plan maestro, sino a un sinfín de respuestas concretas a reclamos que están fuera de la obra, en los despachos de los ejecutivos y en los índices de audiencia y en los e-mails de los fans; pero que, pese a su procedencia, regresan a la obra y se incorporan como parte esencial de ella, una vez entran en el guión y en él se tensan.

En ciertos momentos de la historia del arte el apoyo del poder o de la industria han sido fundamentales para la consecución de ciertos logros fundamentales. Sin el mecenazgo, la protección real o el favor del público no se entienden las grandes tragedias isabelinas, la novela por entregas del siglo XIX o algunas de las mejores películas de la historia de Hollywood. En ciertas ocasiones el arte popular ha coincidido con el mejor arte de su época. No hay más que pensar en Lope de Vega, en Honoré de Balzac o en John Ford. La ficción popular necesita a veces de una estructura industrial de producción y de distribución. Particularmente el teatro, el cine, el videojuego y la televisión, cuya creación, puesta en escena y circulación precisan de inversiones considerables. No sólo en lo que respecta a su estado central (la obra), sino en el resto de manifestaciones paralelas del producto (los tráilers, las páginas web oficiales y apócrifas, los blogs o las cuentas de Twitter de los personajes, la mercadotecnia, las versiones en cómic, en animación o en videojuego, o viceversa).

Para una circulación multidimensional.

## VII. LA FICCIÓN CUÁNTICA

Porque la de nuestros días es una ficción cuántica.

La mecánica cuántica sostiene que la naturaleza del universo es la multiplicidad simultánea de estados, en tanto esos estados no sean observados. En el momento en el que podemos observar lo que ocurre, la multiplicidad se deshace y la naturaleza *escoge* uno solo de los *resultados* posibles. Ello no impide que en universos paralelos al nuestro –en el caso de existir–, el resultado de la observación del mismo fenómeno sea otro, es decir, que la naturaleza *escoja* otro resultado entre los existentes. Desde ese punto de vista puede observarse la narración contemporánea: historias en la Historia narradas en el mayor número de lenguajes y de formatos, es decir, de *estados*, que haya existido jamás. Si la teoría de cuerdas estuviera en lo cierto y los electrones fueran vibraciones que se dan en más de cuatro dimensiones, uniendo esta dimensión con otras, paralelas; si la teoría del todo estuviera en lo cierto y la Realidad fuera un Multiverso, el arte de nuestros días estaría sintonizando con la concepción de la física de nuestros días, porque se da en universos paralelos. «En cada uno de estos universos el proceso continuaría», escribió precisamente en 1999 Brian Greene en *El universo elegante*, «de tal forma que brotarían desde regiones remotas, generando una red interminable de expansiones cósmicas con sus respectivos procesos». Ese universo de universos ni siquiera es imaginable como unidad, porque incluye agujeros negros y «dimensiones escondidas capaces de resistir contorsiones extremas en las que su estructura espacial se rasga y luego se repara por sí misma». Las obras artísticas se desarrollan en esos universos simultáneos, según sus propias reglas, se ocultan, se rasgan y se reparan, aguardando sus lecturas. Y, sobre todo, investigan en dimensiones de lo real que no sabemos si existen o no. Cuando Lisa Randall se pregunta en *Universos ocultos. Un viaje a las dimensiones extras del cosmos* (2005), si la teoría de cuerdas es una descripción correcta de la naturaleza y hay nueve dimensiones espaciales (más una temporal) leemos: «¿qué ha pasado con las seis dimensiones espaciales que faltan? ¿Por qué no son visibles? ¿Producen algún impacto discernible en el mundo que vemos?». Creo que es lícito que mientras los físicos teóricos desarrollan modelos sobre esas cuestiones, los artistas hagan lo propio mediante poemas, cómics, novelas, ensayos creativos, películas, instalaciones, obras digitales o series de televisión.

La física trabaja con números que, al cabo, quieren ser finitos. El arte, en cambio, con el infinito. Otro libro, esta vez de teoría literaria, publicado en el definitivo cambio de siglo defiende justamente esa idea: la teoría mimética limita la literatura al mundo real. Según ella todas las ficciones remiten a nuestra realidad histórica. Y así es, en una primera instancia, pero la ficción no se agota en esa referencia, sino que se extiende más allá de ella y crea un «mundo posible»: hay tantos de ellos como ficciones creadas o por crear. Eso es lo que sostiene Lubomir Doležel en *Heterocósmica: ficción y mundos posibles* (1998). Los mundos posibles de la literatura están por naturaleza incompletos, poseen una máxima variedad y son autónomos, pero se conectan con el mundo real a través de canales semióticos. Y entre ellos mismos –añado– gracias a la intertextualidad. Si aplicamos esas ideas a la Tierra Media de Tolkien observaremos cómo las novelas *El hobbit*, *El señor de los anillos* o *El Silmarillion* convergen en una única topografía que se revela en distintas fases textuales, a medida que el lector va avanzando en su exploración y en su apropiación. O en tres mundos que se superponen. Si trasladamos esas nociones al ámbito transmedia nos encontramos con relatos que crean mundos y que, sumados, crean un gran mundo de mundos. La Tierra Media es un conglomerado de personajes, espacios, efectos especiales, metáforas y cuerpos, en un sinfín de mundos que se expresan en el lenguaje de la literatura, el cine, la televisión, los juegos de rol, los juegos de simulación, el cómic o los videojuegos. La suma de todos los mundos y de todos los mundos de mundos sólo puede llevar a una galaxia inabarcable y en perpetua expansión. Dice Doležel: «Construir un mundo ficcional completo requeriría un texto de longitud infinita». Mundo de mundos: infinito de infinitos.

«Podría estar dentro de una cáscara de nuez y tenerme por el rey del espacio infinito», dice Shakespeare en boca de Hamlet. La cita actúa como epígrafe tanto de «El Aleph» como del capítulo décimo de *Muchos mundos en uno* (2006), del físico norteamericano de origen ruso Alex Vilenkin, enfáticamente titulado «Islas infinitas». Si Greene usa la metáfora de la red, Vilenkin utiliza la del archipiélago: «Nuestra región visible no es sino una pequeña parte de nuestro universo isla, que está perdido en un mar inflacionario de falso vacío». En su libro insiste una y otra vez en que no disponemos de ninguna prueba que pueda apoyar teorías se-

mejantes, semejante ampliación brutal y exponencial de lo Real.
Pero no cesan de sucederse las teorías que tratan de pensar esa
realidad extendida y múltiple y cada nueva teoría, en ese camino
aparentemente unidireccional hacia una auténtica Teoría del
Todo, añade complejidad a las teorías preexistentes. Ese es el camino (también único) de la ficción cuántica: el incremento exponencial de su complejidad.

Porque la ficción cuántica no sólo goza de una existencia múltiple, en estados paralelos y complementarios, en mundos posibles
que se retroalimentan, sino que esa multiplicidad tiene como razón
de ser el conocimiento. Es narrativamente compleja porque entiende que las realidades que se propone analizar también lo son.
No respeta los géneros porque no se impone restricciones y porque
sabe que, en el fondo, no son más que perspectivas de lectura sobre
el mundo, opciones que se pueden y se deben completar, simultáneamente, con otras, con todas las posibles. Asume explícita o in-
tuitivamente la teoría física iniciada por Einstein: la tradición de
«Tlön, Uqbar, Orbis, Tertius», de *Rayuela*, de *El Cuarteto de Ale-
jandría*, de *La Jetée*, de *Watchmen*. Incorpora una visión poliédrica
del universo ficcional: la simultaneidad, el contrapunto, la analepsis
y la prolepsis devienen las herramientas para incorporar el mayor
número posible de miradas sobre los hechos, sus causas y sus consecuencias. La convivencia –shakesperiana– de personajes de niveles diversos y disímiles de la realidad ficcional amplía justamente las
direcciones de esas perspectivas multiplicadas.

Como escribió Slavoj Žižek a propósito de Alfred Hitchcock,
otro de los artistas cuyo trabajo prefigura el universo digital:

> Hay toda una serie de procedimientos narrativos en la novela del si-
> glo xix que anuncian no sólo la narración cinematográfica estándar
> (el intrincado uso del «*flashback*» en Emily Brönte, o de los «cortes»
> y los «zooms» en Dickens), sino también a veces el cine modernista
> (el uso del «fuera de campo» en *Madame Bovary*): como si ya estu-
> viéramos ante una nueva percepción de la vida, pero que todavía
> había de buscar los medios propios para articularse, hasta que final-
> mente encontró el cine.

Y después –el ensayo del filósofo esloveno es, una vez más, de 1999–, las teleseries. Esa visión de la vida es urbana. La metrópolis decimonónica, en un mundo aún newtoniano, materializa la complejidad y circunda con ella a los escritores. Un siglo más tarde, la bomba atómica aniquilará ciudades. Para entonces Joyce, Duchamp o Murnau ya habrán acelerado y descompuesto la ciudad en palabras o en imágenes conjugadas en artefactos artísticos. Después de Hiroshima, la televisión, la novela gráfica, el arte digital o los videojuegos añadirán canales de representación a una megalópolis difusa en vías de ocupar el mundo entero. La Nueva York de *Fringe*: dividida en dos realidades superpuestas (una de ellas, la *nuestra*, sin Torres Gemelas; la otra sin esa ausencia, aún más desazonadora). O la de *Person of Interest*: vibrátil, como cada metrópolis del siglo XXI, mal sintonizada entre dos canales, el de la realidad física y el de la realidad virtual.

Bisnietos de Baudelaire, nietos de Walter Benjamin, hermanos o hijos de Marguerite Duras, Grant Morrison o Joan Fontcuberta, los lectores metropolitanos de la ficción cuántica son multicanales. Practican la lectura en niveles simultáneos, en universos paralelos, en archipiélago o en red. Su inteligencia está en perpetuo intercambio: aspira a ser colectiva. La metáfora que mejor la representa es la de los miles de ordenadores conectados para detectar vida extraterrestre. Porque a la convergencia y a la cooperación hay que sumarles la ambición extrema, la búsqueda constante del otro y la tensión que sólo garantiza la utopía.

El propósito de *Casa de hojas*, de Mark Danielewski –una novela que sólo podía publicarse en el año 2000–, no es sólo construir un mundo a partir del diálogo entre la literatura de ficción y una posible y apócrifa película titulada *The Navidson Record*, entre colores y tipografías y lenguas distintas, en el seno de un libro de papel; ni hablar de la casa y de la familia como estructuras de lo extraño, de lo inquietante; ni reflexionar sobre la posibilidad de reconstruir vidas y archivos extraviados. Su ambición es ir más allá de los límites de esa forma y de ese contenido. A la segunda edición se le añadió un apéndice de cartas ficcionales, que anteriormente había sido publicado de forma autónoma. La obra posee tráilers y su propia banda sonora, el álbum *Haunted*, de Poe

(Anne Danielewski); una página web que es en realidad una plataforma de fórums sobre la novela en varios idiomas, y varios vídeos que trabajan en el intersticio que separa la novela de la película que ella crea.

El ya mencionado ejemplo de *Fringe* es bidireccional. La teleficción planteó, en su trama, una problemática relación entre nuestro universo y un universo paralelo, sumamente parecido, donde todos los cuerpos tienen su doble, su versión alternativa (el *otro* Walter es *Walternate*). Y al mismo tiempo, externamente, no sólo incorporó a un marco general de la ficción elementos de promoción y de *merchandising* frecuentes (como el juego *Hidden Elements* o el archivo de casos *Fringe Files* o la *Fringepedia*), sino que creó una página web, www.massivedynamic.com, ya desaparecida, donde la empresa ficticia adquiría realidad cibernética. En una de las secciones de la página, podías descargarte todas las apariciones de la compañía en prensa. Es decir, Massive Dynamic existía en dos universos ficcionales y en uno de ellos tenía, a su vez, doble naturaleza. La doble ficción se retroalimenta. Se duplica. Se expande.

Y se emparienta con precedentes como el Star Wars Expanded Universe (que se está expandiendo, todavía más, en Disney+ mediante las series *The Bad Batch*, *The Mandalorian*, *The Book of Boba Fett* u *Obi Wan-Kenobi*, que actualizan el poder de seducción de la saga en la nueva cultura de plataformas). O como el Buffyverse, la suma de cientos de historias generadas, en diferentes formatos, a partir de un centro posible llamado *Buffy the Vampire Slayer*, una teleserie que generó un *spin-off* titulado *Angel* y cuya octava temporada fue un cómic. En España, tanto *El Ministerio del Tiempo* como *La peste* se expandieron en relatos transmedia alojados en redes sociales y páginas web; pero *La casa de papel* –de repercusión global– fue más allá y se instaló también en el plano de las máscaras reales, convirtiéndose en un disfraz común durante los carnavales de varios años. Universos que tienen sus propios universos paralelos, su reverso oscuro: versiones apócrifas y no oficiales donde los fans generan parodias, nuevas líneas argumentales, hijos bastardos, amantes, primos, nietos de los protagonistas y antiestrellas invitadas. Series que van más allá de la ficción y devienen emblemas políticos, como los trajes de *The Hadmaid's Tale*, que se usan en las manifestaciones feministas para recordarnos que los derechos de las mujeres viven bajo constante amenaza.

La narrativa *crossmedia* de los años noventa se desarrolló en tres niveles simultáneos: el tecnológico, el comercial y el artístico. Acababa la posmodernidad, se expandía internet. La ficción cuántica se apropia sin ambages de su naturaleza de marketing, de su ambición tecnológica e integradora, de su condición viral, y la resemantiza; entronca con las poéticas que hicieron conceptualmente posible la existencia transmediática y las reivindica por su poder de difusión e influencia; reivindica el arte como complejidad científica, como crítica social e histórica, como vehículo de conocimiento disfrazado de vehículo de un sofisticado entretenimiento.

Si *Carnivàle* hubiera tenido las seis temporadas que constaban en el plan original, hubiera terminado en 1945, con la explosión en el desierto de Nuevo México de la primera bomba nuclear. La ficción cuántica cobra carta de naturaleza entre dos figuras que remiten a sendas realidades históricas: la bomba atómica (la teoría de la relatividad, la física cuántica) y el acelerador de partículas (la teoría de las supercuerdas y del Todo). La primera aparece explícitamente en *Lost*, *Heroes*, *24*, *Battlestar Galactica*. La segunda, es el centro conceptual de *FlashForward*, *Fringe*, *Devs*. La primera es el símbolo de la posmodernidad; la segunda, de nuestra época.

Son legión las novelas, los cómics, las películas y las teleseries que han imaginado mundos paralelos. La ciencia ficción ha elaborado, en diferentes lenguajes, una misma idea para comunicarlos: el portal interdimensional. Se ha tratado durante décadas de una metáfora, es decir, de la materialización evanescente de una realidad abstracta; pero poco a poco se va volviendo eléctrica, física, real, neuronal.

En *Inteligencia colectiva*, Pierre Lévy defendió un espacio colectivo del conocimiento, la *cosmomedia*, un dinámico e interactivo «espacio de representación multidimensional», donde se anulan las fronteras que separan los lenguajes, los formatos y las disciplinas del saber, donde convergen todos los universos semióticos existentes.

Convergencia quiere decir acercamiento, conexión, concurrencia hacia un mismo límite, un mismo fin. Todo converge hacia algún lugar, por eso es tan interesante la insistencia de parte de la ficción serial de los últimos años en la divergencia. Siguiendo la vía de *Fringe*, *Counterpart* imagina la existencia de dos universos paralelos también en conflicto, con un único portal interdimensional, ubicado –precisamente– en Berlín. Todos los personajes cuentan con una versión de sí mismos, que la serie trabaja en las claves del cine de espías. En *The Americans* el realismo inspirado en hechos reales nos conduce a las vidas esquizofrénicas de los agentes rusos que se infiltraron en Estados Unidos y tuvieron allí hijos americanos. Y la serie *Severance*, como penúltimo ejemplo, imagina una tecnología que es capaz de separarnos entre el yo laboral y el yo del tiempo libre o el ocio. Dos seres distintos, con memorias diferentes. Uno esclavo del otro.

En el último capítulo de la quinta temporada de *Lost* un personaje lee un libro de Flannery O'Connor titulado *Todo lo que asciende tiene que converger*.

En la ficción cuántica, los portales interdimensionales y por tanto la convergencia se dan en la conciencia del lector. Doležel explica que «el mundo ficcional es reconstruido por los lectores reales durante el procesamiento de la información del texto ficcional», quienes acaban por apropiarse «del mundo ficcional disolviéndolo en su propio mundo experiencial» o expanden «su mundo experiencial manteniendo el mundo ficcional como una experiencia alternativa posible». Esa porosidad, esa capacidad de relación y de discernimiento, constante y difícil, entre Lo Real y La Ficción se ha convertido en el rasgo esencial del ser humano de nuestros días. Por eso son tan propias de nuestro tiempo ficciones como la transmediática *Matrix*, la película *Gamer* o la serie *Caprica*: en todas ellas el ser humano entra y sale constantemente de una realidad virtual, paralela, que no es un compartimento estanco, sino un vaso comunicante con la nuestra. Del mismo modo, el ser humano entra y sale constantemente de la Pantalla, provocando mudanzas de píxeles, ampliando la anchura y la inestabilidad de la frontera.

En 1999 (de nuevo y por última vez) la artista Dora García finalizó un vídeo de seis minutos titulado *Heartbeat* y, en diálogo con él, inició un relato hipertextual en la red *(Heartbeat: construcción de una ficción)* que comienza así:

> Secretamente y sin que nadie se haya dado cuenta hasta ahora, una nueva moda se ha extendido entre nuestros jóvenes: el vicioso hábito de escuchar exclusivamente los latidos del propio corazón. Los que han dado en llamarse a sí mismos Heartbeaters (los que laten) sufren una percepción alterada de lo real, el mundo exterior reducido a un puro eco de sus propios espacios interiores. Esta percusión íntima influye en pensamientos y conductas, y es adictiva.

En el vídeo se ven pechos que laten bajo la escucha del estetoscopio. En la ficción textual se explora esa comunidad polimorfa de adictos al sonido del yo, esa tribu urbana de quienes se ensimisman en sus propias sístoles y diástoles. Posteriormente Heartbeaters.net dio cuenta de un grupo humano con ese nombre, liderado por un tal Ismael, quien invitaba a los visitantes de la web a unirse a la experiencia colectiva, mediante el registro de sus latidos. En 2006 trabajó en el proyecto el grupo de música electrónica Trigger, que tradujo a ritmos artificiales la música del cuerpo humano, para recordarnos que desde su origen la obra de Dora García se emparienta con ciertos DJ que tratan de sintonizar en sus sesiones con los ritmos cardiacos de su público.

La ficción cuántica sabe que hay que pasar por el cerebro para llegar al corazón.

## VIII. LAS SERIES AUTOCONSCIENTES

Desde principios de este siglo las series de televisión han ido pasando de hablar exclusivamente sobre el mundo a hacerlo también acerca de sí mismas. Ese ensimismamiento resulta interesantísimo, porque la autorreflexión en la serialidad es siempre narrativa. Porque las series son pantalla y porque la pantalla es mundo –y en el mundo la conciencia de existir se encarna en seres que realizan acciones, que no cesan de moverse, creando líneas, tramas, con su propio movimiento.

Ha sido Aaron Sorkin quien mejor ha sabido narrar la televisión desde dentro: *Sports Night, Studio 60 on the Sunset Strip* y *The Newsroom* configuran una imposible trilogía sobre un ecosistema que se ha vuelto decisivo por su condición de gran frontera entre los hechos y sus lectores, entre las realidades y la opinión pública. Las tres obras tienen en común el tono de tragicomedia, como si ya no fuera posible hablar del periodismo y la sátira televisivos en términos épicos, dramáticos o exclusivamente cómicos. También comparten el interés no tanto por la pantalla como por su trasfondo: la preparación de los programas, las investigaciones, las discusiones en la sala de guionistas, las consecuencias de las distintas emisiones. La dimensión humana que se oculta en el espejismo de píxeles.

En su sexta temporada, *Roanoke, American Horror Story* llevó todavía más lejos ese tipo de relato, la metaserie, trabajando el género del terror en dos formatos ficcionalizados, el *reality show* y su *remake* irónico, acompañados de variaciones *ad infinitum*. En un barroco artefacto posmoderno, en la casa de los horrores se suceden los hechos, su reconstrucción, su comentario, el documental, las entrevistas, mientras los personajes van pereciendo en la ilógica de una tremenda matanza.

Los vínculos entre la tradicional casa encantada y la casa de *Big Brother* –y sus diversas mutaciones como playa, isla, pueblo abandonado, etcétera– refuerzan la idea de que en el siglo XXI el terror es sobre todo retransmisión y psicología. Así lo entendió desde el principio la gran serie conceptual sobre La Pantalla, *Black Mirror*, que fue explorando las diversas formas del píxel (la televisión, la telerrealidad, la cámara en la pupila, el videojuego, la realidad virtual, internet, la inteligencia artificial, las redes sociales...) siempre con la convicción de que la distopía es utopía corroída por el tiempo.

*Westworld*, el parque temático más ambicioso que ha pensado la ficción hasta el día de hoy, está recorrido por esa vibración distópica que afecta de un modo u otro a la gran mayoría de las representaciones artísticas de nuestro presente. El parque cuenta con sus guionistas, con sus tramas, con una sala de control en que son monitorizadas todas esas historias, encarnadas tanto por robots como

por seres humanos. Son muchas las series que acontecen simultáneamente en el mundo de Westworld, pero sólo somos testigos de
una. La que selecciona *Westworld*, de Christopher Nolan y Lisa
Joy. Y esa es la historia de la emergencia de la inteligencia artificial.
Del nacimiento de una conciencia de ser. De la autoconciencia.
El capítulo final de *The Leftovers* fue un ejemplo perfecto de
hasta qué grado las series se han vuelto conscientes de sí mismas.
Tras veintisiete capítulos divididos en tres temporadas, David Lindelof y Tom Perrotta –según han declarado ellos mismos– sabían
que el episodio que realmente contaría sería el definitivo. A causa
de la desaparición en los primeros segundos del relato de un 2% de
la población mundial, los personajes protagonistas se habían enfrentado al duelo por los seres perdidos de modos muy diversos,
desde el sadomasoquismo hasta el culto religioso, en un contexto
global de exacerbación de las profesiones de fe y de confusión cada
vez más borrosa entre fantasía y realidad. Esa es la consecuencia
más habitual del duelo extremo: lo que Joan Didion llamó el *pensamiento mágico*. Pues bien, los protagonistas de *The Leftovers* lo
llevan hasta sus últimas consecuencias. Kevin supuestamente muere
y resucita dos veces, en una ocasión tras ingerir drogas potentes, en
otra tal vez durante una visita a la luz del túnel (un infarto), no queda claro: lo que vemos es que en esas dos experiencias visita el lugar
donde supuestamente han ido a parar los millones de seres humanos que desaparecieron. Y Nora, su pareja, que tiene la mala suerte
de quedarse sola cuando desaparecen –contra toda estadística– su
marido y sus dos hijos, ensaya todo tipo de opciones hasta contac-
tar a unos científicos que aseguran ser capaces de enviar a los elegi-
dos al «otro lado». Es decir, a esa realidad alternativa donde desapareció el 98% de la población y sobreviven, en un horizonte
despoblado, los huérfanos.
El *finale* es un *flashforward* que nos muestra qué pasa muchos
años después de que Kevin resucite por segunda vez y Nora acce-
da al experimento que supuestamente conduce al otro lado. Es un
capítulo perfectamente romántico y de un alto nivel de autoconciencia. Es consciente, en primer lugar, de llegar después del final
de *Lost*. Lindeloff lo sufrió y entiende que es su posibilidad de redimirse. Hay una alusión directa a *Lost:* si en aquella serie llega-

ban a un búnker cápsulas con mensajes que nadie leería jamás, en esta llegan a su palomar palomas mensajeras con papelitos en las patas que tampoco son leídos. Hasta que lo hace Nora. En ese momento, asistimos al giro manierista respecto a la ficción precedente. Donde no había sentido, ahora lo hay. Donde no había lectura, ahora encontramos una lectora. Y es consciente, en segundo lugar, de estar terminando: en su conversación, los protagonistas evocan momentos de los primeros capítulos, que son reproducidos en *flashbacks* cortantes y mudos, como si la serie se estuviera rebobinando. O como si estuviera simulando una estructura circular, un regreso a los orígenes que no puede tener. En una ficción que ha reflexionado desde el primer momento sobre cómo el duelo es una máquina de ficción, cuando se acerca el momento de despedirnos, de dolernos, nos brinda un discurso cerrado. Una lección: para amar hay que confiar en el relato del otro. Creérselo. Como el pacto narrativo, el matrimonio consiste en dejar tu credulidad en suspenso.

En esa tercera temporada de *The Leftovers* vemos que un personaje ha escrito la vida y milagros del protagonista. Una suerte de Nuevo Testamento que resume los momentos más importantes que ha vivido Kevin ante nuestros ojos. Algo parecido ocurre en la sexta temporada de *Game of Thrones*, cuando Arya asiste a una función de un grupo de teatro ambulante, que representa una sátira de los hechos que ella misma ha sufrido, como el incesto de Cersei y Jaime Lannister y el reinado del pérfido Joffrey Baratheon. Un tercer ejemplo de esa misma necesidad de autorrepresentación lo encontramos al final de *Girls*, cuando Adam Sackler, que se ha separado de Hannah y se ha emparejado con la mejor amiga de esta, Jessa, decide rodar una película que reconstruya en clave de ficción su enamoramiento de la protagonista. También la comedia española *Paquita Salas* concluye con una representación audiovisual de lo que hemos visto en las temporadas anteriores, con un fuerte impacto retrospectivo y, por extensión, emocional.

Esos ejercicios de metaficción se insertan en un contexto general que podríamos llamar –siguiendo el relevante ensayo de Simon Reynolds sobre el pop– *retromanía*: la adicción de las series a su propio pasado. Narraciones por lo general *in medias res*, que durante sus primeras temporadas apenas hablan del pasado de sus protagonistas, cuando entran en su fase final se vuelven inevitablemente melancólicas, máquinas sentimentales de recordar tanto lo que existió ante nuestros ojos como lo que se mantuvo siempre en el fundido en negro de la elipsis. Así, el fantasma de Will Gardner acompaña a Alicia Florrick en los últimos capítulos de *The Good Wife*: regresa como *remake* el duelo del amante perdido cuando es la propia serie la que se está muriendo. O cuando se acaban sus vidas de ficción, tanto la gran villana Gemma Teller de *Sons of Anarchy* como el galán en crisis Don Draper de *Mad Men* deciden visitar las casas de sus infancias –como si fuera realmente posible recuperarlas, volver a la matriz, estar a salvo.

Pero la autoconciencia va mucho más allá de los mecanismos internos o de la idea de una tradición compartida. Las series se han ido posicionando en contra o como alternativa de YouTube o TikTok. Son la nueva cultura audiovisual sofisticada, incluso cuando son malas. Porque incluso entonces son productos con guión y dirigidos, con actuación profesional, con varias cámaras y varios editores, que obligan a mantener la atención durante veinticinco o cuarenta minutos, en un contexto donde cada vez es más habitual que los comunicadores no sigan ninguna de las reglas que había que cumplir en el siglo xx para acceder a una audiencia de miles o millones de personas. Para volverse influyentes. Las series, en cambio, siguen reglas estrictas de producción y de difusión. En el nuevo ecosistema digital y viral, son a su modo tradicionales, clásicas.

También en sus valores. Son colectivas tanto en su factura como en un sentido mayor, el de gremio. Lideradas por profesionales con formaciones sólidas, están conectadas con la sociedad, con la academia, con las grandes conversaciones contemporáneas. Por eso la conciencia feminista ha penetrado con mucha más fuerza en ellas que en los contenidos mayoritarios de las redes sociales. Después de una primera década de siglo en que predominaron los creadores, durante la segunda lo hicieron las creadoras: Shonda Rhimes se convirtió en la reina del *mainstream*, Lena Dunham intervino con fuerza en la discusión social con las seis temporadas de *Girls*, Amy Sherman-Palladino estrenó su extraordinaria comedia *The Marvelous Mrs. Maisel* sobre una cómica de los años cin-

cuenta con gran conciencia de su oficio o Laurie Nunn rompió tabúes con *Sex Education*. La periodista Joy Press las llamó en el
título de un libro *Dueñas del show*. Le creadore de otra serie clave
de la segunda década, *Transparent*, fue Joey Soloway, que firmó
la obra como Jill. Forma parte de la nueva generación de *show
runners* de género femenino, trans o no binario, como las herma-
nas Wachowski *(Sense8)*, en una tendencia general de visibiliza-
ción serial de personajes de género fluido (*Orange is the New
Black*, *Billions*, por suerte: tantas otras).

## IX. TELESHAKESPEARE

Todos recordamos *Fleabag* por esos momentos en que la protagonista rompe la cuarta pared; y por esos otros en que su amigo el
sacerdote rompe la quinta. Apropiándose de mecanismos teatrales
e inventando los suyos propios, Phoebe Waller-Bridge nos recuerda
que todos los relatos que importan pertenecen a una tradición y, al
mismo tiempo, reivindican su singularidad, su propia conciencia.
   La trama de *Sons of Anarchy* podría resumirse como sigue: un
joven sospecha que su padre fue asesinado por su tío, quien se casó
con su madre; el muchacho hereda ciertos papeles paternos y duda
de su vida entera al leerlos; comienza una lenta y tortuosa venganza. Imaginemos ahora a los personajes y el escenario: Hamlet gua-
písimo, musculoso y con chupa de cuero; el Claudio más retorcido
(y feo) que se pueda imaginar; Gertrudis, tan maquiavélica como
MILF; Ofelia: una cirujana que se olvida del suicidio y se enfrenta a
la maternidad y a la suegra; súbditos palaciegos convertidos en un
escuadrón de moteros y putas. Todo ello en un castillo de Elsinore
a medio camino entre el pub y el taller mecánico, cuyo nombre es
*Sons of Anarchy*.
   Esa sería una sinopsis posible de la serie: entre Shakespeare y
Los Ángeles del Infierno. *Hamlet* es no obstante el esqueleto de
una obra en que importan mucho más los músculos y la piel. En la
musculatura encontramos toneladas de acción protagonizada por
bandas de motoristas, crimen organizado, policía local y FBI, en el
marco del tráfico de armas y de estupefacientes. En las capas de la

epidermis se va sucediendo lo que hace de *Sons of Anarchy* un *rara avis* de la ficción serial de hoy: formas de vida anacrónicas, machistas, emparentadas con el nomadismo fundacional de Estados Unidos; vínculos sanguíneos con una Irlanda que nutre de armamento a su delegación yanqui (y que provoca una extraña temporada entera ambientada en el Viejo Continente); una constante violencia interracial, en que eurodescendientes, afroamericanos, supremacistas blancos y latinos son incapaces de convivir en paz, y un trasfondo de ideales perdidos y mitología marginal que se configuró tras la guerra de Vietnam, cuando se fijaron sus ritos contraculturales. Aquellos tiempos en que reivindicar la anarquía era un gesto político y no un pretexto para lucrar.

Detrás de semejante operación de anatomía se encuentra Kurt Sutter, uno de los principales autores de *The Shield*. Los personajes de esta estaban siempre en movimiento: amenazando, buscando, a pie o en coche, en tiroteos y persecuciones. Ese ritmo hormonado es la herencia principal en *Sons of Anarchy* –que se deja leer como su giro manierista–, donde los policías son convertidos en víctimas de los moteros o en sus cómplices. Porque tras los asesinatos, las metanfetaminas o la producción de pelis porno, como ocurre siempre que un grupo mafioso se vuelve protagonista serial, lo que se comunica con más fuerza al espectador es un conjunto de valores. Hay una posible nobleza, pese a todo, en cierta idea de familia que se autodefiende. Una nobleza, como todas, reaccionaria y de otra época. Una época que, como todas, ha sido supuestamente pervertida por la nuestra.

En su blog Sutter nos riñe con amabilidad. Según él los críticos a veces aplicamos a *Sons of Anarchy* un «nivel de análisis que es mejor reservar para una serie de David Simon», pues lo suyo «es un culebrón con adrenalina, ficción popular violenta con personajes altamente complejos». *Bloody Pulp Fiction*. En efecto, el creador de *Treme* o *The Deuce* es totalmente consciente de la ambición de sus proyectos y de su lugar en la historia de las principales narrativas sobre Estados Unidos, clásicas y contemporáneas. Aspira a un público fiel pero minoritario y renuncia, por tanto, al espectador medio. La serie de Sutter, en cambio, no reivindica a gritos su filiación shakesperiana y llegó a ostentar la mayor audiencia de la

historia del canal FX. *The Wire* nació literalmente en una biblioteca (la del Condado de Baltimore en Towson, donde Simon se reu-
nía con Burns), pero todas las series se crean a partir de un archivo
implícito. *Sons of Anarchy* no es una excepción: se nutre de las
narrativas que han representado directa o indirectamente a Los
Ángeles del Infierno, cuya iconografía mortuoria, cuyo mito fundacional (los veteranos de la Segunda Guerra Mundial querían seguir cultivando la camaradería perdida) y cuya oposición a las
fuerzas de la ley inspiran los de la serie. Además, incorpora la tradición del cine de acción y la teatral: Sutter es licenciado en bellas
artes, actor y un admirador confeso de Strindberg, O'Neill y Ge-
net. Ha declarado que la serie no es una adaptación de *Hamlet*,
pero ¿vamos a creérnoslo?

Por supuesto que no. Shakespeare está de un modo u otro en
todas las producciones dramáticas anglosajonas, porque no hay
guionista ni telespectador que no haya leído o visto sus obras,
sus adaptaciones, sus incontables versiones. El caso de *Sons of
Anarchy*, donde la obra shakespeariana más conocida actúa como
punto de partida de la Biblia, a partir del cual los moteros tiran
millas, no es más que uno de los ejemplos de un magma con décadas de antigüedad. Uno de los primeros episodios de *Bonanza*
versiona *Romeo y Julieta*. En *Star Trek* las citas de Shakespeare
dan título a capítulos o son reproducidas por los personajes; en un
episodio incluso encontramos una puesta en escena de *Macbeth*, a
cargo de un grupo de teatro ambulante. En «Relatos desde el Dominio Público», de *The Simpsons*, Bart interpreta a Hamlet; Lisa,
a Ofelia, y Moe, a Claudio. Para comprender la distancia que separa las obras del bardo inglés de las series de nuestro cambio de
siglo vayamos no obstante al segundo capítulo de la tercera temporada de *The Good Wife*. Will Gardner, uno de los abogados
protagonistas, discute con un colega inglés. Tratan de intimidarse
mutuamente. El británico dice:

–Cómo me gustan los yanquis, sois tan fáciles de distraer, con
nuestro acento, con nuestro té, con nuestras pelucas blancas.

–Y Benny Hill, no te olvides de Benny Hill –ironiza Will.

–Pero yo no soy la Inglaterra del Big Ben y los *bobbies* –prosigue
su adversario–. Yo pertenezco a la Inglaterra de los hooligans y de

Jack el Destripador –es decir, a la Inglaterra de los cómics de Garth Ennis *(The Boys)* o de Alan Moore *(From Hell)*; y de series como *Luther* o *Misfits*. La Inglaterra canalla.

–Cuando quieres intimidar a alguien, no usas tantas palabras; la intimidación no es un soneto –le responde Will; Shakespeare le hubiera soltado entonces aquel verso de *Enrique VI*: «matemos a todos los abogados».

Pero tal vez sea más interesante lo que dice el abogado británico para terminar la conversación:

–A ustedes, los yanquis, les encanta su drama americano.

Contrapone la violencia de los hooligans y de los asesinos en serie, los herederos de las masacres de las tragedias de Shakespeare, a ese concepto menos rígido, el del *american drama*, cuya historia, por estar ligada a Hollywood, es más cinematográfica que teatral. El drama se encuentra entre la tragicomedia y el melodrama, y apela a los sentimientos del espectador siguiendo un patrón de sentimentalidad y valores puramente estadounidenses. Esa escena de *The Good Wife* ilustra a la perfección la distancia entre universos narrativos: entre el universo dramático del teatro isabelino, con Shakespeare en su centro, y el universo melodramático de la serialidad televisiva contemporánea, sin centro definido.

Ese abogado británico es uno de los muchos elementos que unen en las series estadounidenses las dos orillas anglosajonas del Atlántico. Los protagonistas de *The Wire* y de *Homeland* son encarnados por actores ingleses; la de *Hunted*, una coproducción de la BBC y Cinemax, por una actriz norteamericana, y el Sherlock de *Elementary* es un investigador que acaba de llegar a Nueva York desde Londres. Los personajes que viajan desde la capital inglesa para intervenir en asuntos gringos son frecuentes en las ficciones judiciales, como la propia *The Good Wife* o como *Suits*, donde a menudo intervienen con su acento *british* como un contrapunto irónico, restos de un viejo imperio que se resiste a darse por vencido. También en *Mad Men* encontramos personajes del otro lado del océano, porque el espacio de la lengua es también un mismo ámbito empresarial y los conflictos y las fusiones son habituales. Las series en inglés no se pueden entender sin esa interpenetración constante.

Porque están por doquier: como en el resto de las narrativas de nuestra época, es fácil encontrar rastros de la presencia de Shakespeare en los argumentos, los personajes o los conflictos de las series. No hay más que observar los guiones de Aaron Sorkin o de Shawn Ryan o que repasar las ficciones históricas *(Rome, The Tudors, The Borgias, Vikings, The Knick, Peaky Blinders, The Crown)* para llenar un extenso catálogo de ecos. Si se buscan ejemplos concretos, algunos podrían ser los siguientes: el hamletiano fantasma del padre muerto que aparece en *Six Feet Under* y en *Dexter;* Meredith Kane, la protagonista femenina de *Boss*, como vuelta de tuerca a la ambición de Lady Macbeth (su sombra recubre también el personaje de Carmela Soprano, el de Skyler, de *Breaking Bad*, o el de Claire Underwood, de *House of Cards*); ciertas reflexiones sobre el poder en boca del marido de esta última, Frank, o de Jax Teller (el Hamlet de *Sons of Anarchy*); o los monólogos de *Deadwood*, que entroncan directamente con esos monólogos cómicos de *Mucho ruido y pocas nueces* y con los monólogos trágicos de *El rey Lear* (un recurso no demasiado frecuente en la teleserialidad, pero sí usado en *Deadwood*, una obra profundamente shakespeariana, en que se mantiene la frontera entre los personajes nobles y los vulgares, con el fascinante Al Swareangen como intermediario, que como tantos otros personajes shakesperianos también tiene su lejano referente real). Todo eso es obvio, pero es más interesante, siempre, pensar en la diferencia.

Si hay una serie donde están presentes todos los elementos que vinculamos con la canonicidad de Shakespeare (exploración de las bajas pasiones, un ambiente entre medieval y moderno, creación de personajes poderosos que encaran con ambivalencia características arquetípicamente humanas, conflictos inolvidables, ruido y furia, uso genial del monólogo, innovaciones formales, más reflexiones sobre el poder) esta es *Game of Thrones.* Una serie concebida, al igual que el original literario, como una red de historias y personajes, una red sin centro –como toda red. La energía centrípeta de la Historia. Porque el escritor George R. R. Martin no sólo ha construido un mundo, sino que lo ha dotado de una cronología y de una mitología, los dos factores que convergen en la Historia.

En su finisecular *Shakespeare. La invención de lo humano*, Harold Bloom habló de «la supremacía de Shakespeare» en la literatura universal y de su configuración magistral de *personalidades*, a través de personajes llamados a convertirse en arquetipos, cuando todavía no se había conceptualizado la noción moderna de *identidad humana*. «La vida misma se ha convertido en una irrealidad naturalista, en parte, debido a la prevalencia de Shakespeare», escribía Bloom. Acertaba en su juicio: nadie como Shakespeare supo interpretar al hombre y a la mujer de su época (al hombre que, de algún modo, era la suma de todos los hombres anteriores); pero Bloom no puede pretender que Shakespeare también retratara al hombre futuro, porque eso significaría negar la Historia. En Julieta y en Olivia hay sin duda rasgos íntimos que se pueden reconocer en cualquier joven de nuestros días; pero también hay muchísimos otros que distancian a esta de aquellas: la igualdad entre géneros y clases, la alfabetización obligatoria, la vida urbana, la comunicación instantánea, el pensamiento democrático, el aborto legal, la masturbación desinhibida, el orgasmo. Todo ello es *esencial*: los Grandes Temas no existen sin sus infinitas encarnaciones históricas. El Amor no es una corriente de energía que atraviesa el espacio y el tiempo, sino millones de millones de experiencias concretas, vividas por mentes y por cuerpos en contextos definidos, codificados religiosa, política, comercial y moralmente.

Como nos recuerdan *Transparent*, una serie que habla de la transición de género del protagonista al tiempo que se mueve fluida entre la comedia, el drama o la poesía, o *The Girlfriend Experience*, que en cada temporada retrata la prostitución desde una perspectiva radicalmente distinta –el lujo urbano, el narcotráfico fronterizo, la realidad virtual–, *lo humano* es un fenómeno dinámico, esquivo, resbaladizo, nómada, de imposible fijación, que nadie puede definir unívocamente, ni siquiera el ente inconcreto a quien llamamos William Shakespeare.

*Hamlet*, *El Quijote*, *Robinson Crusoe*, la *Comedia humana*, *Crimen y castigo*, *La Regenta*, *La montaña mágica*, *La plaza del Diamante*, *La mano izquierda de la oscuridad* o *Austerlitz* comparten ese punto de partida: la obra es un campo de investigación, un laboratorio en que el creador disecciona, trata de descubrir qué es y qué puede llegar a ser un ser humano en un momento histórico concreto. Y fracasa en su investigación. Y nos deja en herencia el informe de esa investigación y de ese fracaso. Lo mismo ocurre en *The West Wing, The Wire, The Sopranos, Six Feet Under, Mad Men, Boardwalk Empire, Battlestar Galactica, Game of Thrones, Borgen* o *Gomorra*: las grandes telenovelas.

La gran serie italiana, que expande hacia la ficción la crónica *Gomorra*, de Roberto Saviano, al igual que *Succession*, parte de familias claramente shakespearianas para explorar la dimensión más oscura de nuestras psicologías. *Succession* le extrae todo el juego tragicómico posible a la situación que abordó *El rey Lear*, con su magnate en decadencia física que no se siente cómodo ante la necesidad de escoger a un heredero entre sus tres insoportables hijos. La misma obsesión une a Pietro Savastano y a su hijo Gennaro en *Gomorra*. El clan intenta a cualquier precio seguir controlando el tráfico de drogas en los barrios de Nápoles. Y el precio incluye el sacrificio del mejor amigo, del hermano adoptado. La serie concluye tras cinco temporadas con el reencuentro entre Genny y Ciro, a quien creíamos muerto pese a ser apodado el Inmortal. La carnicería final no tiene nada que envidiarle a las de las mejores tragedias de Shakespeare.

*Hamlet* no sólo sobrevive al paso de los siglos, también supera el fin del mundo. *Station Eleven* plantea exactamente ese escenario: representar el teatro de William Shakespeare en una realidad que ha sufrido un colapso total. Los protagonistas son los miembros de The Travelling Symphony, una compañía de teatro nómada, que sólo representa obras del bardo inglés. La escenografía y el vestuario de sus versiones son tan memorables como el laberinto de historias emocionales que va tejiendo la ficción. Con un tono estético y una exploración del trauma colectivo que la vincula a *The Leftovers*, y con una voluntad explícita de incluir lenguajes artísticos contemporáneos que recuerda a *I Love Dick*, la serie de Patrick Somerville parte de una idea distópica (un virus aniquila a la mayor parte de la humanidad) e incluye algunas escenas propias del imaginario de los zombis, el terrorismo y el postapocalipsis. Pero en ella predominan la sensibilidad y las historias utópicas. Estrenos teatrales y espectáculos musicales al aire libre que son comentados después por el público, como si una pandemia no hubiera arrasado con todo. O un centro comercial que reúne a un grupo de numerosas mujeres embarazadas que van a parir casi simultáneamente. Aunque, por supuesto, algo huele a podrido incluso en Arcadia: en el aeropuerto que se ha convertido en un refugio seguro, sus líderes evocan con sus gestos al tío y a la madre de Hamlet.

Se trata de casos evidentes.

En la mayoría Shakespeare queda lejos, desenfocado, viral, en el trasfondo.

Y hay que hacer un zoom para identificarlo.

Pero se nos pixela.

Insistimos, no obstante.

Teleshakespeare.

# TELENOVELAS

# A dos metros bajo tierra
## descansan los personajes que perdimos
## y que lloramos y que nunca recuperaremos

> Como si cada idea, sensación, palabra y todo lo que veía
> fueran artificiales, incluso su hijo mutilado. Y como si su
> hijo muerto delante de él no fuera lo bastante real [...]

Las formas de duelo han cambiado, están cambiando. Alfonso M. di Nola, en *La muerte derrotada. Antropología de la muerte y el duelo*, cita a Lévy-Bruhl, quien habla de que, pese a la naturaleza conservadora del duelo, este está sujeto a las épocas y las modas. Hasta los ataúdes se deben a las leyes del diseño y de las temporadas. Incluso muta la muerte. Los gritos que acompañaban los funerales en Córcega desaparecieron de la isla tras la Primera Guerra Mundial.

Ha cambiado la relación simbólica con el muerto. Porque tras la atmósfera aséptica del tanatorio ha llegado el duelo en la pantalla. Cuando alguien muere, su página de Facebook se llena de muestras de duelo, como el libro de visitas (o de condolencias) de un funeral. En la página Whisesbeyondlife.com, se pueden dejar «cápsulas de tiempo», mensajes textuales o en vídeo que llegarán a tus seres amados una vez que tú ya no estés, el día y a la hora que tú decidas. Un testamento multimedia y, si tal es el deseo del cliente, por entregas, serial. Ahora podemos conversar con bots que nos responden con las palabras aproximadas a las que usaría nuestro querido difunto.

Hablando de pantallas, sólo he llorado al terminar de ver una teleserie.

Me ocurrió con *Six Feet Under* y no fue casual: su capítulo final es un dispositivo perfecto y lacrimógeno.

Perfecto porque, al tiempo que es absolutamente coherente con los sesenta y dos episodios anteriores, inventa una nueva manera de hablar de la muerte en el momento en que está a punto de morir. Es decir, combina fidelidad a la tradición narrativa que la propia serie ha creado y una despedida, formalmente inédita, que encaja a la perfección en el repertorio de estrategias que nos han ido entreteniendo, sorprendiendo, enseñando y emocionando durante cinco temporadas. Si cada uno de los episodios ha comenzado con la muerte de un personaje, la gran mayoría de ellos fugaces secundarios, el *series finale* va a concluir con el fallecimiento de todos los protagonistas, uno por uno, en *flashforwards* encadenados. Si durante la mayor parte de la obra aparece el fantasma de Nathaniel Fisher padre, como un personaje más, que dialoga con la psique de sus hijos, en los capítulos finales también aparece el espectro de Nate (Nathaniel hijo), naturalmente incorporado a la zona de ausencias que actúa como frontera entre la familia Fisher y su entorno.

Lacrimógeno porque esos fotogramas del futuro, en sí cargados de potencia emocional, sucesión de necrológicas, masacre de seres que han conseguido penetrar las capas musculares de tu corazón hasta instalarse en tu válvula aórtica, han sido precedidas por los abrazos de despedida de Claire, la hija menor, que se muda a Nueva York y dice adiós, en el porche del hogar familiar, la casa del terror –con sus muertos en el sótano y su tecnología funeraria– de la que siempre ha tratado de huir, pero que ya está echando de menos. Abrazos envueltos por diálogos como este:

–Sé feliz –le dice a su hermano, a cuya atormentada homosexualidad y sus dificultades para superar una experiencia traumática y sus esfuerzos para impulsar el negocio familiar hemos asistido durante tanto tiempo.

–Lo soy –le responde este.

Claire ha comenzado a llorar y lo hará durante nueve minutos. Los últimos nueve minutos de una obra que dura más de cincuenta y cinco horas. Sesenta y tres capítulos o dosis de acercamiento a las vicisitudes de una docena de vidas tan ficcionales y tan reales como la vida misma.

–Tú me diste la vida –le dice la hija a la madre, a cuya viudez y su lenta aceptación de la soledad y su redescubrimiento de la sexualidad madura y sus problemas para comunicarse con su hija menor hemos asistido durante tanto tiempo.

–No, tú me diste la vida –le responde esta.

Según la quinta acepción del diccionario, *vida* significa «duración de las cosas».

En lo que respecta al tiempo, las teleseries sellan un pacto con el telespectador que difiere de los que firman el lector literario o el espectador cinematográfico. Una película dura lo que tres o cuatro capítulos de una serie. Una novela raramente ocupará las ciento cuarenta y cuatro horas de lectura que reclaman las nueve temporadas de *24*. En el tiempo de la teleserie se confunden el tiempo autónomo de cada capítulo, la elipsis, el tiempo de maduración de los personajes y, sobre todo, la cuenta atrás. Porque las teleseries se consumen. Producen adicción. Las temporadas se terminan y, sobre todo, se terminan las teleseries. Por tanto, comenzar a verlas significa saber que es muy probable que, si la ves entera, acabes sintiendo empatía por sus personajes, enamorándote y dependiendo mínimamente de ellos; por tanto, significa también empezar a elaborar el duelo por perderlas.

Por su muerte: cada cadáver, en cada capítulo de *Six Feet Under*, actúa como miniatura del cadáver final que será la teleserie. De modo que la digestión del duelo de cada una de esas familias anónimas es el correlato de nuestra pérdida futura, para la que la serie nos ha ido pacientemente preparando. Y lo ha hecho mostrándonos la muerte con toda su crudeza y toda su arbitrariedad, en las formas de la enfermedad y de la violencia y del accidente, materializada en esos cuerpos desnudos que son cosidos, reconstruidos, drenados, maquillados, cosificados, vestidos para su exhibición en el marco de una ceremonia de despedida.

El primer cadáver mostrado en la teleficción contemporánea fue el de Laura Palmer: en *Twin Peaks*, con su autopsia, se rompió el tabú.

Autopsias altamente tecnificadas en *CSI*.

Seres humanos golpeados en la cabeza, a puño desnudo, una y otra vez, hasta la muerte, o tiroteados, o quebrantados con barras de hierro o con herramientas mecánicas, en *The Sopranos*, *The Wire* o *Breaking Bad*. Cuerpos abiertos en canal, liposuccionados, rellenos de silicona, cosidos, alterados, drogados e incluso muertos en *Nip/Tuck*. Cuerpos decapitados y cabezas profanadas y cadáveres devorados por gusanos en *Dexter*. Cuerpos mutantes, monstruosos, polimorfos, violentados por la ciencia en *Fringe*. Cuerpos mutilados que caminan o que se arrastran, más muertos que vivos, putrefactos, repulsivos, en *The Walking Dead*.

A esa tradición hay que contraponerle otra, que también hibrida el naturalismo médico y el *gore* y el *pulp*: la del cuerpo pornográfico. Porque la carnografía puede mirarse desde dos polos: el de la mirada necrófila y el de la mirada pornográfica. El porno blando de *The Tudors, True Blood, Rome, Diary of a Call Girl, Spartacus, Californication, Game of Thrones*. O Brenda y Nate, durante los primeros meses de su relación, follando en todas partes, en cualquier parte. Y enamorándose.

No hay tema más viejo que el del amor entrelazado con la muerte.

Denis de Rougemont, en *El amor y Occidente*, evoca la imagen del vasallo Lancelot y la reina Ginebra al verse separados, al despertar, por la existencia de una espada entre sus cuerpos.

El sexo contra la muerte.

*Six Feet Under* comienza con la muerte del Padre (ya lo he dicho, volveré a hacerlo) y con su hijo follando con una desconocida en un almacén de limpieza del aeropuerto. A la macabra aura que rodea la funeraria, todos los personajes le oponen el frenesí del cuerpo. Los experimentos de Claire con el sexo y con las drogas; las acampadas eróticas de Ruth; el deseo carnal de David en su oscura noche del alma; la seducción constante de Nate; la promiscuidad de los padres de Brenda; aquella sesión de fisioterapia en que ella masturba a su cliente.

La inestabilidad amorosa de Nathaniel Fisher Júnior podría encontrar su explicación biológica en los estudios de expertos como Helen Fisher, quien en *Por qué amamos* explica que la pasión amorosa dura entre uno y tres años. De lo que no hay duda es que los guionistas saben que el amor a una teleserie dura a lo sumo tres años, es decir, tres o cuatro temporadas. Por eso al final de la tercera se produce un giro brutal: una mudanza, un nuevo personaje o, en muchos casos, una separación o un divorcio: Carmela y Betty abandonan a Tony y a Don a final de temporada. O una pérdida que provoque la renovación del amor una vez superado el duelo: Tom Shayes muere al final de la tercera temporada de *Damages;* Rita al final de la cuarta de *Dexter;* Lisa al final de la tercera de *Six Feet Under.* Pero el divorcio y la muerte casi nunca suponen interrupciones definitivas cuando se producen en el marco de la serialidad: son un cambio significativo para que todo siga igual. La muerte de Zoe Graystone en el primer capítulo de *Caprica* no implica su desaparición, sino lo contrario: su presencia se reafirma, en forma de fantasma o de recuerdo o de avatar, en todos los capítulos de la teleficción. Cuando mueren el doctor Greene *(E. R.)*, Charlie *(Lost)* o el propio Nate, sus cuerpos no desaparecen, las alucinaciones de los vivos o los *flashbacks* nos los sitúan una y otra vez ante los ojos. La máxima expresión de la narrativa serial de nuestra época, los videojuegos, ya nos han acostumbrado a ese tipo de relación no definitiva con la muerte, a esas reencarnaciones constantes en los píxeles de la pantalla.

Vuelvo a decirlo: la serie comienza con el regreso del Hijo y la muerte del Padre y en su último capítulo todavía encontramos a su fantasma merodeando, pura presencia, entre los personajes. Lo mismo ocurre en *Dexter:* el Padre muerto sigue aconsejando, ironizando, encarnado en un actor y, por tanto, parte del elenco, de los personajes vivos que le rodean. Pero en *Dexter* Harry Morgan representa la Ley (el mecanismo de supervivencia que debe guiar las acciones del hijo psicópata), mientras que en *Six Feet Under* Nathaniel Fisher representa el Duelo (que nunca se elabora ni se supera del todo y aún menos en el caso de un padre muerto).

Mientras que los clientes de la funeraria Fisher & Sons se suceden sin demasiada implicación emocional de los protagonistas, las pérdidas que ocurren entre ellos sí suponen un sismo en sus entrañas. El caso más dramático es el de Lisa. Lo de menos es el caso policial (la desaparición del personaje, su relación secreta con su cuñado, su asesinato), que como un afluente subterráneo recorre toda la cuarta temporada; lo que importa es que, antes de desaparecer, Lisa le dijo a Nate que deseaba ser enterrada en la tierra, en la naturaleza, sin ataúd ni cementerio a su alrededor. Ese deseo, vagamente expresado, sin transcripción legal, sitúa al viudo en una posición que hibrida la de Antígona y la de Creonte en un único cuerpo: como marido doliente, atormentado por un sinfín de dudas metafísicas, siente la necesidad de respetar la voluntad de la fallecida; como director de una funeraria, sabe perfectamente que el acto que finalmente decide llevar a cabo (llenar una urna de falsas cenizas, desenterrar a Lisa, cavar una fosa bajo un árbol en la escena más impactante y telúrica de la teleserie y hacer que descanse allí su cuerpo) no sólo es ilegal, también podría tener consecuencias catastróficas para el negocio familiar, para la vida de su madre y de sus hermanos.

Pero lo hace.

Lo hace a la luz de los faros de su furgoneta.

Acaba de rastrillar la tierra al amanecer.

Grita hasta que se le desgarra la garganta.

Muchas veces he tratado de hacer lo mismo con esos personajes: sacarlos del contexto en que murieron, enterrarlos en un recinto próximo a mis querencias y miedos, tratar de olvidarlos. Es imposible. ¿Cómo enterrar a don Quijote, a Werther, a Naptha, a Michael Corleone, a Rorschach, a Kara Thrace, a Cesárea Tinarejo, a Omar? Inmersos en el eterno ciclo de la reencarnación, desaparecen para volver a presentarse en un rasgo de un personaje futuro, según la fisonomía que sugieran tanto la individualidad del creador como el contexto histórico en que se inscribe su persona y su obra. Porque mucho se ha repetido la distinción entre poesía e historia de Aristóteles, según la cual la primera es verosímil y universal y por tanto superior a la segunda, fáctica y particular, olvidando que en los ultimos siglos ha cambiado radicalmente lo que entendemos por literatura y por historia. Lo poético se ha vuelto un fenómeno multiforme y extraordinariamente complejo, la verosimilitud no es ya un requisito literario y el hecho histórico ha sido puesto en duda por la historiografía contemporánea. Toda escritura es histórica. Toda historia es relato. La ficción también ocurre, también *es*. Deberíamos comenzar a hablar de la ontología de los personajes de ficción. De su ser virtual, escrito o visual, abstracto o concreto, ficcional o avatárico; de su gestación y alumbramiento; de su existencia; de su agonía (su conflicto) y su muerte y el duelo que provoca en nosotros, sus lectores. De su reencarnación, siempre parcial, en otro personaje. O en el cuerpo de otro actor. Mi fascinación por el personaje de Dexter, tal como se encarna en el cuerpo de Michael C. Hall, creció tras ver las cinco temporadas de *Six Feet Under*. La biografía de David puede leerse como la juventud de Dexter: su lenta intimidad con los muertos. Tanto el uno como el otro se caracterizan por la duda de Hamlet transportada al contexto sociohistórico de nuestro siglo: la religión y la homosexualidad, en caso de Dave; el bien y el mal bajo la conciencia de una psicopatía, en el de Dexter. El padre de Hall murió de un cáncer de próstata cuando él era un niño de once años. Durante toda la primera década del siglo xxi, el actor ha estado encarnando, sucesivamente, a dos personajes que tratan diariamente con la muerte tras haber perdido a sus respectivos padres.

David, el protagonista de la novela *Desgracia*, de J. M. Coetzee, ante el sacrificio de dos ovejas se pregunta: «¿Debería dolerse? ¿Es correcto dolerse por la muerte de seres que entre sí no tienen la práctica del duelo? Examina su corazón y solo halla una difusa tristeza». David se acabará dedicando a la eutanasia animal. La novela acaba, de hecho, con la muerte de un perro a quien el protagonista le ha tomado cierto cariño. La novela acaba y David se queda ahí, viviendo en el patio trasero de una clínica veterinaria. Ahí, en ese momento, aunque él no se duela de sí mismo, empieza nuestro duelo como lectores: cerramos el libro y su dolor pervive en nosotros, porque ya es nuestro dolor. Los personajes de ficción, como los animales, tal vez no tengan que gestionar el duelo; pero sí ocurre a la inversa. Hay pocos procesos humanos con tantas capas como esa transferencia, ese paso del otro a nosotros. La empatía se da en una tensión constante entre identificación y distancia. El ser humano la lleva a cabo mediante la construcción de un relato. Necesitamos de una historia, de recursos retóricos, de dramatismo, para empatizar con otro ser humano, con un animal, con un personaje de ficción. Hay noticia, en la Antigüedad, según informa Di Nola en *La muerte derrotada*, sobre funerales jocosos de muñecas por parte de sus pequeñas propietarias. Se trata de rituales sustitutivos. También erigir una lápida, un monumento constituye un acto de transferencia (como la corona de flores o la esquela en el diario; como, en otro plano, el ritual vudú). Se trata de procedimientos metafóricos. Los dibujos animados de Walt Disney, sus animalitos, encarnados en los territorios de Disneyland y Disneyworld, pueden verse como traducciones amables de los tótems de los aborígenes que habitaron esas mismas tierras, esto es, como una infantilización del imaginario original de Estados Unidos. Desde ese punto de vista, Mickey o Donald no serían más que los disfraces, las máscaras, las metáforas de los mamíferos y las aves que encontramos representados en el antiguo arte nativo. Mickey o Donald son zombies, tumbas, muñecos de vudú, ataúdes de los animales totémicos de un pueblo exterminado.

Los lectores somos en parte como Echo, la protagonista de *Dollhouse*, en cuya mente se imprime en cada capítulo una personalidad ficticia, que después es borrada. Fugaces personajes de ficción que se suceden en el mismo cuerpo. En su subconsciente van quedando fragmentos, rastros, de todos los seres que ha sido, generando una personalidad dinámica que es la suma de todas las que encarnó. Su eco.

Me gustaría saber cuáles son los estratos, los músculos, las válvulas del corazón que son alteradas por la ficción, dónde se almacenan los rastros de los personajes que ha interpretado durante años un actor, cómo puede eliminarse esa bioquímica que nos transforma, que nos complace, que nos duele, que –en fin– nos constituye. Según la lógica del karma, la reencarnación nos hace viajar por cuerpos humanos y animales. Según la lógica del karma, somos zombis, muertos en vida, fantasmas de los humanos y los animales que un día fuimos. O, mejor aún: cementerios. Porque en cada uno de nosotros conviven todos los difuntos por los que hemos pasado para llegar a nuestro ser actual: un sinfín de corazones que aún palpitan.

> [...] levantó a Roy y lo llevó rápidamente a la tumba, e intentó meterlo cuidadosamente pero terminó dejándolo caer y después aulló, se golpeó y saltó en el borde de la tumba porque había dejado caer a su hijo.

DAVID VANN, Sukkwan Island

# *Breaking Bad*: tan cerca
de la frontera y tan lejos de Dios

*Breaking Bad*, tan sólo como título, vacía de contexto, es una expresión difícil de traducir. Al parecer, proviene de la jerga callejera del sudoeste de Estados Unidos y significa desafiar la ley, romper con las convenciones, desviarse del buen camino. Entre las traducciones posibles estarían: «echándose a perder», «malográndose», «tomando la dirección equivocada».

El propio título es mucho más críptico que el de *Weeds* («hierba», «marihuana»), su referente inmediato. Parece ser que cuando Vince Gilligan fue a la cadena FX a presentar su proyecto le dijeron que se parecía mucho a *Weeds* y él, ruborizado, confesó que no sabía de qué le estaban hablando. El título y el argumento de su obra retuercen sin saberlo el de la inmediatamente precedente: aunque inconsciente, otro giro manierista. Si en la serie de Jenji Kohan una ama de casa decide vender drogas blandas para mantener el nivel de vida que su repentina viudez ha puesto en peligro, y se mete en un sinfín de embrollos por culpa de semejante decisión, en la de Vince Gilligan un profesor de química de secundaria, tras ser informado de que padece un cáncer terminal, decide *cocinar* metanfetamina y dedicarse al tráfico de droga. Mientras que en el primer caso las características familiares son aproximadamente convencionales, dos hijos huérfanos de padre que acabarán participando en el negocio familiar, en el segundo caso se radicalizan: el hijo del protagonista tiene una parálisis cerebral que dificulta su expresión y le obliga a usar muletas, su esposa Skyler está embarazada de un bebé que

no tenían previsto alimentar, la hermana de Skyler es cleptómana
y su esposo, agente de la DEA. Es decir, el antagonista en potencia
de su cuñado, el narcotraficante.

Esos cinco personajes se van fracturando a medida que se suceden los capítulos. Las grietas aparecen primero en Walt, con su
cáncer y con esa frustración acumulada que se ha convertido en
odio. Tras décadas de humillación, su ruptura, su cambio de bando,
ocurre definitivamente cuando se da cuenta de que no puede costearse la quimioterapia y que, además, su familia no podrá sobrevivir cuando falte su sueldo de profesor. Walt suma. Las sesiones de
terapia. El coste de la universidad de su hijo adolescente. La manutención de su viuda. La hipoteca. La educación de su hija, a quien
no sabe si conocerá. El diagnóstico del cáncer ha revelado una precariedad eminentemente económica. El puto dinero. El agobiante
e injusto sistema sanitario de una potencia mundial. El agobiante e
injusto sistema educativo de una potencia mundial. Walt guarda los
fajos de billetes que consigue vendiendo droga en un conducto de
ventilación de su casa, oculto tras una rejilla en la futura habitación
de su bebé. Si el ritmo obvio de la serie son los tensos vaivenes entre
Walt y su socio, el desnortado y drogadicto Jesse; entre Walt y su
mujer, quien lucha contra los desajustes hormonales del embarazo,
la desazón que le provocan las inexplicables desapariciones de su
marido y la adicción de su hermana, por no hablar de cuando tiene
que criar sola a su bebé; o entre Walt y su hijo, cuyos cambios de
humor son tan llamativos como sus problemas de identidad (se llama Walt Júnior, pero se hace llamar «Flint»), con la violencia criminal y la policía siempre al acecho, el ritmo secreto de *Breaking Bad*
es la apertura y el cierre de esa caja fuerte improvisada, que el protagonista tiene que hacer a hurtadillas y arrodillado.

Postrarse.

Ante el dinero. Contar los billetes. Pagar en efectivo las sesiones
de terapia. Al ritmo de la banda sonora de su tos, que nos recuerda
–constantemente– su enfermedad mortal. Calcular. Sumar y restar.
Contra reloj, porque se le acaba la vida y esa inesperada situación
límite le ha permitido revelarse y rebelarse, afeitarse la cabeza,
apodarse Heisenberg en un mundillo en que nadie sabe quién es el
físico alemán, abrir boquetes mediante explosivos caseros y ex-

perimentar con venenos, reivindicarse como ser humano digno y moribundo, contradictorio pero heroico, protagonista de una trágica y miserable heroicidad. La de alguien que tiene toda la razón del mundo para estar cabreado. Aunque eso no esté *bien*.

Si en las teleseries de los años ochenta había espacio para un personaje como MacGyver, número uno de su promoción en Ciencias Físicas, maduro boyscout contrario a las armas y a la violencia, que con una navaja suiza multiusos, un chicle, un clip y un neumático fabricaba una bomba que estallaba sin herir a nadie, en las teleseries de la primera década del siglo XXI los físicos y químicos o bien son *geeks* (como los de *The Big Bang Theory*) o bien son nuevos y complejos psicópatas como Walter Bishop o como Walter White. En diversos momentos de la serie, gracias a sus avanzados conocimientos de química, justificados por el hecho de que fue un prometedor alumno de doctorado, que por razones turbias dejó la carrera académica, lleva a cabo invenciones dignas de un MacGyver terrorista. El humanismo de la serie de finales de los años ochenta se ha convertido en cinismo anarquista; las aventuras sin víctimas mortales, en carnicerías; la inocencia formal y el humor, en disonancia, en kitsch, en saturación de color y de luz, en humor negro.

En *The Revolution Was Televised*, Alan Sepinwall confiesa que cuando vio el capítulo piloto esperaba una segunda parte de *Weeds* centrada en la metanfetamina (un tema difícil, sin tradición en la narrativa teleserial), pero que no se esperaba algo tan oscuro. Cuando entrevistó a Gilligan este le explicó que la suya es una historia de interludios, de momentos de tránsito y, sobre todo, «una historia de metamorfosis, y las metamorfosis son lentas en la vida real». Al contrario de lo habitual en los relatos audiovisuales, donde el protagonista se redime, rectifica, su intención era que el espectador asistiera a cómo un hombre bueno se convertía en un hombre malo. La transformación de Walt no se explica sin el hecho de que viva en Albuquerque y de que sea –por tanto– un habitante de esa franja incierta que se conoce como *The Border*: cerca de tres mil quinientos kilómetros de cruces legales e ilegales, desierto y ríos, vallas y patrullas. Un mundo en sí mismo. Un mundo solar y lento.

Desde la estratosfera, la imagen de Albuquerque es estremecedora.

Porque a su alrededor impera, mayestático, el desierto.

Desde su primer capítulo, *Breaking Bad* invoca esa presencia con el plano fijo, que regresa una y otra vez en la teleserie, de la autocaravana –y laboratorio de droga– aparcada en un rincón cualquiera de esas afueras sin vegetación, sin vida, donde los automóviles son presencias insólitas, cuyos únicos y esporádicos habitantes son inmigrantes ilegales que llegan a pie y nadando desde México y familias hispanas que van a pasar el domingo a ese parque extraño. El desierto como avasalladora periferia urbana.

El desierto como desnudez: entre las muchos iconos kitsch, de cartón piedra, ridículos –pero profundamente intertextuales y por tanto en sintonía con el imaginario posmoderno– que encontramos en la obra (desde el logo de la cadena de *fast-food* Los Pollos Hermanos hasta la reproducción de la estatua de la Libertad que corona, en una zona comercial, la oficina del abogado Saul Goodman), destaca la desnudez del propio Walt, que en la imagen promocional de la serie aparece armado y en calzoncillos, rodeado de desierto. En cierto momento, para justificar su desaparición en una zona fronteriza, decide desnudarse en un supermercado lleno de gente, simulando alienación mental y amnesia.

La ampliación de la frontera, como espacio al margen de la ley y por tanto como ampliación del campo de batalla que es la identidad personal (la transformación del protagonista comienza precisamente con sus excursiones al desierto, con los disfraces que allí se pone para que el olor de las substancias no impregne su traje de profesor y esposo) se produce en la segunda temporada, cuando Hank Schrader, el cuñado de Walt, tras una supuesta demostración de heroísmo, es promocionado a El Paso, a doscientos cincuenta kilómetros de Albuquerque; es decir a la ciudad gemela, en el lado estadounidense, de Ciudad Juárez. En su primera operación conocerá al Tortuga, un colaborador de la DEA que se define a sí mismo, tumbado en una habitación de hotel, vestido con un albornoz blanco y calzado con botas vaqueras, como alguien que va lento pero siempre gana. La siguiente vez que vemos al personaje ha sido decapitado. Su cabeza avanza sobre el caparazón de una tortuga por el desierto. «*Hello, DEA*», han escrito en él sus ejecutores. Hank no lo soporta y, mareado, al borde del vómito, entre las burlas de sus compañeros («¿Qué te ocurre, es que no habías visto nunca una cabeza sobre el caparazón de una tortuga?»), va hacia el coche con la excusa de coger una bolsa de pruebas, lo que le salva la vida: la cabeza contenía un explosivo, dos agentes mueren, uno pierde la pierna derecha. En el capítulo siguiente se hablará de *Apocalipsis Now* y de la guerra de Irak. La ampliación brutal de la Frontera: zona de guerra, historia contemporánea, fin del mundo, infierno. Todas las fronteras son bilingües: Hank no habla castellano y no puede comprenderla. Lo que nos retrotrae al inicio del capítulo, un videoclip en que el grupo de narcocorrido Los Cuates de Sinaloa anunciaban la muerte de Heisenberg, en castellano:

La fama de Heisenberg
ya llegó hasta Michoacán,
desde allá quieren venir
a probar ese cristal,
ese material azul
ya se hizo internacional.

Ahora sí le quedó bien
a Nuevo México el nombre:
a México se parece
en tanta droga que esconde.
Sólo que hay un capo gringo,
por Heisenberg lo conocen,

anda caliente el cartel,
al respeto le faltaron.
Hablan de un tal Heisenberg,
que ahora controla el Mercado.
Nadie sabe nada de él,
porque nunca lo han mirado.
A la furia del cartel
nadie jamás ha escapado.
Ese compa ya está muerto,
nomás no le han avisado.

–Pasé toda mi vida con miedo –le dice Walt a su cuñado, al verlo en la cama, tratando de digerir la violencia de que ha sido testigo. En el capítulo siguiente, tras agotarse la batería de la autocaravana y laboratorio, Jesse y Walt se quedan atrapados en el desierto: la desesperación alcanza cotas metafísicas. Arrepentimiento de tanta mentira. Escupitajo de sangre pulmonar. Desesperación en el extremo desamparo. Sólo un milagro *macgyver* al fin los rescata.

La fe en su propia inteligencia, que le permite salir de decenas de situaciones desesperadas como esa, irá creciendo en paralelo a la confianza que le inyecta saber que puede matar. Que es capaz de hacerlo y de seguir mirándose al espejo. Es más: que asesinar refuerza su ego. Vamos: que se vuelve malo, muy malo. A medida que avancen las temporadas, Walter White se irá convirtiendo en un maquiavélico asesino, cínico, extremadamente manipulador y arrogante. En un gigantesco villano. La estrategia que idea en la cuarta temporada para acabar con la vida de Gustavo Fring es tan retorcida como antológica, a la altura de la que el propio Fring urdió para finiquitar el cartel mexicano que atentaba contra sus intereses. Para controlar a Jesse y para no ser descubierto por su hijo, Walter se revela como un excelente actor. Pero todo tiene un límite. La *hybris* acabará con él: la soberbia de creerse invencible hará que cometa un error ante su cuñado, un error que será el inicio del fin.

Para entonces Jesse y él habrán dejado muy atrás la caravana, habrán trabajado para Mr. Fring en el sótano tecnificado de una fábrica y habrán ideado el modo de producir droga sin ser descubiertos: hacerse pasar por una empresa de fumigación y convertir en laboratorios provisionales esas casas prestadas, cubiertas con lonas amarillas.

Pero la violencia sólo engendra violencia y los trucos de los magos son finitos. En algún momento indefinido entre la segunda y la tercera temporada el viejo Walter White ha muerto y su lugar lo ha ocupado el nuevo Heisenberg: no hay vuelta atrás.

He buscado en Google Earth rastros, sin éxito, de esa autocaravana, de esas fábricas, de esas casas precintadas: no puede verse desde la estratosfera.

La carretera 85, que une Ciudad Juárez con Albuquerque, atraviesa los siguientes topónimos: Santa Teresa, Las Cruces, Salem, Truth or Consequences.

Truth or Consequences se llamó Hot Springs hasta 1950, cuando Ralph Edwards, locutor de un célebre concurso de preguntas y respuestas llamado *Truth or Consequences*, anunció que retransmitiría desde el primer pueblo que se cambiara el nombre por el del show. Durante los siguientes cincuenta años, Edwards visitó la localidad durante el primer fin de semana de mayo, a propósito de la «Fiesta» [en español en el original], con su desfile con la Reina del Chile al frente, sus espectáculos, su concurso de belleza y su baile en el Parque Ralph Edwards.

Entre Truth or Consequences y Albuquerque se encuentra un último topónimo: Socorro.


Pobre México: tan cerca de los Estados Unidos y tan lejos de Dios.

PORFIRIO DÍAZ

# *Californication* o el sentido de la provocación

Odio a Hank Moody.

BRET EASTON ELLIS

Entre *Citizen Kane*, el análisis del poder mediático que realizaron Orson Welles y Herman J. Mankiewicz a principios de los años cuarenta, y *The Social Network*, el retrato del origen del poder metamediático que firmaron Aaron Sorkin y David Fincher en 2010, muchos fueron los intentos de retratar el medio de comunicación que vincula la prensa con internet, es decir, el poder televisivo. Entre ellos, destacan el largometraje *Good Night and Good Luck*, que reconstruye el conflicto entre el presentador Edward R. Murrow y el senador Joseph McCarthy en los años cincuenta, esto es, en la génesis del periodismo catódico; y la teleserie *Studio 60 on the Sunset Strip*, donde Sorkin trató de trasladar al mundo de las cadenas de televisión la estrategia coral que puso en práctica para diseccionar la política de alto nivel en los guiones de *The West Wing*. Tanto el filme como la serie hablan de una misma crisis, ininterrumpida durante sesenta años de historia: la de la pequeña pantalla con la política contemporánea. Pero sólo la segunda, que está ambientada en nuestro presente, el de la televisión norteamericana en la época multicanal de las audiencias múltiples, plantea la relación directa que la pequeña pantalla ha establecido con las corrientes de opinión y los grupos políticos y reli-

giosos, hipersensibles a los modos de representación y custodios
de la política *correcta*.

Escoger como espacio protagonista el plató de un programa de
humor, basado en la sátira y la parodia, permite tomarle la tempe-
ratura a ese tira y afloja. El capítulo piloto comienza con la renuncia en directo del director del programa *Studio 60*, tras la censura
de un *sketch* de tema cristiano: ante los telespectadores –que adivi-
namos atónitos– lleva a cabo un monólogo en que despotrica contra aquellos que han lobotomizado el medio, que han convertido la
televisión en un producto que puede comprender un niño de doce
años:

–Siempre ha existido una lucha entre el arte y la industria, pero
ahora al arte le han dado una patada en el culo, lo que nos hace
rencorosos, nos hace mezquinos, y nos hace sinvergüenzas baratos,
aunque no seamos así.

El episodio se titula «53 segundos»: el tiempo de que dispone el
periodista para pronunciar su discurso antes de que corten la conexión. En realidad la censura del *sketch* no responde a un problema
ético, contemplado por un manual de estilo o por el código de con-
ducta de la cadena, sino a la presión que las organizaciones políticas o religiosas ejercen sobre los anunciantes. Los nuevos directores
del programa, el viernes siguiente, iniciarán la emisión con una au-
toparodia. Sólo puede uno reírse de los demás si se ríe antes de sí
mismo. Semejante principio, totalmente legitimado en la sociedad
estadounidense, donde están regulados los espacios y los momentos
–en el mundo académico, empresarial y político– en que las imitaciones y los chistes están perfectamente permitidos, es solamente
ajeno a ciertas plataformas de opinión (pues eso son los partidos y
los credos: corrientes de opinión).

La sociedad relacionada se caracteriza tanto por el poder de los
fans como por el contrapoder de los antifans. Los blogs, los foros
y las cuentas de Twitter están plagadas de rastros de sujetos (o de
avatares) cuya obsesión es equilibrar la fuerza positiva, aunque sea
crítica, de los seguidores mediante comentarios negativos o ambi-
guos, cuando no mediante insultos. Se trata de la evolución meta-
mediática, y por tanto micropolítica, de figuras clásicas de la opinión moderna, como el intelectual conservador, el líder reaccionario

o el grupo fanático religioso. Andrew Bolt, columnista del australiano *Herald Sun*, en un artículo titulado «¿Adónde vamos a llegar?» criticó por pornográfico el sueño erótico con que se inicia el
capítulo piloto de *Californication*, en que –fuera de campo– una
monja le chupa la polla al protagonista en el sagrado recinto de
una iglesia, después de que este apagara su cigarrillo en la pila del
agua bendita. Poco después, Salt Shakers, una organización que
*ayuda a los cristianos a marcar la diferencia* y en cuya página web
se llama a la acción contra «programas de televisión que contienen
material ofensivo», en el marco actual de una «progresiva presencia
de lenguaje inapropiado, blasfemia, relaciones sexuales y homosexualidad» en las pantallas, impulsó una campaña en contra de la
teleserie. Las líneas de actuación eran las siguientes: envío de e-
mails a Channel 10 (televisión pública australiana), envío de cartas
al director a los periódicos, envío de e-mails a todos los anunciantes, publicación de comentarios en el foro del programa y vigilias a
la luz de las velas ante la puerta de la sede del canal en Sídney. El
resultado: cerca de cincuenta compañías retiraron la publicidad de
Channel 10. Uno de los argumentos esgrimidos por Salt Shakers
fue que ni el Islam ni ningún otro credo eran objeto en la serie de
una escena similar a la del capítulo piloto. Como si fuera un ataque
personal.

Por supuesto: no lo era. Poco después del sueño erótico con la
monja supermodelo, Hank Moody, el protagonista, un escritor maduro, seductor y bebedor empedernido, conoce a una joven lectora,
llamada Mia, en una librería. Terminan en la cama y ella le propina
dos puñetazos en pleno coito. Él vive la vida loca: a bordo de su
coche descapotable recorre Los Ángeles en busca de fiestas, chicas,
bares de moda, drogas y *rock and roll*. Un día descubre que la joven
lectora es la hija del prometido de su exmujer y que, además, es
menor de edad. Y empieza a novelizar la experiencia.

Así comenzó la primera temporada de *Californication*, mostrando con desparpajo mujeres desnudas y ruptura de tabúes y un trasfondo bukowskiano y rayas de coca y diálogos ingeniosos. Rom-
piendo moldes bajo el sello de la cadena Showtime. La teleserie no
quiere parecerse a ninguna otra y a menudo lo consigue. Si compa-
ramos, por ejemplo, cómo se presenta la relación entre una mujer

adulta y un joven menor de edad en *Damages* con el polvo de Moody con la adolescente, salta a la vista que en el primer caso tenemos la seriedad del amor y el pudor de la elipsis sexual, mientras que en el segundo existe afán de provocación y cierto gusto pornográfico. En ambos casos, no obstante, el delito actúa como una bomba de relojería, que explota alguna temporada más tarde. Es decir, la trasgresión, que antiguamente hubiera sido juzgada como moral, ahora es eminentemente legal o argumental. Supone un inconveniente que afecta las relaciones de los personajes pero que no escandaliza al espectador. Ni siquiera al fanático cristiano, a juzgar por la página web de Salt Shakers, donde se denunciaba la felación con la esposa de Dios pero no el sexo sadomasoquista con la menor de edad.

La historia de la televisión se reescribe en el cuerpo de sus protagonistas. A la reinvención de los actores Ted Danson y Leonard Nimoy, entre otras, se le sumó en *Californication* la de David Duchovny, hasta entonces determinado por su papel en *The X-Files*. Como donjuán, combina desfachatez, simpatía y ternura. Por un lado, es un tipo duro capaz de enzarzarse a puñetazos con tal de defender a una chica en apuros; por el otro, es un tipo blando, un *romántico*, que intenta concluir como amistad cualquier relación que comenzó en la fiebre carnal de un lavabo. La ambivalencia del protagonista es la responsable de la ambigüedad de la serie: entre la comedia y el drama, entre el individualismo y la familia, entre la ética y la moral. El decepcionante *happy end* de la primera temporada se debe justamente a ese conflicto no resuelto. En el altar, Karen (la exmujer) se arrepiente y se fuga con Hank y con la hija de ambos, Becca. Devolver al protagonista al redil de la vida conyugal conllevó, en la siguiente temporada, la aparición de un personaje que reemplazará el desenfrenado magnetismo que temporalmente se había perdido. El peso recayó en Lew Ashby, viejo rockero para quien la vida era una orgía perpetua, cuya biografía tenía que escribir Moody. Mia, que ha publicado con su nombre la novela autobiográfica que Hank había escrito tras conocerla bíblicamente, será una de las amantes que pasen por la mansión de Lew. En la tercera temporada, es Sue, una agente literaria de aspecto hombruno y desaforado apetito sexual, quien ocupa ese rol libertino. Todos comienzan como bestias sadianas y acaban

como bellas tiernas y amorales, que necesitan tanto la actividad
sexual como la compañía y el consuelo.

Porque, como el título de la teleserie indica, se trata de perfilar
una y otra vez personajes adictos al sexo, pero sin tratar la adicción
como patología (su tratamiento, que encontramos por ejemplo
en *Nip/Tuck*, ha significado la expansión en Estados Unidos de la
asociación Adictos Sexuales Anónimos), sino como un hedonismo
absolutamente condicionado por el paisaje mental de la Costa Oeste (por eso siempre planea en la serie la vida pretérita de los personajes en Nueva York, donde Hank vive en la quinta temporada).
Aunque recurra a la hipérbole, *Californication* es eminentemente
una obra costumbrista sobre los profesionales liberales de Los Ángeles. Al contrario que en *Desperate Housewifes* o en *Weeds* no se
opta por el barrio residencial para la ambientación ni por el misterio o la amenaza para fidelizar al espectador. En ese sentido, *Californication* es menos culebrón que la mayor parte de sus contemporáneas, porque su gancho está en los diálogos y en ver cómo Hank
se librará de la enésima situación erótica comprometida y no en
secretos, mentiras y psicopatías varias. Pero su radiografía de la
sociedad estadounidense de nuestra época es tan o más interesante
que la que se puede hacer a partir de las otras tres series citadas en
este párrafo. Como en ellas, el tema de fondo es la insatisfacción
y el fracaso. La cirugía estética y el culto al cuerpo, la desquiciante
vida de las amas de casa, el cultivo de marihuana como única vía
económica o la hipersexualidad y otras adicciones son facetas de un
mismo problema: el de construir una sociedad a partir de un concepto quimérico y por tanto sin concreción posible, el del Sueño
Americano, que quizá pudo ser fabricado en cadena antaño, pero
que ahora ha sufrido el proceso global de la deslocalización.

En la época del posfeminismo, Hank Moody vive en una suerte
de *Vaginatown* (así se titula la película porno que se rueda en la segunda temporada), dividido entre su mujer y su hija (los valores, la
familia, la moral), por un lado, y cuanta fémina se cruce en su camino, por el otro (la naturaleza, el libertinaje, una ética posible). Sea
cual fuere su elección, va a equivocarse. Ese conflicto permanente (y
la audiencia que se alimenta de él) generó las siete temporadas de la
serie. No lo hizo la provocación, que es neutralizada por el contex-

to: la pornografía está –de un modo u otro– en los videoclips, los anuncios, los *reality shows*, los videojuegos, las revistas, los periódicos, las redes sociales. En todo lo que nos envuelve: la película interminable entre cuyos fotogramas se cuentan los de *Californication*. Llamémosla *mediasfera*. Tal vez por eso cada nueva temporada insiste con mayor vigor en la presencia de la música y en la importancia de la banda sonora. Hank se hace amigo de un rockero, Becca ingresa en una banda y se multiplican los cameos, hasta llegar en la sexta temporada a Marilyn Manson –ni más ni menos.

La religiosidad norteamericana está muy presente en las series. Muchos de sus protagonistas son devotos creyentes que van a misa regularmente. En el episodio piloto de *Friday Night Lights* se reza en cuatro ocasiones. A juzgar por su página web, los antifans de *Salt Shakers* no tienen ningún problema con las múltiples provocaciones de Marilyn Manson ni han descubierto todavía que en *Chronicles of Wormwood*, un cómic de Garth Ennis y Jacen Burrows, el Papa es australiano. Elegido en el cónclave porque la otra opción «era un negro», según nos informa un cardenal, el papa Jacko no sólo dice palabrotas y blasfema continuamente, también se emborracha, toma anfetaminas, hace orgías con monjas alcoholizadas y se deja encular por una religiosa armada con un dildo. La única parte del cuerpo de las monjas que no es dibujada pormenorizadamente en el cómic son los labios vaginales. La única parte del cuerpo del Papa que no es explícitamente dibujada es su pene rabioso. Porque entonces sí sería, legalmente, pornografía. Supongo que para los fans cristianos del papa Francisco lo de menos es que el papa Jacko le abra las puertas del Vaticano al mismísimo Satanás.

En la última viñeta en que aparece, se entera de que ha contraído sida.

# Carnivàle: cuando la herida sigue abierta

A mediados del siglo xx el maniqueísmo era aún posible. Pensemos en *El señor de los anillos*. El Mal existe y puede ser nombrado: Gríma, Saruman, Sauron. El ultracatólico Tolkien trasladó la Segunda Guerra Mundial a la Tierra Media y creó en ella una alianza entre razas diversas para que se enfrentara a la amenaza que se ceñía sobre su mundo. Entre los que criticaron como esquemática y obsoleta aquella representación de la lucha entre el Bien y el Mal se encuentra Michael Moorcock, creador de la saga protagonizada por Elric de Melniboné y de un multiverso regido por la tensión entre dos conceptos relativos, casi abstractos, la Ley y el Caos. Si el mundo de Tolkien es único, cristiano y militar, el de Moorcock es múltiple, anárquico y contracultural. No se puede comparar el grado de popularidad del primero con el del segundo. Porque la pervivencia de la épica se sustenta en la reactualización de un maniqueísmo que no esté desdibujado, que sea fácilmente identificable. Los años setenta, ochenta y noventa son los de las diversas entregas de *Star Wars*, *Indiana Jones* y *Terminator*. Y de teleseries como *S.W.A.T.*, *The A-Team* y *Murder, She Wrote*. Blanco y Negro. Buenos y malos. El Bien y el Mal. Con muy estrechos márgenes para la duda. *Twin Peaks* abolió la posibilidad de esa cosmovisión y *Carnivàle* reescribió, quince años después, las grandes sagas morales, ambientando su historia en la década previa a la segunda gran guerra, cuando la Magia empezaba a dejar de ser posible.

La primera versión de *Carnivàle* fue escrita por Daniel Knauf en 1992; la producción de la serie comenzó catorce años más tarde.

Fue su primer guión. Es la obra de su vida. Como guionista de cómic y de teleseries, como productor de todo tipo de productos audiovisuales, Knauf es una de esas figuras imprescindibles para la industria cultural norteamericana, capaz de crear relatos en lenguajes diversos: de aventuras de Ironman para Marvel Comics a tramas de *Supernatural* o *Spartacus*, pasando por producción cinematográfica y creación de teleseries. Pero no fue capaz de mantener en vilo las sinergias necesarias para finalizar la obra de su vida, que permanece inacabada. En su plan la serie se mantenía en antena seis años y explicaba hasta el último detalle de la compleja mitología que sustentaba los destinos de sus personajes; pero tras la segunda temporada, castigada por la audiencia y con un coste excesivo por capítulo, HBO decidió cancelarla. El creador de una de las obras más complejas de la teleserialidad, de una ficción potencialmente cuántica (un poliedro que aborda la historia, la teología y la magia en el marco de una simbología, una iconografía y una mitología propias), fue condenado a ser un secundario más de la narrativa crossmediática y comercial.

La teleserie no sólo destaca entre sus contemporáneas por la sofisticación del universo creado, en que conviven el pensamiento cristiano y el gnóstico con la masonería y los caballeros templarios, en plena Gran Depresión; su singularidad también radica en su espacio protagonista y en su estructura narrativa. Esta es el viaje; aquel, una feria trashumante. Ambas matrices han sido poco frecuentadas por la teleficción del siglo XXI. Los géneros cuya naturaleza es itinerante, como el western, han dado lugar a series como *Deadwood*, que desde el título (el nombre de un pueblo) está anclada a una topografía fija; *Caprica*, la secuela de una obra sobre el nomadismo espacial como *Battlestar Galactica*, explora los orígenes sedentarios y urbanos de la saga, y *Sons of Anarchy*, que con sus protagonistas moteros podría haberse inclinado por el relato de viaje, opta por el sedentarismo en el ficticio pueblo de Charming. Las escenografías rápidamente reconocibles (el hogar, la oficina, el barrio, el pueblo, la ciudad) son más propias de la serialidad que los decorados en perpetua metamorfosis, por eso la *road movie* sigue siendo un género casi exclusivamente cinematográfico.

La feria, no obstante, tiende a la cerrazón y por extensión al anquilosamiento, como cualquier ámbito estable, de modo que es precisa la llegada de extraños para que penetre en ella la tensión que necesitan todas las historias. La acción avanza mediante la intersección constante de las historias internas de la feria y de las historias que provienen del mundo exterior y que por tanto dependen de la carretera, de los pueblos del camino, de las paradas en la ruta. A medida que se sucedan los capítulos se revelará que el microcosmos circense, no obstante, poseía en potencia todos los elementos dramáticos necesarios para nutrir una epopeya; pero que era necesaria la intervención de factores externos para que se abriera la caja de Pandora. Sobre todo la incorporación a la comunidad de Ben, el protagonista, un joven granjero incapaz de expresar sus emociones ni de controlar sus poderes. La epopeya, que tampoco posee parangón en las series de la primera década de este siglo, se irá elevando como un coloso sobre la trama a medida que se vaya definiendo la partida de ajedrez en que se enfrentan Dios y el Diablo, a través de sus posibles heraldos, Ben Hawkins y el Hermano Justin.

La feria, el viaje y la épica, en definitiva, hacen de *Carnivàle* una obra *freak*.

La mujer barbuda, la lectora del tarot, el mentalista ciego, la encantadora de serpientes, las prostitutas que protagonizan el espectáculo de striptease, el gigante o el hombre con la piel plagada de escamas de reptil conviven en la caravana (y su reverso, el campamento) con los vendedores de comida y bebida, los pregoneros, los buscavidas, los dueños de tenderetes de juegos y los obreros que montan y desmontan las carpas. La mutación y la enfermedad se confunden con la profesión, la gastronomía, la sexualidad, el entretenimiento, la vida. El siglo XIX se despidió con el Hombre Elefante, que fue exhibido en el East End londinense por el showman Tom Norman, hasta que la policía canceló el espectáculo. Durante la Gran Depresión, *Freaks*, la película de Tod Browning, documentó con actores no profesionales la existencia de los *freak shows* que Knauf incorporó al ecosistema de esa feria llamada Carnivàle. Ahora denominamos síndrome de Proteo a las deformaciones de Joseph Merrick; y las casas de fieras y la exhibición de deformidades y los circos y los museos de cera nos parecen restos del naufragio del siglo pasado; pero *Freaks* es una película de culto y justamente en el año 2000 nació el fugaz proyecto del *Ken Harck's Brothers Grim Sideshow*, con su gorda mujer barbuda, sus performers operados y su niño lobo mexicano. El espectáculo se transforma para adaptarse a las épocas que se suceden, porque debe continuar.

El director de Carnivàle es Samson, antiguo enano forzudo, encarnado por el actor Michael Anderson, que inyecta a la ficción la inquietante atmósfera de la obra de David Lynch (como personaje de *Twin Peaks* y de *Mulholland Drive*). El pasado está presente en las fotos en blanco y negro, en el gramófono, en los fantasmagóricos mineros, en las sádicas venganzas; el presente se tiñe de pasado en nuestra pupila contaminada por las películas de Lynch, por las mitologías de Tolkien y de Moorcock, por la Segunda Guerra Mundial y por todas las guerras que después llegaron. No obstante, la naturaleza *freak* de la serie se subraya también por su voluntad de evitar las lecturas oblicuas del presente a través de la ambientación en el pasado. Nosotros podemos proyectar sombras o interpretaciones, pero *Carnivàle* es una obra absolutamente autónoma, que sólo pretende hablar de un mundo confinado a una época. Una época y un mundo liquidados.

La época penetra en la ficción con escrupulosa exactitud. El paisaje de *Carnivàle* está barnizado por las tormentas de arena, causadas por técnicas agrícolas decimonónicas, que causaban erosión en vez de evitarla y que provocaron que se bautizara la década como los *Dirty Thirties*. Sequía, tornados, erial: la prensa llamó al medio oeste de Estados Unidos el *Dust Bowl* –el Cuenco de Polvo. John Steinbeck escribió, en los reportajes de *Los vagabundos de la cosecha*, sobre el «terror absoluto al hambre» que detectó en los rostros de los migrantes que, masivamente, se desplazaban por el país en busca de trabajo. La neumonía del polvo era causa probable de muerte. Sólo llueve dos veces en los veinticuatro capítulos. El culto al hermano Justin surge gracias a la desesperación de los refugiados, en lo que puede ser leído como un correlato del ascenso contemporáneo de Hitler en Alemania. De hecho, el hermano Justin tiene modelos reales, como el padre Charles Coughlin, en cuya figura histórica y en cuyo uso de la radio como instrumento de propa-

ganda religiosa se inspiran directamente la ficción. Fundador de la
Unión Social para la Justicia Social, antisemita y propagador en
Estados Unidos de las ideas de Mussolini y de Hitler, supuso como
el padre Justin un quebradero de cabeza para sus superiores en la
Iglesia estadounidense.

El futuro inminente irrumpe en la serie a través de una visión del
Apocalipsis históricamente identificable: *Trinidad*, la primera prueba
nuclear, que se llevó a cabo en Alamogordo, Nuevo México, 1945.
La Teología siempre se inmiscuye en los entresijos de la Historia,
como aliada del lado oscuro de la Fuerza. Pero no en blanco y negro:
la gama de sepias y grises invade el campo de batalla. Las dudas
atenazan tanto a los actores del Mal como a los del Bien; todos
asesinan; todos se equivocan y sufren; los cambios de bando se suceden; todo es Caos.

El Crack del 29 provocó la depresión de la década siguiente.
Ambos fenómenos están absolutamente documentados y son reco-
gidos por los libros de historia. En 1930 Tolkien comenzó a escribir
*El hobbit:* conocemos los pormenores de su biografía a lo largo de
toda aquella década. Cuando Knauf recupere los derechos de sus
personajes, que todavía pertenecen a HBO, o cuando la plataforma
decida proseguir con el proyecto (como hizo con *In treatment*
en 2020), quizá acabe de contar la gran historia de su vida, para que
el orden de la forma definitiva domestique el caos provisional del
proyecto. Una novela, una miniserie, una novela gráfica o incluso
nuevas temporadas cerrarán la herida que es toda obra inacabada.
Entonces el archivo de la ficción cuántica poseerá una nueva y valio-
sa obra. Y los arqueólogos de la contemporaneidad documentarán
la gestación de *Carnivàle* y explicarán las fases, analizarán las múltiples y complejas alusiones y desmenuzarán la mitología llena de
matices de una saga moral que habla de los últimos años de la Magia, antes de que la bomba atómica la borrara de la Faz de la Tierra.

# *Damages:* el lugar de la justicia

Tres son los espacios más importantes de la ficción televisiva norteamericana del cambio de siglo: la comisaría *(Hill Street Blues, Miami Vice, CSI, The Shield, Dexter, Blue Bloods)*, el tribunal *(L.A. Law, Ally McBeal, Shark, Boston Legal, The Good Wife, The Good Fight)* y el hospital *(E.R., House, Grey's Anatomy, Nurse Jackie, New Amsterdam)*. Tres lugares claramente vinculados con prácticas de control social: vigilar y castigar. No es casual que los tres aparezcan de un modo u otro en *The Sopranos*, en su ambición de retratar los ejes de rotación de la sociedad norteamericana. Tampoco es casual que ni la comisaría, ni el hospital ni el tribunal aparezcan en *Damages*.

En la serie no se escenifican los juicios en los tribunales. La cámara casi siempre se queda a las puertas del juzgado. Los juicios tienen lugar en la nebulosa de la elipsis. Se ponen las cartas sobre la mesa: la justicia se dictamina, se pacta o se atropella en los despachos de abogados, en las reuniones con los fiscales, en las llamadas telefónicas, incluso en los encuentros *off the record*. En *Damages* son mucho más importantes las conversaciones que los personajes mantienen en el parque por donde pasean con sus perros que las vistas a las que el espectador no tiene acceso. Pese a que buena parte de la acción ocurre en los despachos del bufete de abogados, casi todos los momentos climáticos tienen lugar en los espacios privados de Ellen Parsons y sobre todo de Patty Hewes, en sus casas de la ciudad y del mar. La justicia es relativa, relacional y casi nunca está donde se espera.

Las teleseries norteamericanas del siglo XXI casi siempre atesoran una clave interpretativa en los títulos de crédito. La particular concepción del realismo social que regula las temporadas de *The Wire* se puede comprender a partir de la fórmula con que se inicia cada capítulo: primero se imprime una distancia quirúrgica, casi forense, a través de una cámara de seguridad, que a renglón seguido es apedreada por los protagonistas (y víctimas) de la ficción. Los propios personajes obligan a poner en cuarentena cualquier modelo predeterminado de representación. Lo normal se ve como distante o ajeno, como un espejo roto, en vías de devenir anormal. El proceso de extrañamiento que lleva a cabo *Dexter* se observa en el propio planteamiento de los *open credits:* el modo en que se muestra cómo el protagonista se viste o se prepara el desayuno, al ritmo de la angustia, convierte su cotidianeidad en un fenómeno inquietante. Lo normal se ve como terrorífico o abyecto, espejo inverso del terror excepcional. En el caso de *Damages* encontramos en los segundos iniciales y musicalizados una serie de rascacielos de Nueva York, fríamente retratados entre el gris y el azul hielo; estatuas que representan a la Justicia, y dos mujeres de diferentes generaciones reflejadas en un espejo roto.

Ese conflicto generacional, encarnado por las abogadas Patty Hewes y Ellen Parsons, se da en la esfera más elevada del poder judicial estadounidense. En la primera temporada, el gabinete donde trabajan representa a los trabajadores perjudicados por el cierre de una empresa del millonario Arthur Frobisher, de cuyos trapos sucios se ocupa Ray Fiske. Ese conflicto, pese a su relevancia en el plano narrativo jurídico de la serie, es secundario. La auténtica tensión une a las dos mujeres –maestra y discípula, todopoderosa y protegida– en un segundo plano narrativo que, al cabo, se convierte en el principal: el *thriller*. En el argumento particular, las dos mujeres se acercan y se distancian, según el vaivén de las emociones, de la manipulación y de los sinsabores del caso principal de la temporada. En el argumento general, la firma de abogados siempre defiende a los débiles frente a los fuertes. En la segunda temporada, la industria farmacéutica interpreta el papel de Goliat. En la tercera, la mastodóntica estafa del caso Madoff sirve de inspiración para la creación del caso Tobin, en que Hewes se enfrenta a una familia confabulada para apropiarse de los millones de dólares robados por el patriarca. Si Madoff cumple una condena de ciento cincuenta años de prisión, Tobin se suicida. La ficción no supera a la realidad, pero la hace más compleja. Los conflictos entre las empresas privadas y el Ejército de Estados Unidos en Afganistán y el caso Wikileaks nutren, respectivamente, las temporadas cuarta y quinta. Ninguna otra serie ha sido capaz de procesar los grandes casos del presente para convertirlos tan rápidamente en arcos argumentales de temporadas completas.

No es casual que el joven, atractivo y peligroso Channing Mc-Claren –el *alter ego* ficcional de Julian Assange– se alíe con Ellen, a quien contrata como su abogada, porque el conflicto principal de la serie es generacional. En el primer encuentro entre él y Patty, en un simbólico puente de Nueva York, el *hacker* se atreve a decirle a la célebre abogada, tras ser rechazado:

–No sea estúpida, usted me necesita, los de su generación necesitan a la mía para seguir siendo visibles, reconocidos.

De ese modo se invierte la jerarquía inicial: Ellen, como cualquier joven abogado, necesitaba ser contratada por un despacho de prestigio, en este caso el de Patty Hewes, para acceder al mundo laboral. La serie se puede leer como un proceso de emancipación, en el seno de un ámbito profesional donde todavía mandan personas de más de cincuenta años, mientras que las nuevas tecnologías han creado una nueva esfera económica, dominada por un *star system* juvenil. Sobre él versa precisamente la temporada final.

El tema que *Damages* planteó desde su estreno en 2007 había aparecido casi coetáneamente en *The Devil wears Prada*, donde Meryl Streep encarna a la editora de la revista de moda más influyente de Manhattan y Anne Hathaway es una becaria con ganas de comerse el mundo. La misma relación *puer senex* femenino marca la trama de la teleserie. Al contrario que en *All about Eve*, encontramos en el largometraje y en la serie del siglo XXI a una joven ambiciosa pero inocente, de modo que el relato es de formación. Y de perversión. El *flashforward* constante que estructura el relato y que se convierte en *la marca* fundamental de la obra confirma, ya desde la primera temporada, que la malformación de la chica ha sido consumada. Sabemos que su novio va a morir. Sabemos que ella va a estar en prisión. Sabemos que va a ser manipulada y traicionada por las personas en quienes confió. La historia se hace añicos. La ambigüedad moral de los personajes se baraja como en una partida de póquer. Todos llevan máscara. Lo profesional y lo familiar se entremezclan. El énfasis en la Estatua de la Libertad, que tanto en la primera como en la tercera temporada aparece miniaturizada y tramposa, apunta hacia el Sueño Americano, esa otra muñeca rusa con la que juegan todas las grandes teleseries norteamericanas.

Esa sucesión de accidentes.

El ejemplo más claro de ese polimorfo Sueño lo encarna el personaje de Arthur Frobisher, interpretado por Ted Danson, quien consigue borrar de un plumazo, con una actuación impecable y prolongada, su estereotipo como barman de *Cheers*. En la primera temporada, como Tony Soprano, Frobisher circula de un lado para otro de la ciudad en su vehículo todoterreno, con su sexualidad y su temperamento descontrolados, siempre al borde tanto de la crisis familiar como del comportamiento patético. Pero cambia. Y crece. En la segunda temporada, lo vemos revelándose contra su pasado y transformado en un aprendiz de equilibrio zen. Y en la tercera, en un brillante giro del guión, publica un libro autobiográfico en que trata de establecer una versión favorecedora de sí mismo, adulterando sus vivencias o simplemente dulcificándolas. Y se enfrenta a fantasmas pretéritos al tiempo que la posibilidad de rodar una película sobre los sucesos de la primera temporada permite revelar nuevas facetas del personaje.

A propósito de la adaptación cinematográfica de su libro, en el capítulo noveno encontramos un diálogo entre Arthur Frobisher y su hijo que merece ser reproducido por extenso, en que el primero defiende una caracterización no maniqueísta del personaje de Patty Hewes y el segundo defiende la lógica narrativa de Hollywood:

—Tú eres el protagonista —le dice su hijo— y se supone que tiene que haber una antagonista, la fuerza opuesta.

—Sí, de acuerdo, pero eso no significa que todo tenga que ser blanco o negro, ¿verdad? Owen, vivimos en zonas grises.

—No en Hollywood.

–Si lo hacemos bien, esa gente tendrá que entender los matices
–insiste Frobisher.

–Yo no contaría con que eso suceda –insiste a su vez el adolescente, conectado a un ordenador, tecleando, con un auricular puesto, la mirada clavada en la pantalla.

Mientras que el joven incorrupto aboga por el sistema establecido, el viejo corrupto se engaña con caducos idealismos, que ni él
mismo acaba de creerse:

–Tenemos que hacer una película reflexiva y justa y equilibrada
–afirma, antes de irse.

El diálogo tiene otras lecturas, además de esa (de nuevo generacional). Por un lado, la propia serie se reescribe. Y para ello invierte
papeles: el antagonista se convierte en protagonista y la historia es
narrada desde su punto de vista. Se le concede una segunda oportunidad, porque la extensión de una serie permite ese tipo de operaciones. Por otro lado, el guión lleva a cabo una vindicación del
lenguaje narrativo en que es escrito. La propia teleficción es contra-
puesta al cine de Hollywood, que es acusado de maniqueísta y sim-
plificador.

¿Son las teleseries el lugar de la justicia? Es decir: ¿la plataforma
de representación más reflexiva, justa y equilibrada de la que dispone el realismo de nuestros días? ¿Será la vida tan compleja como los
relatos que sobre ella circulan en las teleseries? ¿Seremos los seres
humanos tan complejos como algunos de esos seres de ficción?

# Dexter & Dexter

–Mi mujer fue asesinada por alguien como tú... O como yo –dice el protagonista pocos segundos antes de asestar una puñalada en el corazón a su víctima, un psicópata asesino que permanece atado con cinta adhesiva al altar de la ejecución.

Repito: «O como yo».

En sus nueve temporadas de la serie original, *Dexter* se convirtió en una de las obras dramáticas que con mayor profundidad ha tratado el tema de la dualidad. No desde el lugar de Cervantes: dos figuras antitéticas. Ni desde el lugar de Stevenson: de día doctor y de noche míster. Ni la dualidad complementaria ni la consecutiva, sino la simultánea. Dexter Morgan es un asesino psicópata y un policía, al mismo tiempo, en ambas facetas es igualmente efectivo y el lazo que las ata es asfixiante y contradictorio. *Dexter* se inscribe en la corriente de series de televisión que han apostado por el personaje del forense (como *Bones*), pero le da una genial vuelta de tuerca. Si Henry James nos dice en el prólogo a su novela que, en una historia de fantasmas, dos niños en vez de uno le dan una vuelta de tuerca al género, para a renglón seguido construir una obra con decenas de sutiles tensiones y giros argumentales, *Dexter* también parte de una idea de tensión argumental (dos en el cuerpo de uno) para ir mucho más allá de donde han llegado las ficciones con *serial killers* como protagonistas.

Porque esa esquizofrenia es trabajada mediante la incursión constante en los dos planos de acción cuya existencia propicia. El trabajo (diurno) del protagonista, por un lado, experto en sangre. El trabajo (nocturno) del protagonista, por el otro, homicida obsesionado con la sangre, para acabar con los seres más deleznables que habitan Miami. Un tercer plano, que aparece mediante *flashbacks*, cohesiona ambos: desde que su padre –policía– detectó que su hijo tenía tendencias psicopáticas, lo educó para que nadie pudiera descubrirle; al tiempo que lo convencía de que sólo debía matar a aquellos que realmente reclamaban una muerte violenta. El llamado «código de Harry» actúa como el eje que entrelaza las dos vidas escindidas del forense y psicópata. Desde un punto de vista de tradiciones narrativas, esa vuelta de tuerca, que hermana en un único cerebro dos sujetos paradigmáticos de la tradición literaria (el detective y el criminal) y sus dos evoluciones paradigmáticas de la televisión de nuestra época (el forense y el psicópata asesino), constituye la aportación principal de *Dexter*.

También las nueve temporadas del producto de la Fox se han articulado mediante conceptos duales, a través de la incorporación de villanos o antagonistas cada vez más fascinantes: Dexter y su Hermano (la familia), Dexter y su Amante (la pasión), Dexter y su Amigo (la amistad), Dexter y su Maestro (la admiración), Dexter y su Alumna (la intimidad, al fin, provisionalmente conseguida), Dexter y Dios (la religión) y Dexter y su Amor (imposible). No me refiero a que en todo el proyecto esos conceptos no sean tratados mediante otras relaciones también importantes, porque Debra es la hermana de Dexter desde el principio y compañera suya en la comisaría de Miami, hasta que se vuelve su superiora; Rita es su novia y después su esposa y él, finalmente, su viudo; el sargento Batista y los demás compañeros policías constituyen lo más parecido a unos «amigos» que posee el protagonista; la admiración hacia su propio padre, ambivalente y movediza, está en la serie desde su primer episodio, y son muchas las víctimas que ha tenido que proteger en su vida, aunque sólo con una pueda compartir la intimidad de la venganza. Pero esos elementos son constantes narrativas, que evolucionan, que no aparecen ni desaparecen; el Hermano, la Amante, el Amigo, el Maestro, la Alumna, Dios y el Amor en cambio, son personajes o conceptos temáticos exclusivos de cada una de las temporadas.

Figuras oscuras, sobre todo.

Testigos de la oscuridad de Dexter. La primera temporada hermanó el relato de psicópata con el *Familienroman* y la segunda comenzó con un descubrimiento que paraliza a nuestro héroe/antihéroe. Son encontrados, en el fondo de la bahía, decenas de pedazos humanos empaquetados. Es decir, se descubre la fosa común acuática donde Dexter ha ido almacenando los restos de sus víctimas. Y, obviamente, el propio Dexter será el encargado de examinar esos desechos. Sus compañeros del departamento de policía confiarán en él –convertido en un héroe paradójico al final de la primera temporada– para que resuelva el enigma. En la complejidad psicológica que caracteriza a la serie, en ese proceso intervendrá también la extraña relación afectiva que tiene con su hermana, su lento descubrimiento del amor (lo que empezó como una relación de pareja que actuaba como coartada se está convirtiendo en una progresiva sensibilidad hacia el otro), el recuerdo de una víctima, las trifulcas raciales internas del departamento y un sinfín de subtramas que hacen de *Dexter* un rizoma más que una espiral metálica al uso. Enemigo de sí mismo, intérprete de sus propias atrocidades, forense y psicópata en un único cuerpo, Dexter se enfrentaba entonces a la interpretación de sus propios crímenes. El psicópata-hermeneuta Hannibal Dexter contratado para resolver su propia masacre.

En la tercera temporada irrumpe en la ficción Miguel Prado, fiscal, hombre público, cómplice, asesino junto a Dexter y al margen de él, la única persona con quien el protagonista había compartido hasta el momento lo más íntimo de su ser: el ritual, la práctica de un asesinato. La persona que está más cerca de conocerlo realmente. También muere. A manos de Dexter Morgan, por supuesto, como el Maestro, como la Amante, como el Hermano. Para que el protagonista reafirme su soledad dual; para que el culpable de tantos homicidios solidifique su distinción personal entre inocente y culpable, una dicotomía mucho más sólida a sus ojos que la de víctima y verdugo. Por eso cuando conoce a Trinity, el psicópata rival de la cuarta temporada, se deja seducir por su aura ejemplar, por las enseñanzas que podría transmitirle. Trinity es culpable, es verdugo, pero al parecer ha conseguido construir una familia, domesticar la dualidad. El mano a mano entre ellos dos fuerza la tuerca hasta la última vuelta. Que al final se rompe.

Dexter, que se cree incapaz de sentir emociones, se casa con Rita en la tercera temporada y se convierte en el padrastro de sus dos hijos. Él continúa convencido de que actúa, de que interpreta, de que simula una implicación sentimental; pero nosotros, los telespectadores, hemos aprendido a desconfiar de sus aseveraciones. En la temporada siguiente se han trasladado al típico *suburb* norteamericano, en cuyo jardín Dexter va a edificar un cubículo donde guardar sus herramientas asesinas. La separación física entre el hogar (el hombre) y el *taller* (el asesino) es un correlato de la distancia que se abre en el interior del personaje. La distancia entre los dos Dexter, presuntamente anulada por su voz en off, que nos da acceso a su intimidad, a sus auténticos pensamientos, no es más abismal que la que separa los múltiples yoes que todos albergamos adentro. El mecanismo es hipnótico también en el propio discurso: la voz en off de Dexter desmiente una y otra vez lo que está pasando en la realidad circundante. La ironía, el doble sentido: esa es la estrategia narrativa que manifiesta la esencia de la obra. También en el nivel de la elocución incide en la exploración de la dualidad.

Una dualidad que, finalmente, convive en un único cuerpo. En un espacio único: como el apartamento del protagonista. Porque aunque se mude con Rita y sus hijos, Dexter continúa conservando su apartamento de siempre, el lugar donde esconde las muestras de sangre de todas sus víctimas, la casa donde vivirá con su hijo Harrison en las temporadas siguientes, como padre viudo. Aunque no dejen de aparecer nuevos personajes y tramas nuevas, lo cierto es que el núcleo central de la tensión se circunscribe a los hechos y los protagonistas de las dos primeras temporadas. En la séptima temporada Debra y LaGuerta se revelan como lo que han sido siempre: las dos mujeres más importantes de la vida de Dexter. Porque las demás se han ido y ellas, aunque en segundo plano, han seguido estando ahí. Hasta que una de ellas, en el último minuto del último capítulo de la séptima temporada, también se va.

Lo que hace de *Dexter* un producto de cierto nivel artístico es su elaboración de lo sublime y su impacto en la recepción. La experiencia estética de lo sublime, según fue definida por Kant, consiste

–si se me permiten la reducción y la paráfrasis– en la suspensión de las constantes vitales seguida de un desbordamiento. Eso es lo que experimentamos cada vez que Dexter Morgan asesina y descuartiza a un asesino, cada vez que cubre un espacio de plástico para neutralizar las salpicaduras de sangre y ata con cinta transparente a su víctima, desnuda, a una mesa, y le hace mirar las fotografías de las personas a quienes quitó la vida, y le clava un cuchillo en el pecho, antes de proceder a descuartizarla y a desparramar sus pedazos por el fondo de la bahía. La música nos prepara para ello. Para el horror. Un horror de cámara aséptica: pero horror al fin y al cabo. Permanecemos en suspensión, congelados, durante los segundos que dura la escena, porque la música, porque el ritual, porque la sangre fría y la brutalidad de Dexter, que hemos casi olvidado durante los minutos precedentes, que casi olvidaremos durante los minutos siguientes, quizá hasta el próximo capítulo, nos paralizan. Después, Dexter Morgan cambia de contexto: bromea con su hermana, come donuts, le pide a Rita que se case con él, juega con sus hijos adoptivos, sonríe ante el enésimo chiste malo de Masuka. Nos desbordamos, nos relajamos. Nos dejamos seducir por la complejidad del personaje. Una complejidad que sigue enriqueciéndose de matices incluso cuando en algún momento de la sexta o de la séptima temporada nos comenzamos a volver inmunes también a su ritual: cuando lo comparte con Miguel Prado, con Lumen, con Debra, con Hanna, cuando deja de ser íntimo, se banaliza y deja de interpelarnos con el ímpetu con que lo hizo hasta entonces.

Entonces nos dimos cuenta de que *Dexter* era la única teleserie que nos desdoblaba, que nos duplicaba: no éramos el mismo tipo de telespectador cuando el psicópata era un policía, un hermano, un amante, un marido, un padrastro, incluso un alumno o un hijo; no, no éramos el mismo televidente que cuando el psicópata era un psicópata ejecutor. No sentíamos lo mismo. No pensábamos lo mismo. Nuestra duplicidad, nuestra contradicción, nuestra escisión entre yoes antitéticos: ese era el triunfo de *Dexter*. Un triunfo que debía renovarse si la teleficción deseaba proseguir. Por eso el final de la cuarta temporada (el brutal, sobrecogedor final de la cuarta temporada) nos volvía a dividir, sorprendidos. La viudez de Dexter era la nuestra. Acabó con su hermano, con su amante, con su amigo, con su maestro. Sí: es necesario matar al maestro. Pero hay que asumir las consecuencias. Y, lamentablemente, la ficción se ha destensado a partir de ese momento cumbre. Nos hemos acostumbrado al horror, a un mal realmente banal. La soledad extrema. La soledad del monstruo. La quinta temporada es una reescritura del mito de la Bella y la Bestia sin metamorfosis final. En su lugar, irrumpe la despedida. Dexter está condenado a la soledad brutal de quien realiza actos inefables, que pueden compartirse puntualmente, pero que no pueden ser comprendidos ni justificados por otro durante toda una vida. El gran misterio del caso Josef Fritzl, que fue condenado en 2009 a cadena perpetua e internamiento en un centro psiquiátrico austriaco por homicidio, violación, esclavitud, secuestro e incesto, se encuentra en los recovecos del cerebro de Rosemarie, la esposa del monstruo, que durante treinta años se convenció de que ignoraba lo que ocurría en el sótano de su propia casa. Debra Morgan no ha querido ver la monstruosidad de su hermano durante toda una vida. Pero la situación era literalmente insostenible. Ahora lo sabe. Lo sabe todo. Y el peso de ese conocimiento es insoportable. La serie se despeña en su propio final.

# *FlashForward:* la textura del futuro

La gente ha propuesto varios argumentos alternativos para tratar de salvar el concepto de libre albedrío. Por ejemplo, mientras que la física clásica describe un universo que es estrictamente determinista (cada cosa se sigue de la anterior de manera predecible), la física cuántica a escala atómica introduce lo impredecible y la incertidumbre como parte inherente del cosmos.

La mayoría de las series se instalan exclusivamente en el presente narrativo. En muchas de ellas, este es contrapunteado con el tiempo pasado, mediante el recurso clásico del *flashback*. La reconstrucción se intercala en la trama, la pone en entredicho, la complica y, finalmente, la aclara. Al menos eso es lo que ocurre en capítulos paradigmáticos del uso de la analepsis, como «El error», de *House*, o «Mirando atrás», de *E.R.* En ellos, como en *Lost* y en la gran mayoría de las series, la imagen del pasado es idéntica a la imagen del presente. Los mismos colores vivos. Pero con *Lost*, aunque su representación fuera tradicional, viró la función narrativa del *flashback:* si al final de los episodios de *House* y *E.R.* entendemos perfectamente qué ocurrió, porque la analepsis tiene una intención explicativa, con los fragmentos del pasado que se intercalan en *Lost* se añade complejidad a la narración, se explican minucias al tiempo que se abren nuevos interrogantes, nos queda la sensación de que los juegos temporales son un modo de oscurecer en lugar de aclarar.

Al hacer del *flashback* una seña de identidad, su repetición conduce tanto a la experimentación (en el capítulo «Flashes ante tus ojos», los retazos del pasado de Desmond se confunden con *déjà vus*) como al agotamiento (al final de la tercera temporada, empiezan a mutar en *flashforwards:* imágenes idénticas al pasado y al presente, los mismos colores, la misma saturación, pero en ejercicios antitéticos de comprensión del relato).

*CSI* trabaja con tres tiempos: el presente del universo de la serie, por lo general representado con apariencia de 35 milímetros, es decir, de calidad cinematográfica, con alta resolución y colores de alta intensidad; el pasado, en forma de *flashback*, cuya textura recuerda las grabaciones amateurs y documentales, con poca saturación de color, el grano gordo y súbitos cambios de plano, y un tiempo alternativo, difícil de calificar, conformado por secuencias digitales, un tiempo reconstruido, posible, imaginado mediante cámaras periscópicas que se introducen en cuerpos humanos y realidad virtual. Esa conciencia de que el pasado no podía ser retransmitido con la misma textura que el presente se traslada al futuro en *Damages*, cuyos *flashforwards* son metalizados, saturados de blanco, como una luz que viaja desde el porvenir. Un tono azulado invade también las prolepsis de *Heroes*. En los últimos años de la primera década del siglo XXI cambió, por tanto, la estética del futuro.

En el ámbito de la ciencia ficción y la fantasía, la palabra «flash» estaba vinculada sobre todo a dos héroes del siglo XX: Flash Gordon, uno de los protagonistas por excelencia de la *space opera*, y Flash, el superhéroe de D.C. Comics. En ambos casos se alude con «flash» a la velocidad del personaje, es decir, a su caracterización, y no a la dimensión técnica o retórica de la obra. El destello, en cambio, que remite al flash fotográfico o el *memory flash*, imprimen a la ficción un carácter efímero, de discontinuidad, que nos sitúa súbitamente en la propia pantalla. Ese fenómeno, que encontramos en las reconstrucciones tecnológicas de *House* o de *CSI*, o en la narrativa de las últimas temporadas de *Lost*, nos obliga a pensar en el modo en que el relato está siendo narrado. Es un artificio, una figura retórica que centra nuestra atención en la técnica: los *flash sideways* o saltos espaciotemporales de la última temporada eran tan enfáticos, tan espectaculares, que te remitían durante un instante a la propia materia de la ficción, a su naturaleza de artefacto.

El título de la teleserie *FlashForward* alude simultáneamente a dos niveles de significado: por un lado, al propio tema de la ficción, esto es, a la visión del futuro cercano (del 29 de abril de 2010) que tiene toda la humanidad, el mismo día a la misma hora, durante dos minutos y diecisiete segundos; por el otro, a la propia técnica narrativa. El futuro aparece como un fogonazo. Ante nuestros ojos, los colores se saturan, la luz se vuelve de acero inoxidable. En el capítulo piloto, la doctora Olivia Benford se ve a sí misma, en su propia casa, con otro hombre. La agente especial Janis Hawk, que es homosexual y jamás se ha planteado la maternidad, se ve embarazada. Aaron Stark ve viva a su hija, que supuestamente murió en Afganistán. El agente especial Demetri Noh no ve nada en su *flashforward*; a diferencia de tantos otros, que empezarán a pensar que no estarán vivos seis meses más tarde y reaccionarán ante ese destino trágico asumiendo un comportamiento hedonista y destructivo, Noh luchará ambiguamente por descubrir el porqué de su asesinato para tratar de evitarlo.

Pero sobre todo interesa la visión del agente especial Mark Benford, que en el presente ha dejado de beber pero que en el futuro está ebrio, que se ve a sí mismo en su oficina, de noche, con la mirada dividida entre unos atacantes enmascarados que parecen haber asaltado la sede del FBI y un mural donde se amontonan las pistas sobre el caso «Flashforward». De todas las visiones de los protagonistas, la suya es la única que está alterada. Fogonazos dentro del fogonazo. El alcohol distorsiona la percepción de su futuro. No obstante, esa visualización es crucial, porque indica que existe una explicación racional de por qué la humanidad se durmió y soñó proféticamente durante dos minutos y diecisiete segundos. Una explicación que, sabremos después, pasa por el acelerador de partículas CERN. El futuro ya no es *fatum* sino física cuántica y universos paralelos. Y sin embargo el ser humano lo sigue pensando en términos de predestinación.

El *flashforward* es invocado constantemente como *flashback*. A diferencia de en *Lost* o en *Damages*, donde la prolepsis es una técnica constitutiva, que permite proporcionar nueva información sobre el futuro de los personajes y de las acciones que les afectan, aunque sea en clave de desvío, de pista falsa o de oscurecimiento, en *FlashForward* la prolepsis es fundacional y única. Cada personaje tiene la suya y regresa a ella una y otra vez en busca de orientación y de respuestas. En el caso de Mark Benford, decide el guión de la teleserie. Todas las líneas de investigación parten del mural que él vio. Los capítulos, por tanto, muestran las acciones que nos llevan al futuro mostrado por ese pequeño mosaico. Si en las dos primeras temporadas de *Prison Break* el guión estaba escrito en el cuerpo del preso y en el mural del agente del FBI que lo perseguía, como las dos caras de la misma moneda, en *FlashForward* el reverso del mural que Benford, episodio a episodio, va (re)construyendo en su despacho tiene su correlato en *Mosaic Collective*. Posiblemente sea la única gran idea de la teleserie (y se encuentra en la novela homónima de Robert J. Sawyer en que se inspira): una base de datos en que la humanidad comparte su recuerdo de la visión, con el objetivo de atar los cabos sueltos gracias a la participación de los desconocidos que aparecían en ella. Una gran red social que propicia encuentros y venganzas, que multiplica el miedo o proporciona una dosis de esperanza.

La memoria colectiva del futuro a través de un sinfín de relatos entrecruzados.

Red compleja y virtual.

Como tantas otras ficciones seriales de los últimos años –*Undercovers*, *The Little Drumer Girl*, *Sense8*– *FlashForward* aspira a una representación global; lo que la diferencia de ellas es que trata de un fenómeno que también es internacional (una década antes de la pandemia). La acción ocurre en distintos puntos del mapamundi y es protagonizada por personajes de todas las razas. La intención de sus creadores era que el primer capítulo se proyectara aproximadamente el día del GBO *(Global Blackout)* y el último el 29 de abril de 2010. *En tiempo real:* el presente se ficcionaliza en tiempo presente. Esto nos lleva a otra cuestión sobre la temporalidad que se encuentra también en la teleserie, que intentaba pervivir (las audiencias y la industria no lo permitieron y su final abierto fue una nueva herida) al tiempo que terminaba *Lost:* su simultaneidad global. Teleproyección simultánea. Porque durante dos minutos y diecisiete segundos todos los seres humanos fuimos iguales. Teselas de un mismo mosaico.

Los padres de la física cuántica se preguntaban si esta nueva ciencia podría salvar el libre albedrío. Por desgracia, no es así. Un sistema probabilístico e impredecible es igual de insatisfactorio que un sistema determinista, porque en ambos casos no hay elección.

DAVID EAGLEMAN,
*Incógnito. Las vidas secretas del cerebro*

# Fringe: bioterrorismo y amor

¿Cuánto tarda una persona, tras sufrir una experiencia traumática, en poder volver a compartir su cama con otra? La respuesta de *Rubicon* es nueve años, los que separan el 11-S (cuando fallecen la mujer y la hija del protagonista) de los días previos al atentado terrorista que marca la primera temporada (cuando finalmente Will hace el amor con su vecina). La respuesta de *Alias* es treinta y seis capítulos, desde el asesinato del novio de Sydney a manos de la agencia secreta para la que trabaja hasta que hace el amor con su supervisor de la CIA. La respuesta de *Fringe* es más compleja. Sobre todo si se tiene en cuenta que, tras los títulos de crédito del episodio piloto, Olivia Dunham, la protagonista, acaba de follar con el agente (doble) John Scott y ambos se encuentran en la cama.

–No deberíamos volver a hacerlo –le dice ella.

Son compañeros de trabajo, están en un hotel, pronto serán llamados a una misión. Pero las palabras de Olivia cobran un sentido trágico si tenemos en cuenta que no sólo no se vuelven a acostar juntos, sino que durante las próximas tres temporadas no volverá a compartir su cama con ningún hombre; ni siquiera con Peter Bishop, de quien acabará enamorada, porque cuando finalmente él crea estar haciendo el amor con ella, a quien estará penetrando, con quien estará sudando, será *la otra* Olivia, su doble de un universo paralelo.

Pero para llegar a ese punto hay que recorrer antes varias decenas de capítulos y, antes de ellos, el episodio noveno de la tercera temporada de *Alias*, titulado «Consciente», porque en esa otra serie con el sello J. J. Abrams se encuentra el prototipo del doctor Bishop, los esbozos que conducirían al creador cuántico hasta *Fringe*. Se trata de un investigador en neurología que, a través de fármacos, consigue inducir a la protagonista a un estado onírico que le permite reconstruir escenas de su pasado borradas por su memoria. El mecanismo no es esencial en *Alias*, pero sí lo será en *Fringe*, donde será también una forma de atravesar el multiverso o –al menos– la frontera que separa dos de sus realidades simultáneas.

Tras el incendio de su laboratorio en Harvard, Walter Bishop permanece diecisiete años encerrado en un hospital psiquiátrico. Sale de él para ayudar en la resolución de un caso a la agente Dunham, de la división Fringe del FBI (encargada de asuntos entre el bioterrorismo y lo paranormal). A medida que avancen los capítulos y las temporadas, se irá revelando la implicación directa de los experimentos que Bishop llevó a cabo en los años setenta en el desarrollo posterior de bombas humanas, seres mutantes, epidemias, portales interdimensionales y un largo etcétera de anomalías. Bishop no recuerda con claridad. Ha guardado sus archivos en sótanos y en garajes; ha escondido sus inventos más peligrosos en cajas de seguridad; tres partes de su cerebro han vivido en otros tantos cerebros ajenos, para que sus peligrosos conocimientos permanecieran a buen recaudo. Accede a su pasado a ráfagas, releyendo informes, viendo cintas de vídeo. En nuestra era la memoria siempre está en otro lado. Bishop sigue tomando drogas, como cuando compartía laboratorio con William Bell, el fundador de la corporación Massive Dynamic, máximo colaborador y máximo sospechoso de la división Fringe. Bell y Bishop, por encargo del Departamento de Estado, realizaron experimentos con niños, pensaron el marco conceptual y tecnológico en que se darían las aberraciones futuras. ¿Es Bell el archienemigo o el aliado ideal? ¿Es Bishop un héroe que salva vidas o sigue siendo el monstruo que experimentó con una niña llamada Olivia Dunham e hizo un pacto con el diablo de la ciencia para resucitar a su hijo, secuestrando su versión del universo vecino?

La ficción plantea preguntas que no resuelve. Pero que reverberan. Somos hijos de la psicodelia. Internet fue pensado por consumidores de LSD que trabajaban para el MIT, la Universidad de Berkeley y el Departamento de Defensa. Nuestro mundo es hijo de la experimentación secreta y militar. Y de la podredumbre de los proyectos utópicos, brutales e ingenuos de aquella generación: la que ha convertido Sons of Anarchy, que nació para ser una comuna solidaria, en una banda criminal; la que no supo defender la Iniciativa Dharma. La huérfana Olivia Dunham mantiene una difícil relación con sus padres. Peter Bishop siente amor y odio por su padre Walter cuando comienza la ficción y ese sentimiento bicéfalo irá sufriendo vueltas de tuerca a medida que vaya conociendo detalles de su pasado. La generación de los nacidos en los setenta se enfrenta a la que ahora ocupa el poder en el Pentágono, en Massive Dynamics, en la organización terrorista ZFT. El laberinto de una conspiración que va más allá del ámbito de la ficción, que se espejea constantemente en la realidad, que invade incluso nuestra pantalla: Massive Dynamic es real porque posee su propia página web, donde descubrimos el eslogan de la empresa («¿Qué hacemos? Qué no hacemos») y la historia y los proyectos que no aparecen en la teleficción, multiplicándola.

La mayor parte de la primera temporada está determinada por el duelo de Olivia Dunham. La primera escena del episodio piloto es de una extrema intimidad con el hombre que está a punto de perder; durante la mayor parte del capítulo él permanece en coma, afectado por una enfermedad paranormal; cuando finalmente sea sanado gracias al amor y al sacrificio de Olivia, en un impactante giro argumental, se descubre que Scott es un topo, un traidor. Muere. El amor es la red de seguridad sobre la cual construye J. J. Abrams el funambulismo de las ficciones que impulsa (y que abandona en manos de colaboradores). En *Lost*, el triángulo amoroso es lo único que persiste desde el principio, mientras que todo lo demás se desmorona; culmina en un beso vertiginoso en el capítulo final. La novedad de *Mission: Impossible III* es la ubicación en primer plano de la relación sentimental entre Ethan Hunt y Julia, para convertir la acción en un asunto de supervivencia trágica. Si en un largometraje posterior, *Cloverfield*, Abrams visualizó el conflicto entre el presente dolido y el pasado amoroso mediante la convivencia en una misma cinta de vídeo del pasado y del presente, de manera que en la acción apocalíptica de la película de pronto aparecían *flashbacks* que no eran tales, porque estaban inscritos en el presente continuo de los fotogramas, en *Fringe* el dolor por la pérdida del ser amado se expresa en clave de ciencia ficción. Olivia entra en la conciencia de John y se queda con parte de su memoria: tardará meses en desprenderse de ella. La belleza con que se resuelven la investigación y la despedida es desconcertante: Olivia encuentra entre las pertenencias de Scott un anillo de compromiso y, muchos capítulos más tarde, en el último encuentro virtual entre ambos, tras haberle revelado las claves de su infiltración en la red terrorista enemiga, él le entrega ese mismo anillo, demostrándole que no hubo traición, sino amor verdadero. En los tres episodios finales de la primera temporada, Scott está definitivamente ausente. Olivia podrá volver a amar.

La segunda y la tercera temporada son recorridas, justamente, por el amor latente entre Olivia y Peter, funesto de nuevo a causa del origen del amante. Porque Peter pertenece a otra dimensión. La ficción cuántica tiene en *Fringe* un aura extraña. El universo alternativo contiene a un ser alternativo. Así, entra en juego Walternate, que se convirtió en un villano justamente porque le robaron a su hijo. También existen los dobles de todos los personajes, incluida Olivia, que es secuestrada durante una incursión en la otra realidad y suplantada por su versión desinhibida. La otra Olivia. Sólo Peter no tiene doble. Su unicidad lo convierte en la clave, en el eje de rotación de los dos mundos.

El héroe único entre dos universos seriales.

El héroe cuya inexistencia en la línea temporal de la cuarta temporada provoca un efecto mariposa: el aleteo de la física teórica en los conflictos de la ciencia ficción.

Eso no significa que desaparezca el ancla en los años setenta: antes de ser conectados por un puente interdimensional, los universos se comunican a través de una máquina de escribir, es decir, los agentes del otro universo infiltrados en el nuestro teclean para informar sobre los avances o retrocesos de sus operaciones y reciben nuevas órdenes en anacrónicas letras impresas en un papel que se amolda al rodillo, que gira en el carro, que cambia de línea gracias a una palanca.

La tensión erótica es un presupuesto teleserial, pero en Abrams nunca es cuestión sólo de los cuerpos. La relevancia de esa dimensión espiritual de las relaciones humanas, que también se observa en la admiración que Olivia despierta en su superior y, sobre todo, en cómo se va reconstruyendo –periódicamente– la relación entre Walter y Peter Bishop, se expande si se tiene en cuenta que en *Fringe* es fundamental el tráfico de los cuerpos. Sobre todo de cadáveres humanos, que en la primera temporada llegan a unos trescientos (con dos atentados aéreos incluidos); pero también de animales, de mutantes, de amputaciones, de cultivos biológicos, de monstruos. Hay una relación directa entre la representación del cuerpo en las teleseries actuales y el tratamiento informativo de las catástrofes humanitarias. La ficción nos ha acostumbrado a la contemplación de la muerte y del horror. Pero *Fringe* fue más allá: nos preparó para la irrupción en nuestras pantallas de un nuevo bioterrorismo. Esa es la función de la ciencia ficción: anticiparse. Esa es la función de algunas teleseries: operar una pedagogía del futuro. En el imaginario occidental de hoy, el explosivo es el arma por excelencia del terrorismo (incluso el avión se transforma en misil, en bomba). *Fringe* nos obligó a pensar en un terrorismo biológico: las entrañas del hombre, su cerebro, su sangre como armas de destrucción masiva.

Ante un panorama así, se entiende la necesidad de defender el amor –como un búnker. Un amor que crece entre Olivia y Peter y se hace mucho más sofisticado en el momento en que alumbran a Etta. Porque entonces regresa a la ficción –una vez más– el duelo. Van a perderla dos veces. Sólo la recuperarán cuando Walter consuma el sacrificio que culmina su redención. Hacia ese instante se dirige la quinta temporada en conjunto. Después de la expansión al universo paralelo, el *flashforward* permanente de la última temporada no significa más expansión, sino en realidad más condensación. Los observadores se han convertido en los invasores. Si la imagen central de las dos temporadas anteriores era unas Torres Gemelas que no habían sido destruidas (en el universo alternativo), la de esta temporada es Central Park convertido en un campo de extracción de energía, en un progresivo desierto. Y todos los episodios son una constante revisión autoconsciente de la propia serie: regresan viejos casos, se descubre un almacén en que se conservan todos los cuerpos e inventos de las investigaciones precedentes, se van desenterrando del ámbar las cintas de vídeo VHS en que Walter grabó su plan para salvar al mundo de la invasión y, sobre todo, se recuerdan una y otra vez los instantes más emocionantes de *Fringe*.

Así se reconstruye de nuevo el sentido profundo de la ficción y nos damos cuenta de que la memoria ha sido fundamental desde el capítulo piloto, una memoria emocional, traumatizada, cuyo destino es la redención; y de que la serie ha narrado sobre todo cómo un genio malvado, tras una etapa de purgación, se ha convertido en un padre y abuelo entrañables, en genio bueno, gracias a una reconexión con sus emociones y sentimientos perdidos. Cuando Peter se inyecta la tecnología de los invasores, que le permite incrementar la potencia de su cerebro y pensar como un observador, hasta el punto de adivinar el futuro, repite el error de *hybris* de su padre. Y es Olivia, obligándole a recordar el amor, quien logra que expulse de sí esa tecnología.

*Fringe*, desde el principio, nos hizo pensar sobre el cerebro (la inmersión inicial, baptismal, de Olivia; los fragmentos de la masa encefálica de Walter que le extirparon para proteger a la humanidad; el implante de Peter), la materia más concreta en que se da el pensamiento; pero también sobre lo más abstracto: la física cuántica, las matemáticas. En cierto momento de la última temporada, tras perder a su hija por segunda vez, Olivia le confiesa a un personaje secundario que ella, que ha presenciado lo increíble, que ha sido testigo de cómo se agrietaba la textura del universo, ha dejado de tener fe porque ha descubierto que todo es conocimiento empírico y abstracto. Los invasores simplemente:

–Saben más matemáticas que nosotros.

Un combate entre la inteligencia y la emoción. Eso ha sido todo. Los observadores son el futuro de la humanidad: una humanidad sin emociones y sin reproducción sexual. Enviaron doce de ellos al pasado para calcular cuál era el momento ideal de la invasión. Septiembre era uno de esos doce, sintió emociones, sentimientos humanos, y puso en peligro la misión por salvar a su hijo (su material genético). Su historia es un eco de la de Walter. Todas las historias de la serie, atravesadas por la pérdida, por el duelo y por la desmesura, de una forma u otra son ecos de la de Walter. Él ayudó a salvar a Peter en el lago. Recordemos el imperativo («El niño debe vivir»): los dos niños debían hacerlo.

El amor de un padre por un hijo, nos dicen Abrams y sus colaboradores, es el más poderoso –como mil búnkeres.

# El mejor capítulo de *Battlestar Galactica*

Los mejores capítulos de las series acostumbran a ser los que se saltan las reglas que la propia ficción ha instaurado y cuentan la historia de otro modo. La alteración es eminentemente estructural y no supone un cambio de rumbo definitivo, sino una anomalía que dura menos de una hora. Un paréntesis memorable. Pienso en «La constante», el quinto de la cuarta temporada de *Lost*, que para mí es el más perfecto de esa serie y la clave para entender su uso del tiempo y de la teoría de la relatividad. Pienso en «Cinco años después», el vigésimo de la primera temporada de *Heroes*, que ocurre en un viaje al futuro completamente inesperado y nos muestra una Nueva York destruida, la escenografía del apocalipsis. Pienso en «Commendatori», el diecisiete de la segunda temporada de *The Sopranos*, su único capítulo que no ocurre en Estados Unidos, donde los mafiosos se enfrentan a sus difuminados orígenes en Nápoles. Pienso en «El tiempo vuela», el quinto capítulo de la cuarta temporada de *Six Feet Under*, en que David es secuestrado durante veintisiete interminables minutos, la mitad del capítulo. O, finalmente, en «Mosca», el episodio más teatral de *Breaking Bad*, en que los dos protagonistas permanecen encerrados en un laboratorio beckettiano hasta que aflora la confesión y el absurdo.

El mejor capítulo de *Battlestar Galactica* es «Asuntos pendientes». Estamos en el ecuador de la tercera temporada. La segunda terminó con la llegada de los humanos al planeta que bautizaron como Nueva Cáprica y con su pronta ocupación por parte de los enemigos *cylon*. La tercera comenzó varios meses más tarde, con los esfuerzos de la resistencia por combatir el régimen de terror impuesto por las máquinas de aspecto humano. Esa elipsis dejaba muchos cambios sin explicación. Varios personajes habían abandonado el uniforme que vestían cuando vivían en la nave de combate, es decir, la vida militar, sin que supiéramos por qué. Existían nuevas tensiones en la tercera temporada que no podíamos explicarnos. Y entonces, súbitamente, la lógica narrativa de la serie se rompe. En vez de encontrarnos ante el relato que avanza cronológicamente y en contrapunto (con escenas que ocurren simultáneamente, en lugares distintos), como sucede en la mayor parte de los episodios tanto de *Battlestar Galactica* como del resto de las teleseries, asistimos a la inauguración de un espacio y de un tiempo inéditos: un ring de boxeo a través del cual, a medida que los personajes se van retando entre ellos, vamos a tener acceso a retazos del pasado en Nueva Cáprica y las preguntas van a ir siendo respondidas.

«La constante» fue escrito por Damon Lindelof, quien no había cumplido aún los treinta años cuando ideó la mayor parte de las líneas mayores de *Lost*, junto con J. J. Abrams y Jeffrey Lieber. No es casual que el guión de su mejor capítulo esté firmado por Lindelof, porque es lo más parecido a un *autor* que tiene la serie. Mientras que Abrams sólo figura como director y coguionista del doble episodio piloto, el nombre de Lindelof aparece, intermitentemente, en los guiones de todas las temporadas. Autor y creador son conceptos no siempre idénticos en la teleficción norteamericana. Tampoco es casual que el guión de «La constante» lo escribiera en colaboración con Carlton Cuse, productor ejecutivo, porque en las series la autoría es aún más vaporosa que en el cine y está aún más condicionada por la industria que en el séptimo arte. Sólo existe una obra en la historia de la televisión norteamericana cuyos autores hayan firmado los guiones de todos sus capítulos y los hayan además producido y dirigido, *Los muertos*, un producto de George Carrington y Mario Alvares para Fox. Una anomalía.

Articulado en paralelo en dos momentos históricos, 1996 y 2004, «La constante» narra la desesperada carrera de Desmond Hume por entender su existencia entre ambas fechas. En el pasado, el personaje, cuya resistencia extrema al electromagnetismo permite que su conciencia viaje a través del tiempo, es guiado por Daniel Faraday, quien no sólo le explica sus peculiares habilidades en su laboratorio de Oxford, sino que le salva la vida al sugerirle que escoja una constante a la que agarrarse para orientar a su subconsciente y evitar que su cerebro se colapse a causa de los viajes en el tiempo. Un ancla cerebral. Hume elige a Penelope como constante. Gracias a esa decisión, a que habla con ella por teléfono en 1996 y le pide que no se cambie de número, porque la volverá a llamar ocho años más tarde, es salvado en el presente por un amor que hasta entonces había existido a pesar del espacio y a partir de entonces lo hará también a pesar del tiempo.

No es en la isla, es decir, en el espacio, donde radica la ambición de *Lost;* sino en su voluntad de explorar el Tiempo. Así lo demuestra la forma en que se combinan el tiempo narrativo, el *flashback*, el *flashforward*, el salto temporal, el viaje en el tiempo, la arqueología, la Historia o la física cuántica. Si existen, entre los personajes de la serie, posibles arquitectos de la estructura temporal de la obra, estos son Daniel Faraday y su madre Eloise Hawking. Él representa la fe en las ciencias físicas; ella, el destino y el eterno retorno. De nada le sirve a Faraday anotar en su cuaderno: «Si algo va mal, Desmond Hume será mi constante». En 1977, Eloise, líder de los Otros, disparó a un desconocido, el mismo que veintitrés años antes había desactivado la bomba de hidrógeno *Jughead*, quien antes de morir le confesó que era su hijo, que había viajado desde el futuro. En el diario de Daniel, Eloise encuentra su propia letra, su caligrafía que dice: «Daniel, pase lo que pase, recuerda que siempre te querré».

Desde el ring de boxeo, los *flashbacks* de «Asuntos pendientes» reconstruyen sobre todo una fiesta en Nueva Cáprica. La violencia del presente, por tanto, se contrapone a la euforia del pasado. Junto con la emergencia del romance entre el almirante Adama y la presidenta Roslin –con palabras acerca de un retiro en la naturaleza

que prefiguran el final de la serie–, también asistimos a decisiones
pretéritas que Adama juzga ahora equivocadas y que encuentran en
los puñetazos una expresión tensa y contundente. Por culpa de haber permitido que algunos de los oficiales de su nave se pasaran a la
vida civil en el planeta, estos se convirtieron en miembros de la resistencia y por tanto en terroristas y por tanto en asesinos; pero
también en víctimas de la tortura *cylon*. Pero los combates se con-
trapuntean, sobre todo, con recuerdos de la música, del baile, del
alcohol. Acaban centrándose en la relación amorosa principal de la
serie, la que une y distancia a Kara Thrace y a Lee Adama, enamo-
rados desde que se conocieron y cuya tensión erótica es parte de la
energía de la obra. Aquella noche, en Nueva Cáprica, ebrios, hicieron finalmente el amor y decidieron abandonar a sus respectivas
parejas y hacer pública su relación. Pero cuando Lee se despertó,
Kara ya no estaba. Él regresó, tambaleante, al campamento y descubrió que ella acababa de casarse con Sam. Los felicita. Va a su
nave y, en las escaleras, besa apasionadamente a Dualla. Esa es la
historia a la que tenemos acceso a través de los retazos de la evocación, mientras Kara y Lee combaten en el ring, se golpean, se ata-
can, se castigan y recuerdan.
    –¿Qué pasa aquí? –le pregunta Sam a Dualla.
    –¿A ti qué te parece? –Los puñetazos se suceden más allá.
    –Quieren matarse el uno al otro...
    –Es una forma de verlo...


Las series sitúan un espacio en el tiempo. La isla, la estrella de combate, la ciudad de Nueva York. Desmond Hume, Kara Thrace y
Hiro Nakamura son tres personajes unidos por una relación extraordinaria con la dimensión temporal de la realidad. La conciencia de Desmond se desplaza en el tiempo. Después de que su nave
fuera destrozada en una tormenta y Kara fuera dada por muerta,
reaparece sin un rasguño en el cuerpo ni en la carcasa de su vehículo; aunque hayan pasado más de dos meses desde su desaparición,
ella afirmará que no han sido más que algunas horas. Hiro, por su
parte, es capaz de teletransportarse, es decir, de controlar el espacio;
pero también tiene el poder de la cronokinesis, esto es, de manipu-

lar el tiempo. Esa habilidad del personaje permite la existencia coherente de «Cinco años después», el capítulo de *Heroes* ambientado en el futuro.

Junto a su amigo Ando, Hiro llega al estudio de Isaac Méndez, el autor de los cómics que actúan como guión implícito de la serie. Allí es testigo de la destrucción de Nueva York y de la muerte de millones de personas. La distopía se ha adueñado de la realidad. Los que cinco años antes eran héroes ahora son arrestados, encarcelados, perseguidos como terroristas. Algunos de ellos son agentes del gobierno. Una auténtica guerra civil. En ese paisaje en ruinas, Hiro se encuentra a sí mismo:

–Parezco enfadado.

–Ve a hablar contigo –le conmina Ando.

–De ningún modo.

Finalmente habla con su versión futura: el hecho de que Hiro no haya acabado con Sylar en nuestro presente (su pasado) ha sido la causa del Apocalipsis. Tras diversos avatares, Hiro asistirá a la muerte de su versión futura. Se verá a sí mismo morir. Hay que poner esa escena en el contexto de duelo y destrucción en que se desarrolla el episodio, con una imagen en su epicentro: el memorial con los nombres de los millones de víctimas, con una llama siempre ardiendo en él y la ciudad, monstruosa zona cero, como telón agrietado al fondo.

–¡Estoy muerto! –exclama Hiro ante su otro yo que agoniza.

El título provisional de «Cinco años después» fue «Teoría de cuerdas».

Toda obra se puede analizar según un criterio temporal (argumental, de recorrido geográfico, de evolución biográfica y psicológica de los personajes) o según un análisis topológico. Desde esta perspectiva, en *Battlestar Galactica* se establece una clara oposición entre los espacios humanos, caracterizados por la tecnología anacrónica, y los *cylons*, mucho más sofisticados, minimalistas, *futuristas*. Una estética que incluso aparece en Cáprica, cuando la metrópolis arrasada se muestra en las alucinaciones de Gaius Baltar; por tanto, es siempre ajena: o pertenece al enemigo o al pasado. Esa dicotomía

espacial tiene su paralelo en el eje temporal gracias a la fuerte oposición entre lo masculino y lo femenino, que casi siempre se resuelve
en beneficio del segundo polo. Las mujeres protagonistas son más
decididas y determinantes que los hombres con los que se empare-
jan. Incluso en la bella y lenta historia de amor que viven el almirante Adama y la presidenta Roslin a lo largo de las temporadas
acaba predominando la influencia de ella, su determinación, su fe
religiosa en Hera, la niña híbrida, de padre humano y madre *cylon*,
cuyo rescate supone el final épico de la obra. La maduración de esa
relación amorosa hace que Laura *invada* la habitación de Bill, uno
de los poquísimos espacios privados de la nave. Porque en ella predomina el espacio público y es en él donde confluyen la épica, la lí-
rica y el drama.

En uno de sus rincones se encuentra el espacio tal vez más trágico de la obra: el pasadizo de la estrella de combate en cuyas paredes, espontáneamente, se empiezan a colgar las fotografías de
los seres queridos perdidos en el ataque *cylon* inicial, la gran masacre, obviamente inspirado en homenajes populares a lugares
vinculados con el trauma (en nuestra época: el puente del Alma, la
Zona Cero, Atocha). A medida que avanzan las temporadas, a
esas fotos se les van añadiendo las de otros personajes en el momento de su muerte. Se convierte, así, en un mapa de la memoria
visual y doliente tanto del telespectador como de los personajes
que sobreviven. Y recuerdan.

El viaje al pasado, en una obra realista, se convierte en viaje a los
orígenes. Tal es el caso de «Commendatori», el viaje a Nápoles de
Tony Soprano, Paulie Walnuts y Christopher Moltisanti, con el objetivo de vender vehículos de lujo a la Camorra. En el modo en que
cada personaje se enfrenta a Italia encontramos un catálogo de tipos
de viaje. Para Christopher no hay diferencia entre estar en Europa
o en Estados Unidos, porque utiliza sus vacaciones para colocarse
con heroína, obviando cualquier tipo de interacción con lo local y
renunciando de antemano a ninguna clase de indagación en sus orígenes familiares. El caso de Paulie es el diametralmente opuesto:
después de toda una vida sintiéndose italiano en Estados Unidos,

está convencido de su capacidad para integrarse en la sociedad que lo acoge. Es en vano. Es rechazado por los locales y sus esfuerzos nos parecen ridículos. Acaba pagando a una prostituta, con quien es incapaz de comunicarse porque no habla inglés, a quien le cuenta que su abuelo se marchó a América en 1919; entonces la puta le revela que ella es del mismo pueblo del que su abuelo se marchó. Tony, por último, consigue atravesar lo que el sociólogo Erving Goffman ha llamado la *región delantera* y penetra en la *trasera*, en el hogar de una familia napolitana, en el misterio de los mitos antiguos, a través del impulso erótico que guía buena parte de su vida (y que, convertido en mera intuición, le salva el pellejo en más de una ocasión). En una escena central de la serie, la hija del capo, Annalisa Zucca, en el interior del santuario de la Sibila, le dice:

–Eres tu peor enemigo.

Me recuerdas a alguien, le dice Tony. Sabemos que se refiere a la doctora Melfi. Quisieras follártela, afirma ella. La conversación continúa y ella le pregunta si no querría follársela a ella también y Tony responde que sí, pero que donde se come no se caga.

Sofia Milos, la actriz, no es napolitana, ni siquiera italiana, es griega. No importa: encarna lo latino, el pasado, lo original, el Mediterráneo. El Mediterráneo donde nació la tragedia que, más de dos milenios después, viajó tanto al Lejano Oeste Americano como a la Costa Este de las bandas y la mafia.

–Tengo que traer aquí a mis hijos –dice Tony, entusiasmado, pero nunca lo hará.

Una vez en Nueva Jersey, Paulie afirmará haberse sentido como en casa y conminará a Pussy Bonpensiero a que vaya él también algún día a Italia, porque todos los italianos deberían hacerlo.

–Algún día –dice Pussy, sin saber que pronto acabará en otro país, el de los muertos.

El mecanismo dramático que ponen en juego los guionistas de *Battlestar Galactica* es el dilema ético. Por eso, la ficción es eminentemente política. La relación entre William Adama y su hijo Lee, pese a todas sus capas, podría resumirse en la oposición entre la fe en la jerarquía militar y la fe en la democracia. Y es justamente ese el nudo que se tensa en varias ocasiones en la ficción, con los correspondientes enfrentamientos entre ambos personajes. Incluso la historia de amor entre Bill y Laura pasa a través de un golpe de Estado: del propio almirante contra la presidenta, cuando esta introduce la profecía religiosa en la política de su gobierno. El conflicto, a la luz de la secuela *Caprica*, es más profundo y más antiguo. Las raíces familiares de Adama se hunden en el suelo de Tauron, mientras que Laura es del planeta Cáprica. Tradiciones, códigos, idiomas distintos, que no siempre es posible traducir.

Tal vez El Tema de la teleserie sea la vejez. Cuando comienza la acción, Bill Adama está a punto de jubilarse, la nave se ha convertido en un museo y a Laura, que pronto será nombrada presidenta de las Doce Colonias, le han diagnosticado un cáncer terminal (no sólo eso, en un *flashback* del capítulo final se descubrirá que tomó la decisión de dedicarse plenamente a la política después de perder a su familia en un accidente y de acostarse con un antiguo alumno: es decir, cuando se le echó encima el peso del Tiempo). El exterminio de la raza humana supone una segunda vida para la nave de guerra, que deberá olvidar su condición de museo mientras dure la guerra y el exilio.

El último salto espacial conduce la flota a la Tierra. Una Tierra que, según el imaginario de las Doce Colonias, no es la auténtica Tierra (pues esa, habitada por la tribu número trece, la *cylon*, fue destruida por un holocausto nuclear), pero que es la nuestra. Está habitada por hombres prehistóricos, entre los cuales deciden diseminarse los últimos supervivientes de las Doce Colonias, tras suicidar sus naves y olvidarse de la tecnología, para que su ADN se confunda con el de esos otros seres humanos y el comienzo de una nueva era coincida con la superación de los tradicionales ciclos de violencia que han marcado la historia humana y *cylon*. Junto con el resto de las naves, la estrella de combate se encamina hacia el Sol. Un espacio (la nave) es suplantado por otro (el planeta). Su muerte coincide con un nuevo inicio. Cansados de la guerra, de los dilemas éticos, de la épica y del drama, los protagonistas encaran, en los últimos minutos de la ficción, mientras el espectador se despide de ella, su integración, su retiro o su muerte.

La muerte del propio tiempo de la ficción.

«El tiempo vuela» comienza –como todos los capítulos de *Six Feet Under*– con la muerte de un personaje anónimo que, en el momento de fallecer, adquiere identidad: «Anne Marie Thornton, 1966-2004». En la segunda escena, David y Keith están hablando en la cocina sobre el inminente viaje de trabajo de este y las reglas sexuales que han pactado respetar a partir de ahora en su relación. Le sucede otra conversación de cocina, entre Nate –con la pequeña Maya en brazos–, Claire y Ruth, en que esta revela que ha participado en una terapia de grupo para elaborar el duelo por su marido muerto, Claire se queja de la represión familiar y Nate evidencia su desorientación por la pérdida de Lisa, como padre viudo y sin trabajo. Seis escenas más: así llegamos al minuto diecisiete, como siempre, con las tramas y subtramas entrelazadas que constituyen la telenovela. Entonces David recoge a un autoestopista. El capítulo prosigue con la alternancia de espacios, tiempos y personajes, según la estructura habitual; pero ha comenzado lentamente a alterarse, siguiendo la lógica del terror.

La desaparición de Lisa es tratada en *Six Feet Under* con algunos –mínimos– elementos propios de la intriga policial, porque la personalidad de Nate conduce el problema hacia lo esotérico y paranoico, menos codificado que el drama detectivesco y más inquietante que él. Dos relaciones sentimentales de Claire con sendos individuos desequilibrados introducen la amenaza, el suspense en algunos momentos; pero no suponen un peligro real para el personaje. El terror, por tanto, sólo invade la pantalla de la serie durante veintisiete minutos de sus tres mil trescientos de metraje. Aunque el miedo y la muerte sean su ruido de fondo.

A partir del minuto diecisiete, el almuerzo de Brenda con su madre, la terapia de grupo a la que acude Nate o la conversación marital entre Ruth y George conducen subrepticiamente hacia la violencia que sufrirá David. Una violencia que durará desde el minuto 29 hasta el 56: una única escena. En ningún otro episodio de la serie se rompe así la alternancia en contrapunto. El autoestopista es un psicópata, drogadicto y abyecto, que ha detectado la atracción homoerótica que despertaba en David y ha decidido secuestrarlo durante algunas horas. Saca una pistola. Empieza a mentirle, a manipularle, a someterlo a una vejación psicológica que se va convirtiendo en física. Sentimos la angustia del protagonista. Lo vemos atrapado en el callejón sin salida al que lo han ido abocando sus constantes tentaciones sexuales, imposibles de aliviar con la fe religiosa. Se coloca con crack, obligado, ante nosotros; caga en un callejón; es golpeado; el psicópata le mete el cañón de la pistola en la boca.

Y, finalmente, lo abandona.

Y David se levanta, trémulo, y camina, hasta que se cruza con un coche de policía.

Y termina el capítulo.

Pero empieza el trauma.

*Battlestar Galactica* también puede ser leída como una reescritura de la antigua tensión entre la ciudad y el campo. La larga odisea de los supervivientes protagonistas los lleva desde la ciudad destruida, Cáprica, con su horizonte de rascacielos cien veces invocado en sus títulos de crédito, hasta el campo, la Tierra verdiazul anterior al *Homo sapiens*. De hecho, Gaius Baltar parece encontrar su destino cuando, en los instantes finales de la obra, decide dedicarse a cultivar un terreno, recuperando así la herencia paterna, el origen rural que ha negado durante toda su vida, incluso forzando su acento –como quien borra rastros– para que nadie supiera que en realidad nació en Aerelon, una colonia agrícola, y no en Cáprica, la capital política de las Doce Colonias de Kobol. En el episodio piloto de *Caprica*, la precuela que relata el lento y religioso proceso que condujo a la existencia de los *cylons*, donde conocemos al abogado Joseph Adams y a su joven hijo Will, se descubre que el cambio de nombre del padre (de Adama a Adams) se debió al racismo que impera en Cáprica respecto a los inmigrantes de Tauron: que tienen sus propias escuelas, son llamados *comemierda* y son temidos por la organización mafiosa que han importado de su planeta natal. La migración, por tanto, también es uno de los sustratos que sostienen la solidez narrativa de *Battlestar Galactica*. Fruto de una larga sedimentación en el tiempo interno de una obra que se expande en su propio multiverso.

«Fly» es el capítulo de *Breaking Bad* con un guión más elaborado y con una puesta en escena más teatral. A diferencia del resto de la serie, en él no hay alternancia de personajes y espacios: el noventa y cinco por ciento del episodio sucede en el interior del laboratorio de metanfetamina donde *cocinan* Walt y Jesse durante la tercera temporada, recluidos a causa de la obsesión que el primero padecerá a causa de una mosca. Mientras intentan darle caza, Walter White se irá desnudando: reconocerá su pulsión de muerte, su nostalgia de la expansión del cáncer, de lo que dio sentido a su cambio de rumbo vital. Y, más tarde, casi vencido por el sueño, mientras Jesse se encarama a una escalera plegable, pronunciará el siguiente monólogo, en cuya reproducción omito las breves intervenciones de Jesse:

–Oh, conozco el momento, fue la noche que Jane murió. Estábamos en casa y necesitábamos pañales y yo dije que saldría a buscarlos, pero era sólo una excusa, porque esa fue la noche en que te llevé el dinero, ¿recuerdas? Pero después me detuve en un bar. Fue raro. Nunca hago eso, ir a un bar solo. Simplemente entré y me senté. Nunca te lo he contado. Me senté y ese hombre, un extraño, entabló conversación conmigo. Era un completo extraño, pero resultó ser el padre de Jane, Donald Margolis. Evidentemente en ese momento yo no lo sabía, sólo era un tipo en un bar. No me di cuenta hasta después del accidente de avión, cuando lo vi en las noticias. Quiero decir, piensa en las posibilidades: una vez las calculé, eran astronómicas, aquella noche, en aquel bar, al lado de aquel hombre.

Hablaron sobre el agua en Marte y sobre la familia, sobre sus hijas:

–El Universo es aleatorio. Es un caos. Partículas subatómicas sin un fin que colisionan sin rumbo, eso nos dice la ciencia, pero no nos dice por qué un hombre cuya hija va a morir esa misma noche se toma una copa conmigo.

Un multiverso de ruido y furia.


En el mundo posfordista, mientras declinaba la unicidad y la individualidad, se consolidaba lo serial y la repetición; mientras se deslocalizaba geográficamente la producción, devenía central la calidad inmaterial de los bienes producidos. En el último estrato de

*Battlestar Galactica*, en el más profundo, se produce la oposición paradójica entre la serie y lo único, envenenada por la teología. Los *cylons* son androides, son robots, producidos en cadena, repeticiones, copias, series y no obstante creen en Dios. En un único dios verdadero. Los humanos son únicos y politeístas.

Los mejores capítulos de las series acostumbran a ser los que se saltan las reglas que la propia ficción ha instaurado y cuentan la historia de otro modo; pero no existirían sin el resto de capítulos. Los que repiten una estructura hasta que la memorizamos; los que nos acostumbran a unos títulos de crédito que activan en nuestro radar el placer del reconocimiento; los que nos hacen esperar ciertos giros dramáticos, ciertas bromas, ciertas explosiones; los que se mecen por ciertas cadencias que, insistentes, se nos aproximan, se nos vuelven cada vez más familiares, hasta sintonizar con lo que somos. Desde ese punto de vista, los mejores capítulos son los peores, porque es la regla la que en el arte confirma sus excepciones.

–Te he echado de menos –le dice Kara Thrace a Lee Adama, al oído, ambos derrotados.
    –Yo también a ti –le responde él, cansados, ensangrentados, tras un combate que dura años, y repite–, yo también a ti.
    Y sobre la tarima del ring, su abrazo de derrota, sin fuerzas, los dos jadeantes, agotados, dando vueltas como un disco que repite la misma canción, es bello y único como un abrazo de baile.

# La supervivencia del supergénero:
# *Heroes* en el contexto de la superheroicidad

*Para Juanma Morón*

> En el paso del arte bajo al gran arte reside un elemento del aplazamiento del juicio. El juicio se suspende con el fin de entender y de ser receptivo. Se trata de una apasionante técnica heurística, pero también de una técnica peligrosa, pues la afición por toda la cultura pop es tan irracional como odiarla en su conjunto, y puede dar lugar a un «subirse al carro» del pop generalizado e indiscriminado, donde todo vale y en lugar de postergar el juicio, se lo abandona.
>
> DENISE SCOTT BROWN,
> *Aprendiendo del pop*

Si el paralelismo con la literatura es posible, el cómic de superhéroes vivió, desde su nacimiento en 1938 con *Superman*, instalado en las coordenadas de la novela de caballerías. Hasta que llegó *Watchmen*, su *Quijote*. En *Watchmen* el *macguffin* consiste en hacernos pensar que la oposición radical de la obra se establece entre Rorschach y el Doctor Manhattan. Entre el vigilante sin poderes y el superhéroe nuclear. Entre el hombre y el superhéroe deshumanizado. Sin embargo, la sorpresa final llegará al descubrir que el villano al que ambos deben enfrentarse conjuntamente es un antiguo compañero, supuestamente filantrópico, el hombre más listo del mundo, que quiere exterminar a cientos de miles de seres humanos para escarmentarlos, para dar ejemplo bíblico, para que los demás rectifiquen a tiempo. La ironía final, el rescate del informe demencial de Rorschach, que es la verdad sobre el genocida más listo del mundo, supone el triunfo –quizá pírrico– del más humano (y por tanto del más despreciable) sobre el más listo (y bello, ángel caído). Si el paralelismo con la literatura es posible, en el caso de los cómics la llegada del *Quijote* y del *Ulises* joyceano fue simultánea, tanto *Watchmen* como *Batman: el regreso del caballero oscuro* de Frank Miller se publicaron en 1986. El enfrentamiento entre vigilante y superhéroe máximo, entre el más humano (y por tanto ambiguo) y el más inhumano (y por tanto maniqueo) se repite en el giro posmoderno que Frank Miller le dio al cómic de superhéroes. Superman trabaja para el gobierno de Estados Unidos, como el Doctor Manhattan, que también es un superempleado de la principal superpotencia. El duelo final entre Batman –que lleva diez años retirado y siente en los huesos el envejecimiento que la tecnología no puede atenuar–, y Superman –para quien el tiempo no tiene sentido ni importancia–, gracias a la flecha de kriptonita lanzada por Green Arrow, concluye con el triunfo de Batman. Del humano. Del vigilante. Del contrapoder, que no cree en el gobierno ni por tanto en las instituciones ni en la democracia (en el cómic la cárcel es un congelador, no un lugar de reinserción). *Watchmen* es el *Quijote* y por tanto es moderno y posmoderno al mismo tiempo; el *Batman* de Miller, en cambio, es posmoderno tanto en la forma (fragmentariedad total, uso del lenguaje televisivo) como en el fondo (descorazonador, neofascista, Batman al final se convierte en guerrillero o terrorista, según cómo se mire).

En 1994 se publicó la Historia del Universo Marvel. El volumen se llamó *Marvels* y es la crónica de la relación de los habitantes de Nueva York con la presencia de *prodigios* desde el nacimiento de la Antorcha Humana en 1939 hasta el asesinato a manos del Duende Verde de Gwen Stacy, la novia de Peter Parker, ante la impotencia de Spiderman, unas cuatro décadas más tarde. Una crónica de estilo casi fotográfico: *Marvels* es una novela gráfica pintada, de un preciosismo en el trazo del pincel que se podría calificar como hiperrealismo (si no estuviéramos hablando de superhéroes y monstruos alienígenas). El artista se llama Alex Ross. El guión recayó en Kurt Busiek, quien tiene muy claro que la historia del universo es la historia de una ciudad y toma una decisión técnica que es –como siempre– ideológica: el narrador va a ser un ciudadano común de esa ciudad. Es decir, la historia de los superseres es contada por un hombre sin poderes. Por un fotorreportero, para ser más exactos. Uno de sus testigos privilegiados.

Lo que descubrimos en la novela es que la historia de los superhéroes es la historia de una mutua incomprensión. La relación que los seres humanos establecen con ellos está marcada por el recelo, el miedo, los celos. Desde el principio queda claro que el vínculo que Nueva York establece con Namor y la Antorcha Humana –primero– y con el Capitán América, los Cuatro Fantásticos, los Vengadores y los mutantes de Charles Xavier –más tarde– es bifronte. Por un lado, esperan y exigen ser protegidos por ellos de las amenazas de todo tipo, desde las catástrofes naturales a las amenazas extraterrestres, desde los villanos del tres al cuarto hasta los supervillanos megapoderosos; pero a cambio no son capaces de ser justos ni agradecidos con ellos (por el recelo, el miedo y los celos), ni de entender qué hacen ni por qué. Los periodistas siempre llegan tarde a las batallas y a menudo no entienden quién lucha contra quién ni sus razones; cuando se trata de realidades paralelas o contiendas estratosféricas, el cerebro humano no alcanza a comprender los hechos, ni los canales de comunicación con que sus protectores funcionan debidamente como para que estos se los expliquen. Por el otro lado, también desde 1939, los humanos no sólo buscan en los superseres un nuevo panteón de dioses, sino que sobre todo buscan noticia, tanto periodística como amorosa. Son los más guapos, los más atléticos, los más deseados, objeto de portada del *New York Times* o de libros ilustrados fotográficamente. A menudo tanto en su identidad secreta como en la pública, cuando existen ambas (los Cuatro Fantásticos sólo tienen la pública) o cuando no son ambas públicas (Stark es el Hombre de Hierro –como Bruce es Batman).

El fotógrafo protagonista se pasa la vida indignado contra el trato injusto que los seres humanos les dispensan a los superhéroes. Inicia varias estrategias para defenderlos públicamente. Pero finalmente se jubila sin haber llevado a cabo ninguna de ellas. Un final desesperanzador, pero realista –dentro de la lógica del propio universo de ficción. La conclusión de la lectura es aún más desesperanzadora: los seres humanos (y esto se ve especialmente en la persecución racial de los mutantes) son los grandes enemigos de los superhéroes. El gran supervillano colectivo. Desde el ciudadano común, que los critica verbalmente o llega a perseguirlos en momentos de violencia colectiva, hasta el supervillano sin poderes que utiliza su tecnología para hacer el mal, pasando por el peor enemigo y el más humano: el mismísimo gobierno de Estados Unidos.

Después de dos triunfos simultáneos del hombre (Rorschach y Batman) contra el superhombre (Adrian Veidt, el hombre más listo del mundo, y Superman) y, sobre todo después de esa crónica histórica que nos abría los ojos a una verdad incómoda, el cómic de superhéroes no podía seguir como si ignorara esa realidad. El divorcio perpetuo entre superhéroes y ciudadanos. La inutilidad de que recurrentemente los primeros salvaran a los segundos de innumerables peligros cósmicos. ¿Qué hacer con la relación entre unos y otros después de habernos quitado la venda de los ojos? Cinco años más tarde llegó la respuesta a esa pregunta. Se llamó *The Authority* y se dio a conocer precisamente en 1999 y 2000, como preparación del subgénero para el nuevo siglo.

*       *       *

A partir de *Watchmen*, el tema de los grandes cómics de superhéroes ya no es la figura del superhéroe, sino el propio género. Moore y Gibbons pretendían construir una historia con superhéroes tradicionales, pero por una cuestión de derechos, tuvieron que crear *ex nihilo*. Sus supervigilantes nacieron, como don Quijote, con pasado pero sin futuro. La intervención de Frank Miller en esta línea que estoy proponiendo, en cambio, es en unos personajes connotados por su propia tradición y autobiografía y con una proyección futura que sobrevivirá, seguramente, al propio Miller. Batman o Daredevil reinterpretados por el autor de *Sin City*; de algún modo, son resucitados por él (en los subtítulos de las obras se hace hincapié en la idea de «retorno» e incluso en la de «nacer de nuevo»); pero lo trascienden. Warren Ellis, finalmente, no sólo crea desde la nada,

sino que empuja a sus personajes hacia un futuro que no tiene nada
que ver con el futuro al uso de los cómics de superhéroes. Ellis llega,
histórica y generacionalmente más tarde, su posición es pos-pos-
moderna. Se sitúa en 1999 y decide releer todo el siglo que se acaba.
Para ello crea dos series magistrales. Por un lado, *Planetary*, que
intenta hacer una «arqueología» del «pasado secreto» del siglo XX. En *Planetary* la acción no importa: cada capítulo es casi in-
dependiente, a excepción de algunos tenues hilos conductores que
renuncian, de entrada, a la creación de un sentido global. Es decir,
si en *Watchmen* las piezas son cercanas, se complementan, encajan,
pese a la complejidad de la trama; si en el *Batman* o en el *Daredevil*
de Miller las piezas se espacian, se separan, se desconectan, pero
conservan no obstante un sentido fragmentado; en *Planetary* las
piezas tan sólo tienen una conexión parcial: habría que poseer la
perspectiva de un dios para entenderlas.

Por el otro lado y en paralelo, Ellis se saca de la manga *The
Authority*, donde encontramos a un personaje gemelo de Elijah
Snow, de *Planetary*, que también nació en 1900 y que por tanto
también es el «espíritu del siglo XX». Tanto un cómic como el otro
plantean un cambio de siglo totalmente abarcador: en el tiempo
(todo un siglo) y en el espacio (todo el planeta). Las aventuras de los
héroes no se limitan a una ciudad ni a un país, tienen que ver con la
Tierra, pero ese límite tampoco es respetado, porque esta es sólo
una de las piezas de un reloj multiuniversal, en perpetua interacción. Los arqueólogos de *Planetary* trabajan incesantemente con
sus superpoderes para reconstruir el sentido secreto, a partir de los
restos que van encontrando; pero su hermenéutica es insuficiente,
porque el sentido es infinito; al menos mientras Elijah Snow no recupere su memoria, que es la memoria de todo el siglo. Lo interesante es que desde la perspectiva postposmoderna de Ellis, el siglo XX no es una construcción histórica, sino una construcción
subgenérica (uno de los personajes, The Drummer, puede leer
cualquier información en cualquier soporte y manipularla). Su arqueología es una arqueología de la memoria de la literatura popular. Iconoclasta y brillante. Descarada. Indiana Jones metatextual.
Mientras tanto, complementariamente pero en sentido inverso, los
miembros de La Autoridad, el Gran Hermano ejecutivo, trabajan

en la construcción de un futuro en que los superhéroes ya no van a volver a caer en los errores que cometieron en el siglo de cómics anterior. Todo por el pueblo (los terrícolas o terrestres) pero sin el pueblo (cuando quieren comunicar alguna decisión conectan La Nave con todas las emisoras de información del planeta, en todos los idiomas, en todos los códigos e informan directamente de qué están haciendo a todas nuestras conciencias). En una de sus primeras aventuras, La Autoridad borra del mapa a un dictador asiático; en otra, comete un deicidio; más adelante, ocupará literalmente el gobierno de Estados Unidos. Tanto esta suplantación como el deicidio sólo tienen una función retórica: que el deicida sea coronado como un nuevo dios. Esa posición se revelará como igual de incómoda y de difícil que la que sostenían los héroes del siglo xx.

Además de la introducción de palabrotas en el lenguaje de los superhéroes, la violencia extrema o la perspectiva supramoral, *The Authority* destaca por su inclusión de una relación homosexual en el grupo. Los superhéroes salen del armario. Apollo, cuya energía superhumana surge de la energía solar, y Midnighter, un vigilante con habilidades de lucha amplificadas, mantienen una relación amorosa estable. La unión emocional y sexual del superhéroe máximo (Apollo puede volar por el espacio cósmico, no necesita respirar) y del humano luchador (el parecido con Batman está incluso en el traje oscuro) constituye una síntesis del conflicto posmoderno elaborado por Moore y por Miller. El Dios del Sol y la Media Noche. Las nupcias del Cielo y del Infierno en el Purgatorio que los enlaza y les da sentido.

*The Authority* es el reverso exacto de *The Ultimates*, el reformateo de Marvel para entrar en el siglo xxi. Que todo cambie para seguir exactamente igual. El líder del nuevo supergrupo es el Capitán América, que se ha pasado más de medio siglo congelado, desde que salvó al mundo de la bomba atómica de los nazis. Es decir: la estrategia consiste en tratar de resucitar el espíritu del cómic previo a la segunda gran guerra y transplantarlo, abruptamente, a nuestro siglo. La propuesta trata de reactualizarse mediante la normalización de la transgresión: los personajes hablan con palabrotas, tienen asesores de imagen, viven con glamour, aceptan sin aspavientos todos los imperativos de nuestra tecnificada sociedad de consumo e incluso son alcohólicos o maltratan a sus parejas. Es decir, se sitúan en la línea en que primero Moore y Miller, y más tarde Ellis, decidieron que habían de situarse los superhéroes contemporáneos, para conectar con el público mayoritario que le es propio. Pero, al contrario que el súper-grupo The Authority, el súper-grupo The Ultimates depende –una vez más– del gobierno de Estados Unidos. Son oficiales. Y la oficialidad, es sabido, es el mejor antídoto contra la transgresión.

* * *

Obviamente, el cómic de superhéroes buscó estrategias de supervivencia (dentro de la excelencia) tras la doble apoteosis gráfica que significó *Planetary* y *The Authority*. Entre las más interesantes estuvo una nueva vuelta de tuerca: la que firmó Ed Brubaker en la serie *Sleeper*, que se inscribe en el mismo Universo Wildstorm de los dos cómics mencionados.

La reacción a la posición de dioses que adoptan los Authority tiene su respuesta en esta historia de luchas convulsas entre Operaciones Internacionales, una suerte de CIA con agentes posthumanos, dirigida por el telépata John Lynch, y la organización terrorista liderada por un criminal con poderes psíquicos llamado Tao. El esquema tradicional (los buenos y los malos) se rompe desde el principio: los métodos de ambos son exactamente los mismos. Sólo en los supuestos objetivos hay un margen de discusión: Tao busca el caos; Lynch busca el orden. Una supuesta búsqueda del orden que, no obstante, permite la perpetuación del imperialismo norteamericano y que no tiene ningún tipo de escrúpulo en asesinar indiscriminadamente para llevar a cabo planes sumamente maquiavélicos.

La violencia y el sexo son las razones de ser del apocalipsis de los superhéroes ideado por Brubaker. Su protagonista es un topo, un infiltrado, llamado Carver, en principio a las órdenes de Lynch, en la organización de Tao (quien, no en vano, «puede ser considerado el ser más inteligente del planeta»). Su confusión es total cuando Lynch entra en coma y, por tanto, pierde su única conexión con su verdadera identidad; de modo que, junto a su amigo Genocide y su amante Miss Misery, encarnaciones de la abyección total, se dedica al homicidio y a la violencia gratuita con muy pocos resquicios de duda. Los necesarios para que no se pierda totalmente su humanidad. Tao es un experimento de laboratorio, nacido de una probeta, sin madre ni padre. Como el propio Carver, fue creado por Lynch, quien autorizó tanto el experimento del primero como el proceso de deshumanización del segundo. La lucha entre Lynch y Tao, por tanto, es entre padre e hijo, además de entre Estado y terrorismo, imperialismo y anarquía, violencia justificada y violencia injustificable. El gran acierto de *The Sleepers* es que Carver se pasa la mayor parte del relato en el bando de Tao, en el submundo de los supervillanos, en los bares donde juega a billar con Genocide, en los callejones donde Miss Misery apalea mendigos o se folla y asesina a taxistas para acumular poder destructivo. Si *Watchmen* y *Batman: el señor de la noche* se sitúan en un lugar posterior a la caída del cómic de superhéroes, posmoderna; si *Marvels* hace una crónica de la historia de los superhéroes y de su distancia con la humanidad desde la mirada del testigo humano; si *The Authority* divorcia completamente la esfera de los hombres y la de los superhéroes; si *Planetary* muestra que tanto un mundo como el otro son sólo ruinas, lagunas de memoria, que sólo pueden ser observados desde una distancia post-posmoderna y arqueológica; *Sleeper* crea un mundo del superhampa y le da el protagonismo a *los otros*, los que siempre pierden, los que no pueden ser de otra manera (psicópatas, asesinos en masa, amorales, como Miss Misery, que no quiere redimirse, que no quiere cambiar). El género sigue encontrando formas de sobrevivirse. La reflexión sobre qué parcelas cubre *The Authority* y cuáles deja descubiertas, lleva a la siguiente reflexión: «A alguien como Authority este grupo les debe parecer tan amenazador como la realeza británica». Se refiere a la organización secreta que, supuestamente, regula todos los tráficos ilegales a escala internacional. No se disfrazan, no son gigantes, no son alienígenas, no llevan a cabo ataques masivos: son invisibles para un supergrupo que vive en órbita de la Tierra y tiene, por tanto, una perspectiva aérea, parcial, usurpada a los dioses.

En *Coup d'état*, el cruce entre Tao y The Authority, el presidente de Estados Unidos es manipulado por el criminal, de modo que el súper-grupo decide ni más ni menos que dar un golpe de Estado. En potencia, La Autoridad tendía desde sus inicios hacia el autoritarismo. Pocas veces un cómic ahondó tan radicalmente en el abismo que separa lo humano de lo súperhumano. Un abismo que, epidérmicamente, está desde el primer Superman: el disfraz y la máscara eran las metáforas de una diferencia que en el primer superhéroe se encuentra por debajo de la piel. En *Point Blank*, la miniserie que preparó secretamente la gestación de *Sleeper*, el posthumano Cole Cash recurre a los miembros más accesibles de The Authority para conseguir información. Se entrevista, en un tugurio gay, con Midnighter, y en una azotea con el líder del súper-grupo, Hawksmoor. Uno con máscara; el otro a rostro descubierto. Los dos vestidos de negro. Después va a un bar de supervillanos y piensa: «Nunca entenderé las modas de los supervillanos, consiguen que el disfraz de superhéroe medio parezca algo con clase. Claro que a mí, la verdad, nunca me ha gustado lo de los disfraces». Su uniforme, como miembro del supergrupo WildC.A.T.s, pertenece a los años noventa. En su reaparición en el siglo XXI actúa a rostro descubierto.

Absolutamente autoconscientes de su procedencia, de su textualidad gráfica, los superhéroes del siglo XXI han dicho adiós a las máscaras y se han politizado, para poner en jaque a nuestro presente. Como ha escrito Mercedes Bunz en *La utopía de la copia. El pop como irritación*: «Una ficción de futuro esboza lo que podría pasar. La utopía, por el contrario, no apunta al futuro. La utopía existe exclusivamente para mantener en jaque el presente, para desordenarlo». Persiguiendo el orden, los superhéroes llevan casi un siglo generando caos. Seres pop por excelencia, su pervivencia está asegurada en nuestro mundo completamente enmascarado y vacío de Dios.

※ ※ ※

En su libro de conversaciones con Frank Miller, Will Eisner dice que desde sus inicios Superman y Spiderman están caracterizados como artistas de circo, porque salieron «a la palestra en una época en la que este negocio era puro circo». Las acrobacias y el traje de esos personajes, por tanto, se deben a una representación de Nueva York como escenario circense: «La razón por la que las películas tienen tanto éxito es porque son circenses: tipos que caminan en cables a gran altura, que vuelan por el aire, que flexionan sus músculos. En *Superman* pasa eso, en *Batman* también, es lo mismo. Los primeros dibujos de Bob Kane de Batman se inspiraban en los seriales del cine mudo». Esa gimnasia, junto con sus trajes ajustados y sus máscaras, que ha sido emblemática del subgénero durante todo el siglo pasado, fue completamente eliminada de *Heroes*, la teleserie de Tim Kring.

El cambio de dimensión narrativa –del cómic y el cine a la tele– obligó a esa supresión: si las teleseries de acción de los años ochenta y noventa eran eminentemente circenses *(Knight Rider, Street Hawk, The A-Team, MacGyver)*, en las del siglo xxi apenas encontramos acrobacias o dobles saltos mortales sin red. Después de *The Greatest American Hero* las teleseries superheroicas difícilmente podrían seguir apostando por el disfraz. No es de extrañar que, audiovisualmente, el antifaz se haya vinculado en el cambio de siglo con la familia superheroica: la película de animación *The Incredibles* condujo a la producción familiar de Disney *High Sky*, que a su vez llevó a la serie *No Ordinary Family*. La eclosión de historias superheroicas de carácter familiar se ha visto completada por la aparición, en formato de cómic, de anodinos adolescentes que se ven involucrados en aventuras de superhéroes como quien no quiere la cosa. Su éxito se observa en la rápida adaptación cinematográfica: *Kick Ass* y *Scott Pilgrim vs. the World*.

Tras leer las páginas precedentes se adivina la afirmación que sigue: en *Heroes* casi nada es nuevo. Los poderes mutantes, las tácticas narrativas, incluso el salto al futuro del capítulo 20 provienen de la larga tradición contemporánea de los cómics de superhéroes. Un ejemplo entre cien: el plan de la destrucción de una parte de Nueva York, como estrategia para lograr que la humanidad estreche sus lazos de solidaridad, está clonado del final de *Watchmen*.

Las diferencias respecto a la tradición gráfica son dos y en ellas se calibra la originalidad de *Heroes*: por un lado, el tratamiento del tema generacional, que implica la victoria del individuo (de su fe en la subjetividad) sobre el destino impuesto por sus mayores, en la defensa de que el fin no justifica los medios. Aunque en la historia del cómic haya casos emblemáticos de padres e hijos en tensión, la orfandad de Superman o de Batman, o la tía indefensa de Spiderman emergen como modelos de relación intergeneracional. En cambio, en *Heroes* existe un novedoso e importantísimo tratamiento del tema de la herencia y de la emancipación: la generación paterna ofrece un legado, al tiempo que se resiste a entregarlo, duda de la madurez de la generación filial, manipula, adultera, se resiste a aceptar su fracaso. Este tema se elabora mediante una protocombinatoria que rige la serie y que se puede resumir así: en *Watchmen* es El Hombre Más Listo del Mundo quien trama la destrucción de Nueva York con fines terapéuticos, de modo que el que planifica y el que ejecuta es la misma persona, que pertenece a la generación de los superhéroes retirados y, en su caso, vendido al marketing y a las finanzas, mientras que en *Heroes* el plan ha sido tramado por esa generación paterna –de presencia casi fantasmal en toda la serie–, pero debe ser ejecutada por sus hijos, en lo que interpreto como la injerencia de estructuras melodramáticas, propias de la telenovela americana (del norte y del sur), y sobre todo de la teoría de la conspiración, que incluye un posible presidente de Estados Unidos, desgarrado entre los principios éticos y la presunta moral heredada, como hombre volador (la sombra de Superman, que deviene un personaje imposible en el siglo XXI). Una lectura de ese conflicto generacional (los héroes de nuestro siglo se contraponen a los héroes abortados del siglo anterior) sería la siguiente: la nueva generación de superhumanos, creada directamente en soporte audiovisual, no necesita, como la precedente, de la máscara. En varios momentos de la serie, los personajes se ríen de la posibilidad de disfrazarse para actuar. A rostro descubierto, desde el principio hasta el final, como los protagonistas de cualquier culebrón: así se enfrentan a su destino.

La segunda gran diferencia radica en el propio formato: la televisión y sus exigencias de mercado. La lectura de esa doble tradición (la del cómic y la de la televisión) que hace *Heroes* se explicita en la propia obra. En un ejercicio de honestidad más que loable, la producción pictórica del visionario Isaac Méndez, que también adquiere forma de cómic, se convierte en el guión implícito del destino de los personajes, cuyas acciones dependen claramente de lo que ven y leen en esos textos. El homenaje se hace aún más rotundo en los dos últimos capítulos de la serie, cuando el niño que habla con las máquinas (como uno de los tres componentes del grupo Planetary que creó Warren Ellis) elogia el valor del número uno de *Silver Surfer*, que le ha regalado su carcelera, cuyo poder consiste precisamente en alterar la imagen de las cosas. El niño acaba de intentar escapar y se ha encontrado en un bucle circular, cada vez que sale de la habitación/celda al pasillo vuelve a entrar, sin pretenderlo, en la misma habitación. En el televisor se proyecta una serie de dibujos animados que muestra siempre la misma escena.

De ese *loop* televisivo quiso salir *Heroes* con su apuesta por el reciclaje. La obra nueva surge de la combinación inédita de elementos viejos. Este caso no es una excepción.

* * *

Después de *Heroes* las series de superhéroes se multiplicaron exponencialmente a partir de personajes y mundos creados previamente en forma de viñetas. Durante los siguientes quince años y en paralelo a las adaptaciones seriales de personajes de los universos Marvel y D.C. –como Flash y Batman, Ojo de Halcón o los agentes de S.H.I.E.L.D.–, también se estrenaron series sobre superhéroes ajenos a esas franquicias, desde *The Boys* hasta *El vecino* (el tebeo español de Santiago García y Pepo Pérez), pasando por *American Gods* (que proviene de la novela homónima de Neil Gaiman, también adaptada a cómic).

Si tuviera que escoger un canon de excelencia posterior a *Heroes*, tal vez me decidiría por el sorprendente realismo documental de *Daredevil*, la psicodelia estética y conceptual de *Legion*, la capacidad para traducir visualmente las viñetas originales de *The Umbrella Academy* y –sobre todo– las aportaciones narrativas de *WandaVision* y *Watchmen*.

Creada por Jac Schaeffer, la serie de Disney+ sobre Wanda Maximoff y Visión anuncia en el título la arriesgada pirueta que lleva a cabo la trama. Lo que vemos durante los primeros capítulos es sobre todo la visión de Wanda, su punto de vista, el hechizo que ha creado a partir de su matrimonio con Visión. Por arte de magia ha convertido su vida en una comedia de situación que va mutando según avanzan, aceleradamente, las décadas. Empieza en el blanco y negro de los años cincuenta, como *I Love Lucy*, y acaba en color, como *Malcolm in the Middle* o *Modern Family*. El espectador se sorprende ante ese tipo de estética y de narrativa, hasta que va comprendiendo que la acción se sitúa en realidad tres semanas después del final de la película *Avengers: Endgame* y que la Bruja Escarlata ha secuestrado a un pueblo entero y ha convertido a sus habitantes, contra su voluntad, en los extras de una serie anacrónica e imposible. La razón es —una vez más— el duelo: no acepta la muerte de Visión y su negación la lleva a crear ese mundo simulado y feliz, que tiene los días contados.

También *Watchmen*, de Damon Lindelof, extrae oro artístico de una mina que podía parecer agotada. Ambientada en los disturbios raciales de Tulsa, Oklahoma, de 2019 —treinta y cuatro años después de los hechos que narran Alan Moore y Dave Gibbons en su obra maestra— la serie hace convivir personajes nuevos, como Sister Night, con clásicos como el Doctor Manhattan y Ozymandias. Lo hace con un estilo visual muy fuerte, que se puede leer como el giro manierista de las viejas viñetas, y con un guión barroco, que sigue el camino abierto por el de la novela gráfica. O por el de *The Leftovers*.

Dialogar con los maestros, actualizar la tradición, acoger en el universo propio elementos ajenos, dar el pase del testigo: de eso se trata, siempre.

# Doce apuntes para un ensayo sobre *The Sopranos* como tragedia que no escribiré

## 1

Dos preguntas para empezar: ¿Se puede decir que Tony Soprano es un héroe trágico? ¿Podría afirmarse que *The Sopranos* es una tragedia?

## 2

Según el filólogo francés Jean Bollack, Antígona no es la heroína trágica de la obra homónima, sino que ese papel le corresponde a Creonte. La argumentación que sostiene en las páginas de *La muerte de Antígona*. *La tragedia de Creonte* es contundente: mientras que la hermana sigue la ley religiosa y no la natural, porque la inhumación es un deber religioso, se sumerge en un delirio cuyo discurso sofista no puede ser rebatido mediante la razón, entierra a sus hermanos y no duda en desafiar la ley humana promulgada por su tío, este vacila, duda en voz alta, abusa del poder, defiende la ley y por tanto la *polis*, «su paternidad rueda por los suelos como la de Edipo», es un ser escindido y por tanto trágico. La soledad del héroe es más poderosa que la disputa, «ya que se uniría de un modo más íntimo con la verdad del fracaso». Los siglos, y con ellos la visión cristiana del mundo, han convertido a Antígona en una santa y a Creonte en un tirano. Pero este ejerce un poder estrictamente monárquico, casi constitucional, y aquella es una mujer terca, obsesionada con el derecho mítico de ultratumba. El suicidio de Antígona es un castigo y una prueba para Creonte, quien mira hacia el futuro mientras Antígona se obstina en reivindicar la sinrazón del mito, del pasado.

3

Deleuze y Guattari, en *El anti-edipo*, leyeron la tragedia de Sófocles y su interpretación freudiana como una manera de controlar el deseo, de mantenerlo en el seno de la familia y para que «se desenvuelva como un pequeño drama casi burgués entre el padre, la madre y el hijo», como dijo Foucault. La tragedia clásica, por tanto, pasada por el filtro de la sociedad vienesa, centroeuropea, del cambio del siglo xix al xx. El complejo de Edipo sería una forma de control de nuestro deseo: circunscribirlo, limitarlo, para controlarlo. En *La verdad y las formas jurídicas*, Foucault plantea la tesis siguiente: *El anti-edipo* es una obra representativa de cierto «tipo de relación entre poder y saber, entre poder político y conocimiento, relación de la que nuestra civilización aún no se ha liberado». Tras un sucinto repaso de la verdad jurídica en Grecia (mediante las formas de la comprobación, el testimonio, la indagación, la inquisición o el juego de prueba: el desafío), el filósofo francés afirma que «Edipo es el hombre del poder». Su acción es la tragedia del poder y del control del poder político. Los grandes gobernantes griegos accedían al poder porque poseían un conocimiento superior. Edipo resolvió el enigma de la Esfinge. Pero la obra de teatro habla, justamente, de quien por saberlo todo no sabía nada. El político comenzó a ser el hombre ignorante: «Occidente será dominado por el gran mito de que la verdad nunca pertenece al poder político, de que el poder político es ciego, de que el verdadero saber es el que se posee cuando se está en contacto con los dioses o cuando recordamos las cosas, cuando miramos hacia el gran sol eterno o abrimos los ojos para observar lo que ha pasado». El mundo de las ideas. La mayéutica de Platón. Foucault concluye que es un falso mito: el conocimiento es poder y el poder está entramado con el conocimiento. En todo saber está en juego la lucha por el poder.

## 4

Dos dudas metódicas: ¿Hasta qué punto pueden aplicarse conceptos del pasado a lecturas del presente? ¿Dónde termina la interpretación y dónde empieza la sobreinterpretación?

## 5

*The Sopranos* comenzó a emitirse en 1999 y concluyó en 2007; es decir, estuvo en pantalla en la fase final de la presidencia de Bill Clinton (la marcada por el caso Lewinsky) y durante gran parte de los dos mandatos de George Bush (con sus mentiras para justificar invasiones). Unos años en que la verdad estuvo más reñida que nunca con el poder político. Monica Lewinsky fue la primera testigo de la historia en impugnar una declaración jurada de un presidente de Estados Unidos. Sadam Hussein no poseía armas de destrucción masiva en 2003.

Después llegó la posverdad, pero eso es otra historia (o la cara B de la misma).

## 6

Tony Soprano accede a su posición de poder de forma legítima y, según las leyes no escritas de la organización mafiosa, es un buen líder. Pero su ejercicio del poder no es guiado por el conocimiento, sino por la intuición.

Su problema principal es la confusión que existe en su *empresa de gestión de residuos* entre empleados y parientes y amigos, entre subalternos y familiares. Provoca una jerarquía movediza, que empieza por la relación hamletiana que mantiene con su tío y el complejo de Edipo que lo vincula con su madre, en una época a caballo

entre el viejo estilo y los nuevos tiempos. La existencia de una familia mafiosa presupone, además, familias rivales y, por tanto, la
posibilidad de una guerra. De guerras puntuales, mientras se mantiene, constante, el conflicto familiar y el interno. La madre de
Tony, Livia, significa la familia napolitana de principios del siglo XX, una forma salvaje de entender el poder, asociada a valores
familiares que no pueden ya sostenerse, sobre todo cuando se entre-
lazan con la demencia senil.

La escisión exterior se traduce en la escisión interior que ator-
menta a Tony Soprano. Esta se manifiesta desde el capítulo piloto
gracias a una apuesta ganadora formulada en el guión: un mafioso
dialoga con una psicoanalista. El recurso dramático permite localizar
el problema central del personaje. Su inseguridad. Sus grietas. En su
contexto vital, las conversaciones de Tony son eminentemente domésticas, de modo que la reflexión metafísica y filosófica penetra en
la ficción gracias a la terapia. El miedo, la familia, la fidelidad, la
violencia, los sueños, las obsesiones, la duda: los temas profundos
van circulando en esas conversaciones en paralelo a los asesinatos,
las disputas domésticas, las palizas, las putas, la droga, el chantaje
o los problemas adolescentes.

7

La doctora Melfi le pregunta a Tony Soprano si cree que irá al infierno y él le responde:

–¿Qué? ¿Al infierno? Somos soldados y los soldados no van al
infierno.

Si hay un concepto que une las cinco temporadas de *The Wire* es
el de *cadena de mando*. Todos los grupos que se retratan en la teleserie se organizan mediante esa premisa militar: los policías, los
políticos, los profesores, los periodistas y los narcotraficantes (no en
vano se denominan «soldados» o «tenientes» según su posición
en la jerarquía). El avance en ese escalafón suplanta al tiempo cro-
nológico dentro de la ficción: no importa si pasan dos o cinco años,
lo realmente importante es si el teniente es ascendido a coronel o si
el periodista es nombrado editor. La cadena más sólida y más frágil

a un mismo tiempo es la de los delincuentes: el poder cambia de manos, radicalmente, tres veces en cinco temporadas. Esa aceleración violenta se vincula con la irrupción del accidente en la jerarquía: la traición –el auténtico motor de la trama. Lo mismo podría decirse de *The Sopranos*, con una diferencia crucial: en la obra de Simon y Burns no hay protagonista central. Tony, en cambio, no puede morir. Tony no puede desaparecer durante varios capítulos. Se pasa una temporada entera en coma y asistimos a sus devaneos oníricos, porque el cuerpo del protagonista debe seguir presente en una ficción serial.

8

Como en *Mad Men* –que ya he dicho que puede leerse como la *evolución* de *The Sopranos*–, el problema central de cada personaje va a ir creciendo exponencialmente a medida que pasen las temporadas. Si la impostura de Don, la insatisfacción de Betty o la relación de pareja de Joan se vuelven, con el paso de los años, más complejos y menos llevaderos; lo mismo puede decirse de la inseguridad de Tony, el adulterio de Carmela o la soledad de Adriana. Obviamente, la complejidad y la zozobra se alimentan de mentiras. Capas y capas de enmascaramiento. La cuarta temporada de *Mad Men* es absolutamente magistral porque da un giro de tuerca a esa dinámica intrínseca. Después de un ataque de pánico, Don le confiesa su impostura a Faye, su pareja. Se libera de su carga, deja de ser Sísifo. El amor como espacio de la sinceridad: el alma desnuda. Pues no. Don abandona a Faye, se compromete y se casa con su secretaria, quien no conoce su otro yo y no obstante le dice, mirándolo a los ojos:
–Sé quién eres.
Una mentira, eso es; una mentira entre tantas otras, una mentira encantadora, como un regalo (como un don), pura forma hipnótica, fascinante, que enmascara –como los banquetes de *Macbeth*– muchísima podredumbre. El mismo esquema se puede aplicar a *The Sopranos*. También Tony sufre ataques de pánico. El adulterio de Carmela es un proceso mucho más lento que el de Betty, por la educación católica del personaje italoamericano. No es casual que

su primer devaneo erótico, no realizado, sea con el sacerdote de su parroquia; ni que la relación sexual con el decorador estadounidense Vic Musto no sea satisfactoria. Y que, en cambio, se enamore locamente de Furio. Un amor que no llega a concretarse, pero supone igualmente una amenaza para la vida del «soldado» de su marido, que provocará el regreso de Furio a Italia, su huida.

## 9

El cristianismo es el gran fenómeno histórico que ha condicionado la tragedia durante los últimos dos mil años. Tanto el *Antiguo* como el *Nuevo Testamento* son relatos trágicos de carácter ejemplar, que pretenden comunicar un orden, un sentido trascedente. Ha escrito Bollack que, en cambio, «la tragedia no desemboca en una ruptura ni en un precipicio, no se abre a ningún tipo de trascendencia», porque «el mundo, incluso el de Sófocles, está abierto al debate» y está «vacío». Según el filólogo francés, la comparación entre la tragedia de Edipo y la de Creonte, con «la historia de los reyes, su cólera y su testarudez suicida, da la impresión, en las tragedias tebanas, de una monotonía terrorífica».

## 10

El conflicto, la conversación en red de las series.

El sociópata Tony Soprano, el cobarde Don Draper: el abismo vacuo, el infinito asco que hay tras la fascinación que ejercen en nosotros los personajes.

La terrorífica monotonía de las series.

## 11

Las obras teatrales de la Antigüedad acontecían en un día, el día de la revelación. Las teleseries contemporáneas se extienden durante años: los que dura el psicoanálisis de sus protagonistas o una investigación infinita, sin resultados estimables, sin culpable único, sin grandes cambios.

Si Edipo fue el primer detective literario y, tras su investigación, decidió arrancarse los ojos, Tony Soprano se puede leer como una deformación actual de la figura del detective. Porque la serialidad contemporánea ha desplazado a ese arquetipo del centro en que tradicionalmente se encontraba. Los protagonistas de *Remington Steele* se despidieron de la pequeña pantalla en 1987, y los de *Moonlighting*, dos años después; entre ambos, desapareció *Magnum;* tras cuarenta años de existencia, en cuatro teleseries y en muchos otros productos narrativos, Mike Hammer murió en 1998, y en 2005 se intentó resucitar sin éxito a Kojak. Son muy escasas las series del siglo XXI con un detective privado como protagonista (por ejemplo, *Monk*, una comedia); en la mayoría, la figura aparece en un segundo plano, como empleado y, por tanto, como instrumento ejecutivo. Se encarna en Kalinda *(The Good Wife)* o en personajes todavía más secundarios, como los U.S. Marshals *(Sons of Anarchy, Person of Interest)* o como los detectives que aparecen esporádicamente en *Damages, The Shield* u *Ozark.* Porque el lector central de las series, por lo general, es un médico, un abogado o un policía. De no pertenecer a esas categorías profesionales, el protagonista (náufrago, director de funeraria, narcotraficante o creativo publicitario) no tendrá acceso a una lectura de conjunto. De modo que un mafioso, obligado a interpretar constantemente la realidad circundante para tomar decisiones que aseguren tanto el negocio como la supervivencia, sin nadie cercano que interprete por él las situaciones, tomará la decisión de indagar en su crisis personal, en ser detective de sí mismo.

12

Tony Soprano está solo y en las series del siglo XXI no existen figuras capaces de contrapesar con luz la oscuridad de los trágicos héroes protagonistas.

El universo trágico es un universo perpetuamente en crisis. Como Creonte, Tony se verá enfrentado una y otra vez a dilemas trágicos: tendrá que escoger entre el afecto personal y la ley de la mafia; entre la familia y la supervivencia; entre su madre o su sobrino y el negocio. Siempre se inclinará por la segunda opción. En el rostro del actor James Gandolfini veremos el dolor que conlleva. Tras el accidente de tráfico, Tony asfixia con sus propias manos a Christopher, su sobrino agonizante, en quien ha proyectado su sucesión ante las continuas muestras de debilidad que le ha dado su propio hijo. Cuando descubra que su madre le ha traicionado, el mismo dolor retorcerá las facciones del personaje. La investigación en sí misma, que se muestra en los diálogos con la doctora Melfi y en la presencia de elementos claramente freudianos (como el caballo o los gansos), le lleva una y otra vez a arrancar los ojos de los otros para no tener que hacerlo consigo mismo.

# Mad Men & Beautiful Women

Al ofrecer a los narradores jóvenes y sobreeducados una
visión exhaustiva de la hipocresía con que América se veía a
sí misma alrededor de 1960, la televisión en sus principios
ayudó a legitimar el absurdismo y la ironía, no solamente
como recursos literarios, sino como respuestas insensatas a
un mundo ridículo.

DAVID FOSTER WALLACE,
*Algo supuestamente divertido que no volveré a hacer*

A finales de los años sesenta y principios de los setenta se produce
en Estados Unidos un profundo cambio en la industria televisiva.
Los anunciantes y las agencias de publicidad pasan de interesarse
por el televidente generalista a hacerlo por los diferentes tipos de
consumidor que consumen diferentes tipos de programa. La Gran
Audiencia Americana se transforma entonces en un sinfín de pequeñas audiencias americanas. Los estudios de mercado demostraron
que los productos que se anunciaban en televisión eran sobre todo
comprados por hombres y mujeres de entre dieciocho y cuarenta y
nueve años, que tenían estudios y vivían en ciudades; de modo que
los anunciantes se interesaron progresivamente por este sector de-
mográfico, por ese perfil sociológico: y la producción televisiva se
fue adaptando a ellos. Por ese motivo las comedias pasaron de tener
ambientación rural a ser eminentemente urbanas. En ese tránsito

del campo a la ciudad se ha cifrado la emergencia de la televisión de calidad. En esos años nacen las teleseries de culto. *Mad Men* enfoca el preámbulo de ese momento clave del medio. Aunque trate también otros muchos temas, la teleserie habla de la época en que el televisor se empezó a convertir en el electrodoméstico central de nuestras existencias. Si en la primera temporada la publicidad en pantalla es una nueva tendencia que no merece más que la desconfianza de Don Draper, el director creativo de la agencia Sterling Cooper y protagonista de la teleserie, en la cuarta –convertido ya en socio de Sterling Cooper Draper Pryce– recibe, en una gala en el hotel Waldorf, un premio Clio al *Mejor Anuncio Televisivo de Limpiador, Encerador y Pulidor*, por la campaña de Glo-Coat. Y dos temporadas más tarde es su nueva esposa, Megan, quien es premiada en esa misma gala como actriz en un anuncio. En tan sólo ocho años, entre 1960, cuando comienza la serie, y 1968, en que se ambienta la sexta temporada, el mundo de la publicidad se ha transformado completamente.

Quizá uno de los conceptos clave de la teleficción de nuestros días sea el de *profundidad*. No se trata meramente de una cuestión de metraje, es decir, no sólo tenemos personajes y tramas profundas porque los guionistas disponen de muchas horas de acción para desarrollarlas. Hablo de algo más abstracto. Hablo de la capacidad que tienen ciertos espacios y sobre todo ciertos personajes de penetrar en la conciencia del lector, de convertirse en *familiares*, tanto en su miseria como en su esplendor. Esos dos polos se alternan en las escenas memorables de las teleseries, aquellas que –después del capítulo final– asociamos en la memoria, con una sacudida de adrenalina sentimental, con ciertos nombres y ciertos títulos. Las escenas memorables de *Mad Men* se podrían clasificar en dos tipos. Por un lado, las que llamaría *literarias*. Se trata de momentos en que o bien un diálogo o bien un gesto ponen ante nuestros ojos, de pronto, las letras, las palabras del guión a cuya plasmación en imágenes estamos asistiendo. Un ejemplo entre muchos: un plano detalle subraya cómo los dedos de Don acarician la hierba durante una representación escolar de sus hijos, como si acariciaran los pies de la maestra que baila, descalza, con los niños, una danza de primavera (en un episodio no en vano titulado «Amor entre las ruinas»).

Mientras el matrimonio de Don y Betty se desmorona, el tacto de la hierba lo conecta no sólo con el objeto de su deseo, sino con sus propios orígenes, rurales, que él niega con su falsa identidad. El estilismo depurado, los símbolos tratados con obsesión hitchcockiana, el formalismo minimalista, los encuadres calculados hasta en el último pormenor se desvanecen durante un instante en nuestras pupilas, para ser reemplazados por el destello de la epifanía de Joyce, por la silueta del iceberg de Hemingway, por la sutileza de las conversaciones de Carver o de Cheever.

Otro ejemplo: el día que Joan, con un ramo de rosas en los brazos, le presenta a Greg –su prometido– a Roger Sterling –su examante–, ella le dice a este que tienen una reserva en un restaurante francés:

–Si odias la comida francesa… –le reprocha, impertinente, su jefe, y el rostro de Greg se contrae levemente.

–Hay un nuevo chef… –contesta inmediatamente Joan.

Se despiden. No queda nadie en la oficina. Bajo el pretexto de que le sirva una copa en el despacho de Don, porque ha «visto en las películas que beben continuamente», Greg acorrala a su novia.

–Sterling sabe muchas cosas de ti.

–Porque llevo aquí nueve años.

La atrae contra su cuerpo. No es el lugar adecuado, protesta ella. Es lo que te gusta, le dice él, con la rabia que incuba la sospecha. La acuesta sobre la moqueta y, pese a la resistencia de Joan, la viola.

–¿Ya estás lista? No quiero perder la reserva –dice él tras la elipsis, apenas ella sale del despacho.

–Sí, claro que sí –dice ella y, mientras se alejan, la cámara enfoca el ramo de rosas rojas, olvidado sobre el escritorio.

En el lado opuesto de la alusión al tacto de la hierba o al ramo de rosas, del detalle, de lo mínimo, tendríamos las escenas *históricas*, con sus grandes angulares. A través de la radio, de la prensa y de la televisión, las noticias de la época se van filtrando en el audio, mientras las imágenes se centran en los hogares de la clase media y alta y en las oficinas de Mad(ison) Avenue. En 1960 se inaugura la Mansión Playboy y John Fitzgerald Kennedy llega a la Casa Blanca (después del episodio 12, «Nixon vs. Kennedy»); es asesinado en 1963;

Martin Luther King gana el premio Nobel de la Paz en 1964, año
de la proclamación de la Ley de los Derechos Civiles y de la entrada
definitiva de Estados Unidos en la guerra de Vietnam: su magnicidio ocurrirá cuatro años más tarde. Y la serie terminará con la llegada del *Apolo 12* a la Luna en 1969.

Al focalizar un sector social muy determinado del Manhattan
y el conurbano de Nueva York en los años sesenta, la teleserie se
opone, a sabiendas, al imaginario predominante de esa época. Al
álbum de fotografías que todos tenemos en la recámara de nuestro cerebro: los beatniks, Elvis Presley, los hippies, el Che, las pro-
testas contra Vietnam, la Beatlemanía, Andy Warhol. La contra-
cultura. Pero la historia avanza como una segadora: a medida que
nos acerquemos a los años setenta los porros se volverán habituales en las dependencias de la agencia y cada vez habrá en ella más
secretarias afroamericanas.

La ideología que predomina en los Estados Unidos de los años
sesenta es bélica: Japón, Corea, Vietnam. A principios de la década
anterior, la revista *Life* hizo una encuesta para decidir el nombre de
los diez ídolos de la juventud norteamericana: junto a Louisa May
Alcott (que en 1868 publicó *Mujercitas*) y Florence Nightingale (la
decimonónica madre de la enfermería moderna), aparecían Abra-
ham Lincoln, F. D. Roosevelt y Douglas MacArthur. El 10 de enero
de 1964, la portada de la revista estaba dedicada a un retrato, con
pipa y libro, del propio MacArthur. La del 6 de marzo mostraba a
Cassius Clay (el protagonista indirecto del capítulo «La maleta» de
la cuarta temporada). El 28 de agosto, la portada era para The
Beatles, que volvían a Estados Unidos (y Don invita a su hija a
asistir a un concierto de su grupo favorito, dejando claro que se
sacrifica por ella: la brecha generacional es también una brecha representacional, el autocontrol del padre se contrapone a los gritos
eufóricos de la hija). El 27 de noviembre los soldados en Vietnam
ocupan la portada (y el marido de Joan la llama desde allí). El 25 de
diciembre, culminando un año en que el papa Pablo VI ha aparecido periódicamente en la revista, la portada es el *Moisés* de Rem-
brandt y el número está dedicado, por supuesto, a Dios. *Mad Men*
parece decirnos, con sutileza, como siempre ocurre en la serie, que
si la contracultura existió era porque existía una cultura dominan-

te. Una cultura sexista, racista, militarista, alcohólica, elitista, religiosa, imperialista. Perfectamente representada por las agencias de publicidad de Madison Avenue y por su clientela típicamente americana, como los hoteles Hilton o Lucky Strike. Una cultura que, por supuesto, se acabó agrietando y mutó: como todas.

Mientras el trabajo y la familia, pese a su separación espacial (Manhattan y el suburbio) o gracias a ella, se mantienen –bloques sólidos– al margen de los vaivenes contraculturales, el ocio, las fiestas, el adulterio, las aventuras nocturnas y la búsqueda de pareja protagonizadas por solteros –en cambio– conducen recurrentemente a ellos. Los intelectuales con ideas progresistas, los cronistas de los abusos policiales, los artistas influidos por Warhol o los personajes con parejas de otra raza son siempre ocasionales, presencias fantasmales en noches inverosímiles, carne de guateques en que alguno de los protagonistas ha acabado por casualidad o por equivocación. Las grietas que permiten que su mundo, oxigenado, parezca sólido. La presencia de la marihuana apunta en la misma dirección: Don sólo la fumaba cuando se encontraba, puntualmente, en la periferia de su mundo habitual, en compañía de una amante hippie o de la esposa del hombre a quien suplantó; pero acabará por llegar a los despachos. Volvemos al iceberg: siete octavas partes de la teleserie se centran en la Cultura Dominante y sólo la octava parte restante, a menudo de forma episódica o indirecta, nos habla de la Contra-Cultura. Como si la intención de Matthew Weiner fuera recordarnos contra qué mayoría lucharon los movimientos sociales de los años sesenta, quién tenía en sus manos la representación mediática del Imperio que acababa de dirigir la invasión de la Bahía de Cochinos y cuyos fanáticos radicales asesinaron tanto a JFK como a Martin Luther King.

Aunque sea vecino del de *West Side Story*, el mundo de *Mad Men* es anglo y falocéntrico. La supremacía blanca y masculina casi nunca es puesta en entredicho. Mediada la cuarta temporada, Roger y Joan son atracados en plena calle por un delincuente negro armado con un revólver; en cuanto se va y se sienten a salvo, sumamente nerviosos, follan, de pie, en una esquina. Greg, el marido de Joan, está en el ejército. Ella se queda embarazada y no hay duda de que el padre es Roger. Por tercera vez en su vida, se dirige a una clínica, a sabiendas de que eso puede significar que no pueda ser madre. Es difícil no ver en ello una reafirmación del millonario Roger Sterling tanto respecto al Hombre Negro como respecto a la Mujer Blanca, no en vano su subordinada. En la quinta temporada, de hecho, Joan se separará de su marido y se prostituirá con un cliente de la agencia para acceder a una plaza como socia. Mientras su soledad es incómoda, la de Roger es fértil: tras una sesión de LSD decidirá abandonar a su joven esposa y más tarde acudirá a sesiones de psicoanálisis para apuntalar aún más su yo.

Durante los años cincuenta, la Generación Beat vio en los barrios negros de Nueva York una reserva espiritual de los ritmos africanos que habían mutado en el jazz, mientras había bares de Manhattan donde no se servía a los afroamericanos. En esa misma época se estrenó *I Love Lucy*, la primera *sitcom* que mostró a una pareja interracial: la blanca Lucy y el cubano Ricky Ricardo. En el capítulo final de *The Fresh Prince of Bel-Air*, ya en los años noventa, aparecieron como personajes invitados *The Jeffersons*, es decir, los protagonistas de la teleserie con protagonistas afroamericanos que más años ha estado en antena, exactamente desde 1975 hasta 1985. No es casual ese homenaje si se tiene en cuenta el vínculo de clase: en ambos programas los personajes vivían en acomodadas zonas residenciales. En *Good Times*, en cambio, encontrábamos a los personajes alojados en viviendas de protección oficial de Chicago, en el inicio del camino que conduce a las esquinas marginales de Baltimore representadas en *The Wire*. En paralelo, aunque con cierta demora, *Enredo* fue la primera *sitcom* con un protagonista gay; *Thirtysomething*, la primera en mostrar a dos hombres en la misma cama, y *Ellen*, la primera en tener una protagonista lesbiana. Ese es el camino que conduce a la eclosión de la británica *Queer as Folk* precisamente en el año 2000. Quizá sea la figura de Omar, el primer justiciero negro y *queer* y suburbano de la historia de la televisión, el aquelarre de ambas vías.

En la representación televisiva, por tanto, la prehistoria del vector racial y la del vector de género se entrecruzan en los años setenta. Ese cortocircuito está muy presente en *Mad Men;* pero no de forma explícita, sino como tormenta que se aproxima por el horizonte. Como la tormenta interior que azota a Peggy Olson, en cuyo tibio inconformismo y su acción creativa se adivina la mujer del futuro. Aparecen varias mujeres afroamericanas como criadas y como novias o amantes de empleados blancos de la agencia de publicidad, una de ellas precisamente como conejita de un club Playboy. Su aparición en el capítulo noveno de la cuarta temporada hace todavía más explícito el segmento de población que retrata *Mad Men*. Paul B. Preciado ha estudiado en *Pornotopía* la emergencia y consolidación del Imperio Playboy, que surgió cuando el capitalismo de guerra mutó «hacia un modelo de consumo y de información del que el cuerpo, el sexo y el placer formaban parte». El primer club Playboy abrió sus puertas en 1960. Los clientes podían ver pero no tocar, a excepción de que poseyeran, como es el caso de Lane Pryce –el personaje británico de la serie– una *llave número 1*, que les permitía ser amigos de las conejitas y verlas (y tocarlas) fuera del recinto del club. Con la intención oculta de que su padre conozca a su amante, Lane lo invita al club y le pide a Don que los acompañe. Para extremar el contraste entre el anciano padre británico y la amante del hijo, ella no es sólo una conejita, sino que es negra. El género y la raza se combinan en un cóctel incómodo, todavía más conflictivo cuando descubrimos que entre ambos existe un amor sincero. Se lleva al paroxismo un caso anterior, el de Salvatore Romano, uno de los personajes secundarios de las tres primeras temporadas de la serie y el único miembro de la agencia de origen no anglosajón, gay reprimido. Tras varios escarceos, finalmente se casa. En su última aparición, en el tramo final de la tercera temporada, se encuentra en una cabina telefónica, en una zona frecuentada por gigolós y por homosexuales en busca de relaciones ocasionales, hablando con su mujer:

–No me esperes despierta… Yo también te quiero –le dice antes de desaparecer.

A diferencia de Salvatore, siempre extremadamente atildado y acicalado, el personaje gay que lo reemplaza en la siguiente temporada no utiliza afeites ni cosméticos, no viste ni como una mujer ni como un hombre. Joyce es una chica muy masculina, que no oculta su tendencia sexual. En la primera temporada ya se había insinuado que Carol, la compañera de piso de Joan, se sentía eróticamente atraída por esta. El aspecto de Patricia Highsmith en las fotografías que se conservan de sus veinte años, fumando, despeinada, con camisas de hombre, no difiere demasiado del de Joyce. Es sabido que en 1952 publicó, bajo pseudónimo, una novela sobre lesbianismo titulada *El precio de la sal*, que más de treinta años más tarde se editó con su nombre real y con un nuevo título: *Carol*. Dos formas posibles para una misma inquietud.

Mientras en las alturas de los rascacielos y en los elegantes restaurantes por donde se mueven los protagonistas predomina la Forma, en los sótanos de los hogares, de los apartamentos y de las habitaciones de hotel se impone el Caos. La geometría de los moños, la belleza de los vestidos y de los camisones, el interiorismo de los despachos, las rayas diagonales de las corbatas, los pechos piramidales o la policromía de los cócteles se contrapone, por tanto, a la necesidad de protección masculina, a la maternidad negada, a la adicción al alcohol y al trabajo, a la imposibilidad de construir o de mantener la unión de una familia. Mediante el subrayado constante de las formas perfectas, sometidas a la disciplina de una puesta en escena meticulosamente planificada, *Mad Men* no hace más que resaltar la imposibilidad de que un sistema tan formalista, tan encorsetado y tan injusto sea capaz de pervivir. La misma esquizofrenia entre la forma y el fondo se puede observar en el propio estilo visual de la serie: en un capítulo como «La otra mujer», de la quinta temporada, en que los planos de la cámara, el montaje y los saltos temporales del guión son articulados con igual virtuosismo, se nos describe cómo Joan se acuesta con un cliente, obeso y repulsivo, que la ha reclamado para que se quede en la agencia la cuenta de Jaguar. La perfección formal esconde intestinos en putrefacción.

El epítome de esa tensión entre la Forma y el Caos lo encontramos en el protagonista, Don, quien oculta bajo sus trajes y camisas y corbatas y peinados perfectos, bajo su máscara de encanto y fascinación, bajo su seguridad profesional como director creativo envidiado y deseado, no sólo una tendencia enfermiza al adulterio, sino sobre todo una crisis perpetua de identidad. El caballero seguro de sí mismo es, en realidad, un gran cobarde, un desertor, un traidor que asumió como propio el nombre de otro soldado durante la guerra de Corea. Don padece virulentos ataques de pánico. Su amante italoamericana de la sexta temporada lo ve tan atormentado que reza por él, por su alma. Los estallidos de violencia, periódicos, actúan como válvulas de escape, como mecanismos autorreguladores. La violación de Joan en un despacho de la oficina vacía, los disparos de Betty con una escopeta en el jardín de su casa, el modo en que Peggy rechaza su maternidad, la humillación que sufre Lane Pryce a manos de su anciano y despiadado padre, la prostitución de Joan, los reveses constantes que experimenta Pete Campbell. El iceberg se dilata o se agrieta, para mantenerse a flote. Ese mismo Nueva York domeñado por la Forma y amenazado por el Caos será, durante las tres décadas siguientes, el escenario de *Taxi Driver*, *La hoguera de las vanidades* y *American Psycho*. Disparos, fuego, cuchilladas: violencia para escapar de la represión.

La clave –como siempre– se encuentra en los títulos de crédito de la propia serie, que tienen un diseño entre freudiano y psicodélico que recuerda el de la apertura de *Vertigo*, la película que Alfred Hitchcock estrenó en 1958 y que, tanto por fechas como por estética, se puede ver como un preámbulo del mundo obsesivo de *Mad Men*. Un dibujo animado, vestido en blanco y negro, que no podemos dejar de identificar con Don Draper, entra en su despacho y, de pronto, los cuadros se descuelgan, el mobiliario se deshace, la arquitectura se desmorona. El hombre cae. Se precipita en el vacío, rodeado de rascacielos cuyas superficies han sido ocupadas por retazos de publicidad. Mujeres, sobre todo. La metrópolis es un sinfín de *pin-ups*, de largas piernas en minifalda, de miradas azules y sonrisas y labios rojos. Fragmentos de cuerpos femeninos y eslóganes como «Disfruta de lo mejor que América puede ofrecer». El dibujo animado no se estampa contra el asfalto, sino que se disuelve en el magma publicitario (en los objetos del deseo) y reaparece cómodamente sentado, en un sofá, de espaldas, fumando. La construcción de la ciudad se realiza a través de las técnicas propias del *pin-up*, es decir, del *cut & paste*. Es un montaje. A través de él, el héroe cae desde el despacho (el trabajo) hasta el sofá (el hogar). Pero cae: *Mad Men* habla de la caída de alguien de interior caótico y catódico que cree controlar las bellas formas femeninas y urbanas. Y de la seducción que lleva a cabo, no sólo del mundo que lo rodea, también de nosotros, de espaldas en el sofá, mirando la pantalla.

# La luz final de *Lost*

En los orígenes de la televisión está la luz.
La luz, esa energía electromagnética y radiante.
A finales del siglo XIX se empezaron a enviar imágenes, esto es,
fotografías, gracias a la mediación de la electricidad. Las células
fotosensibles de selenio permitieron el envío de imágenes quie-
tas. La telefotografía. En paralelo se inventaba el tubo de rayos catódicos, que sólo podría ser utilizado cabalmente en el futuro.
La carrera por el registro de imágenes comenzó en 1923 con el ico-
noscopio, invención del físico rusoamericano Vladímir Kosma
Zworykin. El 26 de enero de 1926, en un laboratorio de Londres
no demasiado diferente del de Walter Bishop en Harvard, el ingeniero escocés John Logie Baird mostró por vez primera en una pantalla imágenes en movimiento. El televisor electromagnético representó
en su superficie a un muñeco. Un rostro. El rostro de un rostro. No
existe una fotografía de los rostros de los testigos: las personas que
asistieron al experimento y en cuyas pupilas quedaron inscritas las
primeras imágenes televisadas. Un momento crítico comparable al
de la visión de la primera pintura rupestre, del primer paisaje a través de una ventana, del primer cuadro con perspectiva, de la primera fotografía. A finales de esa misma década, comenzó la retransmisión. Pero el sistema electromecánico fue desplazado por el sistema
electrónico del tubo de Marconi, heredero de los avances del ico-
noscopio, en los años treinta. En 1954, se inventó el televisor en
color. Dos años más tarde, el mando a distancia.

El zapping.

El telespectador comienza también a producir, tímidamente, en el casi letargo del ocio, una programación alternativa y fragmentada de lo Real Televisivo.

En 1960 nace la pantalla rectangular del televisor. Dos años más tarde, es puesto en órbita el primer satélite televisivo. Durante esa misma década y durante la siguiente, la cadena HBO (que siempre utilizará la expresión *televisión de calidad* y nunca la de *televisión de culto*) emite por cable y vía satelital. En 1980 comienza la explotación a gran escala de la televisión por cable en Estados Unidos y Gran Bretaña. En 1995 fue por primera vez emitido un programa de televisión por internet. La expansión de la televisión digital despide el siglo XX. En 1999 HBO estrenó *The Sopranos*, cuyo último capítulo, con su inesperado fundido en negro (el divorcio súbito y sin solución de continuidad entre la familia Soprano y nosotros, sus viudos), se emitió en 2007. Un final absolutamente abierto. Entre 2001 y 2005 se proyectó *Six Feet Under*, cuyo final era el ya comentado y sobrecogedor videoclip en que todos los personajes, uno por uno, iban envejeciendo y muriendo ante nosotros, sus huérfanos. Un final absolutamente cerrado. Entre 2002 y 2008, la misma cadena emitió *The Wire*, que acaba con una sucesión de planos encadenados en que los personajes de la ficción son hermanados con los anónimos habitantes de Baltimore. Un final semiabierto o semicerrado, concebido como una despedida en el ámbito de la ficción y como una continuación sin fin en el ámbito de lo real.

Los eslóganes de HBO durante esa época fueron: «HBO: El Lugar» y «HBO: Ve más allá».

YouTube nos permite hacer zapping entre esos tres finales.

Teleficción comparada.

«El tren de medianoche que lleva a cualquier parte», dice la canción (titulada *Don't Stop Believin'*) que actúa a modo de banda sonora de la Última Cena de *The Sopranos*. Llegan el padre, la madre y el hijo; pero la llegada de la hija se posterga. Entran otros clientes: varios de ellos sospechosos, amenazantes, porque el probable crimen de Tony levita en la atmósfera. En el exterior del restaurante, Meadow intenta aparcar. Puro suspense: dilatación del tiempo. No lo consigue hasta la tercera vez; entonces corre hacia el restaurante. Durante esos segundos, han abundado los primeros planos de James Gandolfini. Nos despedimos sobre todo de él: objeto de amor y de odio. Fundido en negro. *The End?* Hay suficientes pistas en ese metraje como para pensar que Tony Soprano va a ser asesinado después del fundido en negro. Pero nunca sabremos si *realmente* lo fue. El negro, además de un recurso narrativo, es luto. Tanto si lo asesinan como si no, lo perdemos. Para siempre. Y esa pérdida no es una apertura, sino un cierre.

El final de *Six Feet Under* utiliza el *flashforward*, un recurso que no había aparecido durante la serie y que, por tanto, consigue provocar un efecto sorpresa. Claire pone un CD de Sia. Suena *Breathe Me*. Se aleja de su hogar en la Costa Oeste, camino de Nueva York, por autopistas y carreteras de desierto. Mientras suene la música, una sucesión de destellos de futuro va a ir mostrando a cada personaje en el momento de su muerte. La última prolepsis nos muestra la desaparición de Claire, en su cama. Primerísimo primer plano de sus cansados ojos de anciana. Se funden con sus ojos de joven, que conduce, con el futuro aún por delante. Es un futuro cerrado, en un final cerrado; pero la teleserie, en vez de culminar en esos ojos que mueren, nos muestra en sus últimos segundos la mirada de la joven clavada en el horizonte y el coche que avanza y la carretera y el cielo. El camino: metáfora por excelencia de la continuidad en los finales cinematográficos. Tras unos minutos en que hemos creído que lo sabíamos todo sobre el futuro de esos personajes de los que nos estábamos despidiendo, la carretera nos insinúa que jamás sabremos qué ocurrió entre cada uno de esos destellos, que las elipsis son infinitas. El final absolutamente cerrado quizá, finalmente, no lo fuera tanto.

McNulty, que en ese momento se revela como el protagonista secreto de una teleserie coral, sale del coche y empieza a sonar la banda sonora de *The Wire*. La teleficción, por tanto, se despide de nosotros con la misma música que nos ha ido acompañando, capítulo a capítulo, durante tantísimas horas de espectáculo milimétricamente realista. A partir del rostro de McNulty, que observa un rincón periférico de la ciudad de Baltimore, se van sucediendo las imágenes de un futuro cercano, que muestran uno a uno a los personajes más relevantes, prosiguiendo con su vida, con su esplendor y su miseria, hasta que los planos encadenados empiezan a enfocar naturalezas muertas y urbanas y, al fin, ciudadanos anónimos. Los rostros reales de Baltimore. Acaba la canción. McNulty entra en el coche. Dice «*Let's go*». Arranca. Se va. Los coches siguen pasando, en un sentido y en el contrario. Él y todos los demás ya no están. Los hemos perdido. ¿Cómo gestionamos ese duelo? Termina la teleserie.

¿Qué tienen en común?

La música, los coches: la idea (tal vez imprescindible) de la continuidad.

*Let's go, don't stop believing, let's zapping.*

Desde el Lugar donde has estado durante meses o años hasta el Más Allá.

Ese es precisamente el tránsito que propuso *Lost*.

En septiembre de 2004 apareció por primera vez en nuestras pantallas. Su último episodio se emitió el 23 de mayo de 2010. A diferencia de las teleseries citadas, fue producida por ABC Studios.

Según el principio que la teleficción propone en su temporada final, en los orígenes de *Lost* está la luz.

La luz, esa energía electromagnética y radiante.

Sabíamos que la Isla era especial gracias a su corazón de energía. Fue esa energía la responsable de la caída del avión que lo provocó todo. La combinación de números pretendía, supuestamente, controlar esa energía. La poderosa imagen de Benjamin Linus moviendo el eje de rotación de la Isla significaba la conversación directa entre un ser humano y esa energía devastadora y fascinante. La interacción entre esa energía y la bomba atómica con que se suicidó Juliet causó los saltos en el tiempo que sacudieron la quinta temporada.

La luz, por tanto, estuvo relacionada desde siempre tanto con la energía atómica, la física cuántica y los números como con la trascendencia y la fe.

En la última temporada las interferencias (los recuerdos de apariencia fragmentaria pero instintivamente totales de la vida en la Isla, capaces de lograr que los personajes tomen conciencia de ser habitantes de una suerte de Matrix) se convierten en las epifanías capaces de hacer coincidir momentos lejanos de universos paralelos. De revelarlos. Para asumirlos. Los momentos climáticos son el parto de Aaron, el reencuentro de Juliet y de James, el reencuentro de Sun y Jin y el tacto de Jack en el ataúd de su padre, que provoca la interferencia, la evocación que culmina con el beso de Katie y Jack. El parto de Aaron y la muerte de Juliet ocurrieron en temporadas anteriores. La muerte subacuática de Sun y de Jin, en cambio, ocurrió tan sólo algunos capítulos antes. Y el beso culminante de los dos protagonistas últimos, tan sólo unos minutos antes, en el mismo capítulo. Sin embargo, ni la muerte de los personajes japoneses ni el beso *(I love you)* son capaces de conmovernos tanto cuando ocurren *en directo* como cuando los vemos *representados*, en la sucesión (el zapping vertiginoso) de la interferencia. El melodrama se condensa, veloz, en un clipmetraje insertado en el conjunto de cuarenta minutos. Esos clipmetrajes, que en los últimos capítulos de la última temporada han venido alterando la lógica bipartita de los capítulos –impuesta desde el principio–, actúan a modo de subrayado. Enfatizan la materia última de la teleficción: el recuerdo (pixelado), la memoria (visual), la luz que es la esencia del televisor.

El amor: no sólo entre los personajes, sobre todo entre el espectador y la ficción que le ha hecho compañía durante meses o años.

La segunda mitad de la última temporada de *Lost* plantea la necesidad de establecer una comunidad, cuyos pilares son los recuerdos de una vida anterior, de intensidad decisiva y compartida, en medio de un Matrix que es el limbo o el infierno –qué más da. El establecimiento final de la comunidad demuestra que toda la última temporada ha actuado a modo de despedida. Los personajes se despedían de nosotros. En el universo paralelo, la Isla es percibida como una teleserie, un montaje de escenas y de recuerdos, un videoclip en que la música se alía con la imagen para provocar recuerdos que empiecen a elaborar la pérdida, el duelo.

En el ámbito del fondo: todas las estructuras narrativas han sido combinadas en *Lost*. El relato de náufragos, la narrativa de guerrilla y bélica, lo fantástico y la ciencia ficción, la teoría de la conspiración, la hipótesis filosófica y técnica, la utopía, el relato religioso, el Más Allá. En el ámbito de la forma: la primera, la segunda y la tercera temporadas recurrieron al *flashback*; la cuarta, al *flashforward*; la quinta, a los saltos temporales; la sexta, a la dimensión paralela. Los recursos técnicos admiten la metáfora televisiva. Rebobinar; adelantar; hacer zapping; recordar que la televisión es la realidad paralela, el lugar de encuentro de la humanidad de nuestra época, una corriente de luz que no se apaga, la morada de algunas de las interferencias que nos han marcado. La muerte de JFK; el alunizaje de Neil Armstrong; la caída del Muro de Berlín o de las Torres Gemelas; la inauguración de los últimos Juegos Olímpicos; el final de *Lost*. Nos encontrábamos frente a la pantalla, viendo exactamente lo mismo. Estábamos *allí*. En el luminoso lugar donde se reúnen lo representado y nosotros, los televidentes, que nos pasaremos toda la vida *editando* esos recuerdos, alterándolos, poniéndoles bandas sonoras alternativas.

Los seres representados se reúnen en una iglesia que quiere ser la suma de todos los templos y de todos los credos, el espacio de la comunión y de la despedida. El espacio de las reuniones por capítulos, periódicas, semanales. En pocos lugares se condensa tanta fe como en la luz que irradian las pantallas que nos circundan y nos abrazan.

La serie ha trabajado los procedimientos que son intrínsecos al arte. Ha reflexionado (retorcido) sus materiales. Ha cerrado líneas argumentales y ha dejado otras abiertas. Ha mostrado los flashes, la radiación, los rayos catódicos que están tanto en el corazón de la Isla como en el del televisor. Ha tratado la ciencia, pero nos ha recordado que la ficción, aunque no sea necesariamente una cuestión religiosa, sí es una cuestión de fe. Nos ha pensado también a nosotros, televidentes, fans o antifans, microcríticos, creyentes o simples espectadores, coleccionistas de orfandades. Y ha mitificado el origen del medio en que se expresa: la luz.

Así son los musicalizados últimos segundos de *Lost*: Jack en el suelo, rodeado de bambú; primer plano de Jack, mirando al cielo; la comunidad de personajes en la iglesia y el padre de Jack que abre las puertas para que el templo sea inundado por la luz; Jack moribundo: ve cómo el avión sobrevuela su mirada, enmarcada en los copos vegetales; primer plano de Jack sonriendo en el suelo de la Isla; primer plano de Jack sonriendo en la iglesia; fundido en blanco (fundido en luz); el ojo del protagonista que al fin se cierra.

En el origen de la televisión está el cine: el ojo es rasgado por el vuelo de un avión.

Y la tragedia y la poesía y la oración.

La cara de Tony Soprano; los ojos de Claire; el rostro de McNulty; los ojos de Jack: las grandes teleseries tienen que acabar enfocando una mirada que sea el espejo de la nuestra.

*Don't stop believing.*

Todo sigue en el más allá donde el zapping está a punto de llevarnos.

# Rubicon: la conspiración televisada

En la mesita de noche, una novela de Graham Greene. Quiero decir, en una única oración, sin comas ni oxígeno: una novela de Graham Greene en la mesita de noche de la vivienda secreta de un hombre que se ha suicidado tras recibir un trébol de cuatro hojas. Es la única referencia literaria explícita que encontramos en la primera y única temporada de *Rubicon* y la sitúa en su punto de partida: el de la mejor novela de espías. Pero toda obra de valor lleva a cabo un desvío sustancial respecto a la tradición o tradiciones en que se inscribe y *Rubicon* rubrica tres desvíos respecto a los relatos de espionaje que la precedieron.

Si las novelas de Greene están ambientadas en La Habana, Argentina, Haití o Saigón; si las ficciones de John le Carré o Frederick Forsyth también abarcan la geopolítica del planeta Tierra, *Rubicon* en cambio apenas se mueve de los despachos del American Policy Institute, un centro de archivo e interpretación de datos sobre política internacional, con sede en Nueva York. Un *think tank*: un depósito de ideas y de las personas que pacientemente las alumbran. Mientras que el cine y las teleseries de espías han explorado un escenario planetario, fragmentado en metrópolis distantes y en edificios remotos con gran potencial narrativo (la nave industrial, la mansión aislada, la central nuclear, la plataforma petrolera), *Rubicon* opta por espacios mínimos, por la claustrofobia enmoquetada, por el transporte a pie o en tren en vez de persecuciones en automóvil o de aviones desde los que lanzarse en paracaídas. La primera subversión que la serie de AMC lleva a cabo, por tanto, es espacial. Empequeñece el mundo. Convierte la conspiración en un asunto que se dirime entre escasas paredes, entre personajes escasos. Casi todos ellos brillantes lectores. Su modelo no es el cine espectacular protagonizado por un superhombre, sino las películas de paranoia conspirativa de los años setenta, como *All the President's Men* o *The Three Days of the Condor*, protagonizadas por hombres corrientes. En esta, Robert Redford encarna a un funcionario de la CIA cuya ocupación es leer documentos a la zaga de mensajes cifrados. En aquella, dos periodistas de *The Washington Post* –Dustin Hoffman y Redford, de nuevo– descubren el *Watergate*. Como en aquel ya vetusto celuloide, en *Rubicon* el papel es más importante que el píxel. Cada mañana, los investigadores del American Policy Institute acuden a sus puestos de trabajo, reciben voluminosos cartapacios de material impreso y se pasan el día leyendo. En vez de los inventos de Q o los sofisticados sistemas de búsqueda satelital con que es perseguido Bourne, en la serie encontramos, pues, la tecnología de los años setenta ligeramente computerizada para que no desentone del todo en el siglo XXI. La ambientación, por tanto, también es subvertida. A todos los efectos, nos encontramos en 2010; pero la textura de la imagen, el vestuario de los personajes y la tecnología a la que tienen acceso se mueve constantemente entre nuestro presente y un pasado cinematográfico que actúa como contrapunto, como contagio, como interferencia. Se nos está hablando sobre las guerras de Irak y de Afganistán, pero parecería que en realidad estuviéramos ante un relato oblicuo sobre el asesinato de JFK, los trapos sucios de Nixon o los preparativos de la invasión de la Bahía de Cochinos. Si seguimos con Robert Redford, en *Spy Game*, que se estrenó en 2001 pero está ambientada en 1991, encarnaba a un agente de la CIA en el día de su jubilación, enfrentado de pronto a una retahíla de decisiones que tienen que ver con un acuerdo de comercio entre China y Estados Unidos, recién acabada la Guerra Fría. Los noventa fueron años de búsqueda de un nuevo enemigo, que se encontró en la década siguiente. *Rubicon* le toma el pulso a la nueva Guerra Fría. Como en todas las películas citadas en este párrafo, la conclusión es descorazonadora: el enemigo está dentro. En el caso que nos ocupa: en el piso de arriba.

Sólo al final de la temporada, cuando se avecina el atentado terrorista y los analistas comienzan a trabajar directamente con el FBI, se utilizará tecnología punta. Para entonces dos de ellos habrán volado a Oriente Medio y habrán visto con sus propios ojos que, en realidad, no se trataba tan sólo de lectura: que sus interpretaciones se traducían en operaciones militares, en captura de sospechosos, en tortura, en cuerpos que sangran.

En dolor.

Pero de nada servirá. Porque la tercera y principal subversión llevada a cabo por *Rubicon* es la del fracaso. Por supuesto, en el relato de espías la superestructura no es sólo siempre superior al individuo, sino que es capaz de pervivir indefinidamente, adaptándose a nuevas formas, encontrando nuevos líderes, en una jerarquía infinita en que los rostros visibles no son más que máscaras de nuevos grados de identidad. Pero siempre hay victorias pírricas, victorias mínimas, gestos que permiten pensar que el sistema no está absolutamente podrido, que no todo está perdido. No así en *Rubicon*. El 11-S es el Big Bang de la serie: está tatuado en el cuerpo y la mente de Will Travers, el protagonista, cuya esposa murió en el atentado de las Torres Gemelas. Nueve años más tarde, el equipo de analistas se enfrenta al desafío de evitar que se produzca otro atentado de características similares. La persecución a distancia –a través de la interpretación de fotografías, mapas y transcripciones telefónicas– de un terrorista llamado Kateb se produce en paralelo a la trama principal, que afecta a la relación de Travers con sus superiores, de quienes desconfía como probables instigadores del asesinato de su jefe y suegro, quien muere en un accidente ferroviario justo después de que Will se percate de la presencia de un código en los crucigramas de los diarios.

En la época de la desmaterialización de los periódicos, la presencia de ese mensaje cifrado supone una interferencia de los años setenta y, de hecho, los personajes vinculados con los crucigramas (y con los tréboles de cuatro hojas que los acompañan) pertenecen todos a la generación anterior, la de los padres invisibles del analista. Travers, por tanto, persigue tanto a sus propios jefes como a ese esquivo terrorista islámico. De los primeros posee una fotografía de juventud: la prueba de que sellaron un pacto en la adolescencia y de que trabajan y conspiran juntos desde hace muchos años. Del segundo, en cambio, no existe ninguna fotografía. Por eso, en el tramo final, cuando ya no haya vuelta atrás, descubrirán que no tiene rasgos árabes ni nació en Somalia ni ha sido adoctrinado desde pequeño en una escuela coránica ni ha tenido que infiltrarse en Estados Unidos. Es estadounidense. Es blanco. Es islámico. Ante la mirada atónita de todas las fuerzas de seguridad, de todas las agencias secretas, del ejército, el atentado se produce. Y con él, el colapso. Y con él, la derrota final.

En el mismo 2010 en que se estrenó y se clausuró *Rubicon*, la quinta temporada de *Dexter* también puso en circulación una fotografía de amigos adolescentes. Si en la primera sellaron un pacto conspirativo, bajo el liderazgo del director de un instituto de análisis de datos, en la segunda firmaron un pacto de sangre: torturar y asesinar juntos a chicas indefensas, durante años, bajo la guía de un líder que es al mismo tiempo una estrella de la autoayuda. En el fondo, estamos ante lo mismo. Pero Dexter, que no está maniatado por el sistema, *gana* y los asesinos y violadores psicópatas son asesinados y los restos de sus cadáveres descansan, en el interior de negras bolsas de basura, en el fondo de la bahía, y Will Travers, en cambio, que no es más que un empleado, un eslabón en la cadena de mando, un personaje sin continuidad serial, *pierde*.

El fracaso de *Rubicon* es de una contundencia sin demasiados precedentes (tal vez el inmediato sea el de *FlashForward*, una teleserie más errática y menos poderosa).

Los analistas no son capaces de evitar el atentado.

Los creadores no son capaces de mantenerla en antena.

Los primeros pueden acogerse al amparo de la conspiración: Truxton Spangler, el director del *think tank*, es al mismo tiempo miembro de la corporación Atlas MacDowell, que lleva décadas provocando mediante todo tipo de artimañas desastres humanitarios con el único objeto de enriquecerse.

Los segundos deben de estar ya trabajando en una nueva teleserie.

No todas las conspiraciones son teóricas, dice el eslogan de *Rubicon*.

Guy Debord escribió, en sus *Comentarios sobre la sociedad del espectáculo:* «La sociedad modernizada hasta llegar al estadio de lo espectacular integrado se caracteriza por el efecto combinado de cinco rasgos principales: la innovación tecnológica incesante; la fusión de la economía y el Estado; el secreto generalizado; la falsedad sin respuesta; un presente perpetuo».

El primer y el segundo elemento son la corporativización de la macroeconomía y de la política global: el pacto de juventud que condujo a la existencia de Atlas MacDowell.

Ni siquiera Wikileaks y sus encarnaciones futuras podrán acabar con los elementos tercero y cuarto: son el centro del mundo y de la tragedia, su relato.

Al quinto elemento lo llamamos *televisión* y está siempre conspirando.

# The Good Wife o cuando la verdad es un sinfín de versiones cínicas de la mentira

Aaron Sorkin ha dicho que él comienza a trabajar con «lo básico del drama: una intención y un obstáculo». La tensión erótica (en el doble sentido: sexual y amoroso) arquea la columna vertebral de las series de televisión porque supone un sentido (la flecha que avanza hacia el objeto del deseo) y porque implica un obstáculo (que impide que la flecha se clave en la materia gelatinosa de la manzana). Siguiendo el principio del suspense, es decir, la dilatación temporal, la consecución del objeto de deseo se demora capítulo tras capítulo y a ese ritmo crecen las ganas y a veces también el amor.

Durante sus siete temporadas de existencia, *The Good Wife* llevó al extremo ese recurso. La estructura narrativa de la primera temporada es aparentemente circular: la escena inicial del primer capítulo y la última del capítulo final se espejean mutuamente. Ambos momentos reconstruyen un lugar común de la puesta en escena de la política de nuestros días: la rueda de prensa en que el político, en un momento comprometido de su carrera, aparece en compañía de su pareja. Metáfora codificada –y por tanto en progresivo descrédito– del apoyo moral, de la unión a prueba de bombas, de una fe en el matrimonio y en la familia que ya no puede escenificarse sin la inmediata sospecha. Peter Florrick, exprocurador general del Estado, mantiene en ambas ruedas de prensa la misma sonrisa, aunque se trate de comunicar dos mensajes opuestos. En la primera, tras ser vapuleado mediáticamente por las relaciones que ha mantenido con prostitutas pagadas con dinero público, proclama su inocencia (y revela que la serie se basa en el caso real de Eliot Spitzer, que abandonó su cargo de gobernador de Nueva York en marzo de 2008 cuando se hicieron públicas sus ilegales aventuras con putas de lujo). En la segunda, Florrick anuncia que se presenta a las siguientes elecciones. Alicia, su esposa, la buena esposa, lo apoya públicamente con su cuerpo, pero a ojos del televidente lo cuestiona con su mirada. Mientras que para Peter Florrick poco o nada ha cambiado durante esos veintitrés episodios, para Alicia Florrick todo es distinto, porque después de mucho flirteo ha decidido ser la amante de Will Gardner, su jefe en el bufete de abogados en que trabaja.

*The Good Wife*, por cierto, fue creada por Robert y Michelle King, guionistas y matrimonio en la vida real: el análisis se realiza, por tanto, desde dentro.

La tensión sexual viene de los años en que Will y Alicia fueron compañeros en la facultad de derecho de Georgetown. Unos quince años más tarde, el cambio de estatus socioeconómico que ha supuesto la encarcelación de su marido y la frustración por haber dedicado su vida a una carrera ajena la han impulsado a buscar trabajo; así que ha desempolvado el título y ha entrado en la firma de su antiguo amigo. Como Julia (de *Nip/Tuck*), que cuando sus hijos son adolescentes decide volver a estudiar, o Ruth (de *Six Feet Under*), que tras la muerte de su marido se ve obligada a reconstruir su feminidad con nuevos trabajos y nuevas parejas, Alicia va a encontrar en su trabajo como abogada la vía de fuga a la decepción que le ha causado el adulterio de su marido. Lo importante, a partir de entonces, no va a ser su condición de buena esposa, sino su ambición de convertirse en una buena profesional.

Si en casa están sus dos hijos, su suegra y su marido cuando sale en libertad condicional (a menudo rodeado de sus asesores de imagen y sus asistentes políticos), esto es, un hogar tradicional aunque en crisis; en el ámbito laboral, junto con el soltero Will, sólo encontramos personajes sin familia. La investigadora Kalinda Sharma tiene dudas sobre su orientación sexual y un exmarido acosador. El joven abogado Cary Agos intenta seducir a cualquiera que se cruce en su camino. Y la socia de Will, Diane Lockhart,

no sólo es una soltera o divorciada demócrata, sino que protagoniza una de las historias más atractivas de la teleficción cuando se
enamora de un experto en balística republicano (con quien se casa
en la quinta temporada y con quien vive en *The Good Fight*). Obviamente, a medida que avancen los capítulos cada personaje irá
siendo reubicado. En la segunda temporada encontramos a Cary
igual de desorientado en el ámbito sentimental, pero transformado en un agresivo fiscal público (porque Alicia ha usado la influencia de su marido para lograr quedarse en la firma, en lo que
constituye su lentísima y fascinante corrupción); pero en la tercera
regresa a la firma y en la cuarta crea su propia empresa. Y a Kalinda se enfrenta a Blake Calamar, un compañero, también investigador, tan oscuro como ella. Y a Diane y a Will con un nuevo socio,
Derrick Bond: triángulo de parejas inestables.

Esos son sólo algunos de los nudos que se irán sucediendo:
¿qué es una serie sino una cuerda que se ata y se trenza y se desata
una y otra vez? El nudo principal afecta a Will y a Alicia y a Peter,
el viejo triángulo amoroso. Porque finalmente la tensión sexual se
concreta y en la tercera temporada la buena esposa redescubre el
erotismo en brazos de su viejo amigo; pero el *carpe diem* no dura
demasiado: la aventura le distrae de su compromiso como madre
y, atenazada por la culpa tras un susto con su hija, decide poner
fin a los devaneos. Entonces se reencontrará con el cuerpo del
marido adúltero: de momento, tan sólo como amantes, en el auto-
car de la campaña electoral.

El mundo del trabajo, por tanto, es el del desorden sentimental
explícito; mientras que el mundo de la familia es el de un desorden
sentimental implícito. El hijo de los Florrick tiene una relación
con una adolescente mayor que él que lo utiliza para tuitear inti-
midades de la mediática familia. La hija de los Florrick no puede
entender que su padre y su madre duerman en camas separadas ni
que esta tenga citas con un compañero de trabajo y sufrirá un
arrebato de fe que la llevará, inesperadamente, al cristianismo.
Peter alberga dudas religiosas y no acaba de aclararse con el concepto de honestidad. Y Alicia, mientras tanto, capítulo a capítulo,
se deja corromper en lo profesional y en lo sentimental. O quizá
tan sólo se deja *normalizar*. Porque *lo normal*, en el mundo de las

teleseries norteamericanas, es el cambio constante, la corrupción
moral, la guerra. El Caos. Los personajes intentan domesticarlo
en vano: sólo se puede negociar con él. Es utilizado por los guionistas no sólo para generar tensiones, sorpresas o giros argumentales, sino también para teletransmitir un horizonte en que se ha
generalizado la sospecha y la crítica a todas las instituciones, públicas y privadas.

El Chicago que retrata la serie, sin mostrar sus espacios emblemáticos ni su identidad colectiva, participa de una visión de la
política y de la justicia estadounidenses absolutamente relacional,
con decisiones importantes y presupuestos abultados que dependen de casualidades y de favores personales, con jueces capricho-
sos y maniáticos, asesores de campaña que practican con impuni-
dad el tráfico de influencias y agentes federales que persiguen a los
secundarios inofensivos en vez de encausar a los peces gordos.
El matrimonio Florrick permite la convivencia de dos líneas argumentales que en otras ficciones permanecían separadas: la judicial y la política. Su unión en el recinto familiar multiplica las
posibilidades enunciadas por Tolstói en el inicio de *Anna Kareni-
na:* la infelicidad familiar como generador de conflictos narrativos. También hay pleitos y negociaciones, sentencias y estrategias
maquiavélicas entre las paredes de un hogar. Pero lo más interesante ocurre fuera. Porque los bufetes de abogados y los juzgados
felices son todos iguales, pero los infelices lo son cada uno a su
manera.

*The Good Wife* es una teleserie sin hermeneuta principal. Los
guionistas, por tanto, no pueden delegar en un personaje la posible interpretación de conjunto. A diferencia de otras ficciones de
carácter legal, en que ese mensaje puede ser puesto en boca del
juez, la obra decide humanizar su figura hasta el extremo de con-
vertirlo en un sujeto con filias y fobias, humores y manías, no in-
mune a la corrupción. Tampoco encontramos un abogado protagonista incontestable. Alicia es una recién llegada al sistema
judicial: lo vemos desde sus ojos que aprenden. Con esos personajes en el centro, la justicia se convierte en un sistema mutante de
vaivenes políticos, de intercambio de favores, de interpretaciones
dudosas, de investigaciones parapoliciales y, sobre todo, de nego-

ciaciones entre personalidades diversas. La verdad no existe. Sólo podemos aspirar al tráfico de versiones de la mentira.

«Hay una ficción judicial como hay una historia sagrada y en los dos casos creemos sólo en lo que está bien contado», ha escrito Ricardo Piglia en su novela *Blanco nocturno*. En diversos momentos de *The Good Wife* es Will el encargado de recordar a los abogados y asistentes del bufete que lo que realmente importa en un juicio es que la argumentación sea verosímil y no verdadera. Una mentira verosímil es superior a una verdad inverosímil. O, si quitamos los adjetivos, una mentira es superior a una verdad. La proscripción de la verdad –de la importancia de la verdad– es definitoria de las nuevas ficciones judiciales televisivas. Trafican con versiones convincentes y no con verdades irrefutables, sin ocultar en ningún momento ese hecho y debatiendo en muy contadas ocasiones la problemática ética que implica. Si House es un obsesivo defensor de la verdad, Patty Hewes, Alicia Florrick y el resto de abogados teleseriales tienen claro que se trata de negociar con mentiras. En un extremo tenemos la ciencia médica y la lógica detectivesca; en el otro, las interpretaciones discutibles y las opiniones.

Los guiones de las teleseries del siglo XXI están teñidos de cinismo.

La primera mentira está en el título: nada desearía más la buena esposa que ser una buena amante.

En un episodio de la segunda temporada de *House*, la abogada que defiende al hospital de la demanda contra el doctor Chase de diez millones de dólares por mala praxis le dice a este:

–Como abogada no puedo evitar que mientas; mi trabajo consiste en que mientas mejor.

En el último capítulo de *Rubicon*, el director del American Policy Institute y secreto instigador del atentado terrorista que se acaba de producir, les dice lo siguiente a sus empleados:

–Toda la comunidad de la inteligencia nos está mirando, esperando a que descubramos la verdad. La verdad y nada más que la verdad.

No existe nada más cínico que defender el cinismo de la verdad.

En la caída libre de Alicia el penúltimo hito lo encontramos en el capítulo 13 de la cuarta temporada («La regla del séptimo día»). El episodio se estructura en tres líneas paralelas. Las secundarias, aunque absorban la mayor parte del metraje, son una audiencia en que el auditor confiesa que no echará de menos el bufete, aunque su sueño sea dedicarse al derecho (acaba de aprobar el examen que le permitirá hacerlo); y una negociación prematrimonial, en que los abogados siembran la discordia para beneficio de su cliente, aunque esta, enamoradísima, se resista a admitir que el amor tiene algo que ver con los intereses económicos. La línea principal, aunque sea la que menos minutos requiere, comienza con una teatral reunión entre los tres protagonistas de la serie: le comunican a Alicia que, pese a ser asociada de cuarto año, han decidido hacerla socia principal. Ella no cabe en su gozo. Will y Diane le sugieren que lo celebre a lo grande. Y eso hace: ir de compras. Pero después se entera de que tendrá que depositar seiscientos mil dólares si quiere acceder al puesto de *equity partner*. Y que otros cuatro asociados de cuarto han recibido la misma oferta. En fin: que esos tres millones son parte de la estrategia para cancelar la deuda de que ha contraído la firma y que a punto ha estado de hundirla. Alicia se siente defraudada. Recordemos que ha sentido algo parecido al amor por Will. Recordemos que ha sentido algo parecido a la admiración y a la amistad por Diane. Al final del capítulo, Alicia se queda en su despacho mientras todo el despacho festeja el paulatino triunfo contra la deuda. Entonces Diane entra. Y le canta las cuarenta. Le recuerda que ella fue nombrada socia porque quien era el dueño en aquel momento estaba en un proceso por acoso sexual y necesitaba mostrar públicamente que no era machista:

–Ahora –le dice–, sal ahí afuera, sonríe, y acepta la oportunidad que se te brinda, como hemos hecho todos.

Y eso hace Alicia. Salir. Saludar a Will, agradecerle la oportunidad. Y saludar a Diane, también agradecida. Y saludar a cada uno de los socios, repitiendo el mantra. Como una máquina. Como alguien que ha buscado en sus compañeros de trabajo el amor y la amistad y no ha encontrado más que la decepción personal y el triunfo profesional. Como alguien que siente el renacer de la pasión por su marido, pero que en realidad sólo tiene a sus hijos.

Tres episodios más tarde, una fiscal –antigua compañera de la facultad– después de que Alicia haga la vista gorda para no ver que Bishop (el narcotraficante e importante cliente de la firma) está intimidando a los testigos, le pregunta:

¿Cuándo vendiste tu alma?

Como diría Hamlet: de eso se trata.

# *The Wire:* la red policéntrica

> *The city becomes a state of mind: it thinks us*
> *and not the other way around.*
>
> RICHARD LEHAN,
> *The City in Literature*

*The Wire* ensaya respuestas a dos preguntas cruciales para cualquier lector interesado en las artes de la representación. ¿Puede la narración televisiva ser *esencialmente* literaria? ¿Puede ser representada la ciudad de nuestra época? La respuesta podría ser doble, pero es simple. No quiero decir que no sea radicalmente compleja: quiero decir que la representación de la ciudad que lleva a cabo la serie es totalmente literaria –y, por extensión, cinematográfica–, aunque eso no signifique que la operación que realiza *The Wire* se pudiera haber hecho por otros medios que no fueran los televisivos.

La velocidad interna de la obra de David Simon y Ed Burns es similar a la de una novela. Lo que interesa es diseccionar las entrañas de la ciudad al mismo tiempo que sucede lo propio con las de los personajes. No sólo hay que escribir los diálogos, sino también el espacio interno y externo, las neurosis humanas y la urbe en que *tienen lugar*. Cada laberinto de intestinos y neurosis actúa, por metonimia, como representación del laberinto político, racial, social, económico, semiótico, religioso y pasional que es una metrópolis. La primera temporada de *The Wire* supone, precisamente, la instauración de un ritmo narrativo que, en un futuro, permita penetrar en el interior de los policías, de los delincuentes, de los políticos, de los ciudadanos; y, en paralelo, en el monstruo de Baltimore, una ciudad gris y *puramente norteamericana* de más de seiscientos mil habitantes. Si toda obra importante incorpora su propia pedagogía, es decir, sus instrucciones de uso –implícitas o explícitas–, *The Wire* no es una excepción: la primera temporada introduce al espectador en un contexto definido por nuevas reglas, que distancian la teleserie de sus contemporáneas. El realismo jamás va a ser sacrificado en aras del espectáculo; la estructura, en contrapunto, va a experimentar una progresiva expansión espacial desde la esquina (como unidad mínima urbana) hasta el conjunto de la ciudad (como intersección en el mapa arterial de Estados Unidos); el *tempo* va a ser demorado y la elipsis va a actuar como contrapeso de la tentación de acelerar; sólo habrá personajes redondos; la clave va a residir en la escritura.

Porque es a través de la escritura como se nutre el aplastante realismo de *The Wire*. Un realismo que –con precisión dickensiana– parte de cada palabra pronunciada en *slang*, crece en los planos de detalle y de conjunto, se alimenta de la experiencia directa de los guionistas y de algunos de los actores en diálogos y guiones de arquitectura perfecta, invade la pantalla tanto en las imágenes panorámicas como en las citas que inician cada capítulo. Un realismo *literario* que hace visible la conciencia del personaje, su interioridad, sus vaivenes vitales, su evolución o involución. No hay duda de que la teleserie apuesta por el protagonista colectivo; sin embargo, tampoco hay duda de que el capítulo final, con su entierro simbólico, nos recuerda que el único posible protagonista individual sería McNulty. Y McNulty es alguien que vive dos vidas dentro de la ficción: una vida desordenada, tumultuosa, de sexo urgente y excesos de alcohol, y una vida familiar, abstemia, autocontrolada. Dos vidas en tensión. Alguien que representa la herencia irlandesa (en clave casi naturalista), la integridad profesional (hasta el ridículo) y varios procesos de adaptación y de inadaptación (absolutamente verosímiles, como todos los que ocurren en la obra). Es decir: es un personaje con estratos, con crisis, hecho de la materia gaseosa que configura y desfigura la conciencia y la trayectoria de cada ser humano.

Sobre todo del ser humano tal como nos hemos acostumbrado a percibirlo a través de la literatura contemporánea: una criatura contradictoria e inconformista, cuya plasmación ha ido reclamando –periódicamente– nuevas formas. Como las cámaras de seguridad, con su fijación aparentemente neutra, que tantas veces son apedreadas al otro lado de nuestra propia mirada (¿versión suburbial y contemporánea de la cuchilla en el ojo de Buñuel?). Como la vacilación de los planos, que en un montaje que en muchos capítulos recuerda al del realismo sucio se convierten en espejos de esos personajes trémulos, peones de una ciudad que funciona y existe a pesar de ellos. El hiperrealismo parece ser la respuesta a esta pregunta: ¿Cuál es la forma óptima para representar la ciudad durante la primera década del siglo XXI? Pero la respuesta no puede ser tan simple: el hiperrealismo es por naturaleza microscópico, milimétrico, y *The Wire* se mueve continuamente entre lo mínimo y lo máximo, quemando millas sin salir de Baltimore. Lo hace a través de la creación de una red. Una red que se expande, capítulo a capítulo, temporada a temporada, que va estableciendo links entre espacios y entre personajes, sin que ninguno de ellos sea central. Si se ha saqueado el capital simbólico que atesoraba Baltimore, si la ciudad entera en una sucesión de tensiones entre barrios degradados, barrios residenciales, barrios autistas y barrios en vías de especulación, la única forma de narrarla es mediante esa red policéntrica, en cuya configuración cada encuentro entre personas y lugares suponga la creación de un pequeño centro, fugaz.

En la tradición de la literatura y del cine urbanos, es precisamente el personaje quien regula la percepción y la representación de la ciudad. Desde los jóvenes cazafortunas de Balzac vagabundeando por París hasta el *blade runner* Rick Deckard recorriendo Los Ángeles, pasando por la unión que Freder realiza de los dos niveles de Metrópolis o por los recorridos por el Madrid de los sesenta que articulan *Tiempo de silencio*, los desplazamientos de los protagonistas trazan las líneas del mapa y, por tanto, seleccionan una psicogeografía posible. Tanto si estamos ante un narrador subjetivo como si el narrador es omnisciente, la mayor parte del relato estará centrada en los espacios recorridos por los personajes. Aunque en *Berlin Alexanderplatz* el autor intervenga para ampliar y cuestionar el relato, el hilo narrativo pasa a través de los ojos y de los pasos del protagonista, de la geografía que atraviesa; aunque en *Manhattan Transfer*, John Dos Passos introduzca la voz de la ciudad (la prensa, la publicidad, la cacofonía del ruido ambiental), no hay duda de que las voces humanas claramente identificadas y su tránsito vehiculan la acción novelesca. Si el personaje es colectivo –como ocurre en las novelas de Alfred Döblin y Dos Passos–, por supuesto que la psicogeografía también lo será; de modo que se acercará, así, a una posible representación realmente de conjunto de la ciudad. En el cambio de siglo, la megalópolis de Los Ángeles que se muestra en *Short Cuts* o la Ciudad de México que refleja *Amores perros* son *verosímiles*: es decir, a través del contrapunteo de varias historias (de varias biografías) aproximadamente complementarias, comunican la sensación de complejidad y de totalidad que identificamos con una ciudad actual. Porque, pese a su indefinición contemporánea, pese a su existencia en archipiélago o en red, la ciudad se ha convertido en la entidad espacial más reconocible después de nuestro propio cuerpo. El gran número de personajes que coexisten en *The Wire*, el gran número de cuerpos –con sus fricciones raciales, sexuales e ideológicas– que interaccionan en el universo ficcional, sus historias horizontal y verticalmente cruzadas, convierten la representación de la ciudad de Baltimore en una red con tantos nudos y nodos, con tal grado de verosimilitud y con tal densidad literaria, que el espectador cree conocer la ciudad. Su esencia. Su *realidad*. Gracias a la circulación frenética y constante de personas, de flujo económico, de información: el latido de la ciudad está *bajo escucha*. La metrópolis es una malla de circuitos entrecruzados y una teleserie en red, la mejor forma de representarla.

Extrañamente, la sensación de ese conocimiento profundo, la empatía con esa construcción dramática y televisada, no se produce a través de la exploración narrativa de una familia. Si en *Mad Men* asistimos a la representación de una microzona de Manhattan (aunque se establezca cierta tensión entre Nueva York y sus suburbios residenciales) y de la comunidad profesional –dedicada a la publicidad– que en ella habita; lo cierto es que el protagonismo de Don Draper conduce a su familia, para equilibrar la importancia de la otra comunidad, la de los creativos publicitarios de Madison Avenue. Lo mismo ocurre en *The Good Wife*, en *The Shield* y en tantas otras teleseries norteamericanas. Cuando no se desarrolla propiamente un núcleo familiar, aparecen los lazos de parentesco como garantía de conflictos pretéritos y futuros: los protagonistas de *Fringe* son padre e hijo; los de *Dexter*, hermano y hermana. La familia Soprano, la familia Fisher, la familia Simpson: no hay manera más efectiva de representar una ciudad que desarrollar las tensiones de una familia, metonimia de la gran comunidad donde se inscriben.

Pero *The Wire* no se concentra en un personaje, ni en un lazo de parentesco, ni en una familia, ni siquiera en una única comunidad. Es más, estos recursos narrativos pasan a un segundo plano. Porque se trata de construir una red urbana; de generar la sensación de que el televidente está tocando, a través de la carne de píxel de los personajes, la superestructura ideológica y pasional de Baltimore. Es sabido que seis son las comunidades que protagonizan la teleserie. El nombre de cada una de ellas está en la web oficial, con el objeto de clasificar el reparto: *The Law* (policías, jueces, fiscales), *The Street* (vagabundos, traficantes de droga), *The Paper* (periodistas), *The Hall* (políticos), *The Port* (trabajadores portuarios, criminales griegos) y *The School* (alumnos y profesores). La misma división de personajes permite organizar las temporadas, en función del espacio que cada una privilegia. Es sabido que la primera enfoca los conflictos del gueto; la segunda, los del puerto; la tercera, las elecciones políticas que conducen al ayuntamiento; la cuarta, la escuela, y la quinta, la redacción de un diario. Las escuchas de la policía y los esfuerzos de los narcotraficantes por esquivarlas constituyen el eje narrativo que recorre las comunidades y sus espacios paradigmáticos. Es precisamente la Major Crimes Unit el único grupo que no posee un lugar propio. El periódico cierre de su local no es sólo la visualización de su precariedad, como una muestra más del enorme grado de realismo que caracteriza a la teleserie, es también una señal de alerta. Los problemas conyugales marcan la biografía de la mayoría de los representantes de La Ley y, con ellos, sus mudanzas durante las distintas temporadas. Ningún espacio profesional ni privado les es realmente propio. Los bares devienen el único ámbito público constantemente visitado, trasunto del hogar. En lo que respecta a las relaciones familiares y a la pertenencia a un espacio íntimo determinado, la misma mutabilidad encontramos en los personajes de La Calle. Pero, como indica el mismo nombre de la comunidad, la calle les pertenece.

En *The Regional World*, Michael Storper estudió la formación de complejos industriales en los años ochenta y noventa desde tres enfoques distintos: el de las instituciones, el de los cambios tecnológicos y educacionales y el de la organización económica e industrial. Como ha escrito Edward W. Soja en *Postmetrópolis*, según Storper el capitalismo contemporáneo establece dos niveles de operación: el de las relaciones de mercado, por cuyos vínculos entre el usuario y el productor «fluye la información, el conocimiento, la innovación y la educación», y el de los comportamientos y las atmósferas no controlados directamente por el mercado, que sostienen «nuestra habilidad para desarrollar, comunicar e interpretar conocimientos así como también de estimular a las personas para hacerlo mejor y de un modo novedoso». Según Storper el desarrollo de las regiones metropolitanas depende de su éxito en ambos niveles. En *The Wire*, de todas las comunidades protagonistas sólo *The Street* muestra una gran capacidad de adaptación y de superación. La escuela, la policía, las instituciones políticas y judiciales o el diario son instituciones paralizadas por la ley, la inoperancia, la crisis económica, los reglamentos o los presupuestos; la calle, en cambio, es un laboratorio donde constantemente se dan soluciones a los nuevos problemas. Cada vez más ingeniosas y más despiadadas.

Cuando, en los límites del marco institucional, nuestros protagonistas crean sus propias respuestas ingeniosas a las preguntas retóricas que plantea el sistema sobreviene el fracaso. El experimento de Hamsterdam, un distrito especial donde sí está permitida la compraventa de drogas, planeado por el oficial Howard Colvin para apartar el crimen de los barrios habitados, fracasa. La educación especial de un grupo de alumnos conflictivos, liderada por el mismo Colvin como asesor de un psicopedagogo (tras abandonar el cuerpo de policía), fracasa. La administración de un presupuesto especial para operaciones policiales por parte del agente McNulty en la última temporada, también fracasa. De nuevo estamos ante la metonimia: cada pequeño fracaso significa una nueva sacudida a la ciudad entera. En esos experimentos, Colvin y McNulty se unen a Omar y a *Bubbles* como personajes intersticiales. El intersticio es un lugar que no puede ser cartografiado. Está afuera y adentro al mismo tiempo. Omar pertenece a la Calle, pero ha encontrado la forma de observarla con distancia, de dominarla desde la orilla (del margen). *Bubbles* informa a la policía y sobrevive, en una doble vida que hace que –a nuestros ojos– no sea el vagabundo drogadicto que realmente es, porque lo vemos como una conexión entre dos esferas distantes. Igual que una ciudad precisa de ascensores o de líneas de metro, la teleserie necesita personajes que unan –radialmente– ámbitos, clases sociales, barrios, planetas lejanos. La metamorfosis de Prez, de policía sin vocación a profesor ejemplar, no sólo conecta dos puntos espaciales de la red (la comisaría y el colegio), sino también dos generaciones (la de los niños y la de los profesores, de la misma edad que los padres victimizados o criminales) y dos culturas (la afroamericana y la polacoamericana).

La realidad, a través de sus intersticios (sus goznes, sus fronteras), se desencaja constantemente, invalida el hiperrealismo microscópico como *modus operandi*, obliga al retrato móvil, en paralelo, de los nodos de la red en que todo se relaciona. Ni siquiera el gueto es autónomo. La retroalimentación es constante. Los personajes caminan, son adoptados, se fugan, cambian de trabajo, dejan a su familia y se unen a otra, se transforman. Como en la vida misma, sí; pero *The Wire* es una obra de arte, una máquina de representación, una red cuyas contracciones y expansiones están perfectamente controladas. La realidad bajo control efímero.

*The Wire* pone rostro y biografía a la multiplicidad de la ciudad. No reduce la complejidad mediante la simplificación: no cae en la reducción de un protagonista o de una familia.

Expande redes; superpone estratos; llena los vacíos de sentido de la trama urbana; propone centros posibles para, tras la elipsis, pulverizarlos.

# V o las razones y las sinrazones del *remake*

Al igual que todos los niños españoles nacidos en los años setenta, durante la década siguiente vi la teleserie *V*. Como todavía no habían llegado a las pantallas las telenovelas autóctonas o recién empezaban a desarrollarse, los modelos narrativos y, por tanto, vitales eran transmitidos por productos extranjeros. La sentimentalidad venía de América del Sur: sobre todo de Venezuela, donde las telenovelas *(Abigail, Topacio)* hablaban de ascenso social, de amor y de la selva de los negocios a través del melodrama, la tragicomedia y la teoría de la conspiración familiar. En Estados Unidos, los productos similares versaban acerca de la conquista del sueño americano y del ejercicio del poder, en el ámbito doméstico y local *(Bonanza, Dinasty, Falcon Crest)*. La misma industria producía las series de acción a las que éramos adictos, que se centraban en la práctica de la justicia al margen de la ley o, al menos, de la oficialidad, mediante el espectáculo y la teoría de la conspiración política. La aventura y la fantasía, por último, eran nutridas por el anime japonés, que en series como *Oliver y Benji* o *Bola de drac* hibridaba la épica y el deporte, las leyendas históricas con la contemporaneidad. En los años noventa tanto los canales de difusión estatal como los autonómicos se afianzaron en la producción de teleseries, en el afán de nacionalizar el melodrama televisivo y proponer lecturas de la democracia española. Con ese giro en la parrilla, cuando terminaba al fin la transición democrática, todos los modelos narrativos comenzaron a coexistir, el telespectador se globalizó, el zapping se adueñó del hogar y comenzaron a producirse en cadena los *remakes*.

En el párrafo anterior, por supuesto, coexisten varios elementos opinables, discutibles, cuya verdad o falsedad dependen de variables que no siempre se corresponden con datos comprobables ni con hechos. Si las ciencias pueden aspirar a fórmulas y a leyes, las humanidades deben conformarse con las tendencias y las opiniones que rigen su expresión, el ensayo. En los ochenta Televisión Española llevó a cabo diversas adaptaciones teleseriales de novelas canónicas (como *Fortunata y Jacinta* o *Los pazos de Ulloa*). No es tan común pensar las reelaboraciones a la inversa: la serie como punto de partida *original*. La adaptación cinematográfica de series es casi tan antigua como la misma programación televisiva: en 1954 se estrenó *Dragnet*, versión de la serie homónima y contemporánea. Pero, aunque durante la segunda mitad del siglo xx encontremos varios largometrajes que adaptan teleseries (como, en los años setenta, dos *spin-offs* inspirados en *Dark Shadows*, y posteriormente la serie de películas *Star Trek*), lo cierto es que el largometraje *The Adams Family*, que se estrenó en 1991 –en pleno fenómeno *Twin Peaks*– actúa como punto de eclosión de un fenómeno que en los últimos veinte años ha sido constante. En la última década del siglo xx, *The Fugitive*, *Maverick*, *The Brady Bunch* y *Mission: impossible;* en la primera del xxi, *The X-Files*, *Starsky & Hutch*, *The Knight Rider*, *The A-Team*, nuevas entregas de *Mission: impossible* y de *Star Trek* y un sinfín de películas que se intercalan en la teleserie o actúan como precuela, mundo paralelo, conclusión o secuela de ella. Se ha instaurado la retroalimentación. Y la expansión radial.

El fenómeno de la serialidad, desde sus inicios, fue reversible y múltiple: en 1831, Balzac decidió editar como adelanto capítulos de la obra que estaba escribiendo y, en 1836, Dickens publicó en veinte entregas *El club Pickwick;* las novelas y las revistas eran ilustradas y, a finales de siglo, comenzaron a incluir cómic; en los años diez el cine también se vuelve serial (*The Perils of Pauline* se proyectó en veinte episodios); en 1928, se estrena la radionovela *Amos 'n' Andy*, que en los cincuenta se convertirá en teleserie, y Walt Disney inventó a Mickey Mouse; en la década siguiente nacieron Superman y Batman, que serán con el tiempo protagonistas de cómics, radionovelas, teleseries, películas y videojuegos; después, el inquietante mundo que reconocemos como la marca Hitchcock se serializó en *Alfred Hitchcock Presents*, Andy Warhol inauguró la producción serial de arte o la película *M.A.S.H.* se metamorfoseó en teleserie.

Adaptaciones, trasposiciones, versiones, inspiraciones, causas y efectos: el concepto de paternidad se vuelve complejo.

Como si de un juego de espejos se tratara, en *Maverick* se descubre, en un brillante golpe de efecto, que el fantasmal personaje llamado *Pappy*, repetidamente evocado tanto en la serie original como en el filme, está encarnado en el actor James Garner, el Bret Maverick televisivo.

Una de las figuras más fascinantes de *Fringe* es el *cambiaformas*, agentes del otro universo capaces de adoptar el cuerpo de sus víctimas: para matarlos hay que dispararles en el centro de la frente y esperar a que se deshagan en mercurio. El cambio de forma se ha convertido en un recurso constante en la industria del entretenimiento: de videojuego a película, de novela a teleserie, de blog a libro, de cómic a película o a teleserie.

El *remake* teleserial del cómic *The Walking Dead* arroja luz a una cuestión fundamental, la que planteó Ronald D. Moore, en el proceso de creación de *Battlestar Galactica* a partir de la teleserie original de finales de los años setenta: introdujo tantos cambios que optó por usar, en lugar de *remake*, la palabra *reimagined*. Lo mismo podría decirse de *The Walking Dead*. La primera temporada de la teleserie de AMC, de seis episodios, evidenció diferencias fundamentales, desde su inicio, respecto al cómic en que se inspira. Pese a la existencia de un material de origen, que consiste en una situación (apocalipsis zombie), una comunidad de personajes (varias familias y personajes solitarios, reunidos por las circunstancias excepcionales en un campamento nómada), una estética (*gore* y documental) y ciertas líneas argumentales (marcadas por la tensión entre el campo, más o menos seguro, y la ciudad de Atlanta, invadida de muertos vivientes, y por el sentido del deber del protagonista), la serie de televisión apostó por un sinfín de variantes sustanciales. La mayoría de las ellas respondían a la voluntad de aumentar la tensión episódica y de proyectar líneas argumentales para el futuro: el piloto, por ejemplo, termina con el protagonista, Rick Grimes, encerrado en un tanque y rodeado de zombies; después de haber creado un vínculo entre el personaje y un padre y un hijo afroamericanos supervivientes y de haber subrayado la tensión del triángulo amoroso en que se inscribirá el futuro desarrollo de la historia. Esta habla, justamente, de la adaptación a un nuevo contexto. El tránsito entre dos estados (la vida y la muerte, la vida sin zombis y la vida con zombis, el cómic y la teleserie) es solventado mediante el coma en que se sumerge Grimes antes de que se inicie la ficción. Cuando se despertó, el mundo se había alterado radicalmente y las viñetas eran secuencias, imágenes en movimiento.

La propia lectura de una adaptación es excepcional. Constantemente sufres interferencias. Solapas. Contrapones o cotejas o comparas, sin poderlo evitar. Reescribes. Te confundes. Te adelantas, vuelves atrás. Al final del primer volumen del cómic, por ejemplo, el hijo del protagonista, un niño, le dispara al amigo de su padre. Las repercusiones de ese disparo, inexistente en la teleserie, crean un abismo de divergencias, un sinfín de interferencias. Los dos productos se separan aún más, se agrieta el muro interdimensional que separa los mundos paralelos en que habitan. Una muerte que existe en el marco de la viñeta nunca ha existido en el plano que debería haberla acogido.

Un plano huérfano –de nuevo el problema de la paternidad.

En la reimaginación es difícil satisfacer el reclamo inconsciente del actor original, porque su cuerpo ha envejecido o ha muerto. La nostalgia es simultánea, por dos cuerpos que ya no existen: el de los actores y actrices y el nuestro a aquella edad. Doble orfandad.

Tres son los cuerpos que cualquier espectador de la serie *V* de los años ochenta memorizó para siempre: los de Juliet Parrish, Mike Donovan y Diana. Juliet, en la apariencia frágil de la actriz Faye Grant, con la bata blanca y médica. Mike, interpretado por Marc Singer, con la cámara siempre al hombro. Y Diana, la morena y agreste y bella Jane Badler, en el gesto incombustible de sostener a una rata por el rabo, a la altura de los ojos, y hacerla descender hacia el interior de la boca, golosa.

El casting de nuevos actores y actrices es menos importante que la reconceptualización: una obra es inseparable de su contexto histórico, de modo que hay que reflexionar a fondo sobre la nueva época antes de llevar a cabo el traslado. La serie original se inscribe en el fin de la Guerra Fría y en plena Guerra de las Galaxias de Ronald Reagan (exestrella televisiva cuyo último papel como actor, por cierto, fue en la serie *Death Valley Days*), quien se obsesionó con frenar el avance internacional del poder soviético mediante una innovación tecnológica basada en el desarrollo informático posfordista. Su política internacional (financiamiento de la contra nicaragüense, invasión de Granada, bombardeo de Beirut y apoyo a Sadam Husein) se debía a la convicción de que el enemigo estaba en el exterior. La serie actual, en cambio, se estrena en un mundo multipolar en que los grandes progresos tecnológicos no son gigantescos y estratosféricos, para consumo de las potencias, sino mínimos y portátiles, para uso privado; bajo la presidencia de Barack Obama, premio Nobel de la Paz y con la paranoia, cada vez más consolidada en Estados Unidos, de que el enemigo está dentro.

Dos conceptos son fundamentales en la ciencia ficción televisiva de nuestra época: el de Pantalla y el de Terrorismo. Es decir, la representación pixelada y la amenaza interna.

La osadía de *Battlestar Galactica* –remake de una serie más antigua que *V*– tuvo que ver con el anacronismo tecnológico: se ambienta conscientemente en un espacio propio del pasado, más cercano a *Star Wars* que a *Matrix*, con grandes teléfonos negros y con teclados propios de la Guerra Fría y con radares que parecen extraídos de videojuegos de los años ochenta. Pese a ser una teleserie del siglo XXI, su representación de la Pantalla es la propia de las películas y de la teleserie del mismo nombre en que se inspira. Como en ellas, aparece desde el principio el exterminio, el holocausto, la fuerza que mueve a las civilizaciones de la ciencia ficción contemporánea y, estrechamente vinculado con él, el terrorismo. Los *cylons* no son más que los hijos de los humanos del grupo terrorista Soldados del Único, la secta que en el capítulo piloto de *Caprica* provoca una carnicería en un tren lleno de pasajeros.

*V* también construye la amenaza en términos de aniquilación y exterminio de los seres humanos. Como en *Battlestar Galactica* y como en la mayoría de ficciones futuristas, nuestra tecnología es inferior; pero no obstante no sólo sobrevivimos, sino que a menudo conseguimos resistir e incluso vencer. La clave, por supuesto, es el amor. Tanto los *cylons* como los visitantes se sienten atraídos por las emociones y los sentimientos humanos y pueden *convertirse* si se implican lo suficiente en su exploración y experimentación de nuestras emociones. El terrorismo no entra en el archivo tradicional de experiencias típicamente humanas, pero se está convirtiendo en una de ellas. No es casual que uno de los integrantes de la resistencia contra los visitantes sea un terrorista profesional, un mercenario que juega a ser agente doble y que se lucra gracias a la información que proporciona a los visitantes.

En lo que respecta a la Pantalla, *V* es una teleserie fascinante. En un capítulo, los visitantes construyen una tramoya de tecnología anticuada para engañar a los humanos; tras ese velo, se oculta una tecnología eminentemente táctil, blanca, ultradelgada y transparente. Su manifestación más interesante es el panóptico móvil que crean los visitantes. Convierten cada una de las chaquetas de sus uniformes y de los de sus simpatizantes en cámaras que transmiten en directo lo que ocurre a su alrededor y todas esas imágenes se proyectan en una especie de *Super iPad* convertido en centro de control de la humanidad. La principal diferencia con la teleserie ochentera es precisamente el diseño de las naves espaciales, cuya superficie inferior se transforma en una pantalla gigantesca, gracias a la cual Anne, la malvada líder, se comunica con los humanos. Si el mítico camarógrafo Mike Donovan se ha metamorfoseado en un sacerdote, si la doctora Juliet se ha convertido en una agente del FBI, si el mercenario Taylor ahora es un terrorista, no sorprende que Anne, la experta en pantallas, cuente con la asesoría y la colaboración de un periodista televisivo para engañar a la opinión pública. Es decir, si en el imaginario de los años ochenta el periodista podía ser el héroe, parece que el de ahora sólo puede encarnar al traidor, al colaborador del poder que nos desea exterminar.

En *V*, los visitantes se hicieron célebres por su aspecto de reptiles y por su ingestión de pequeños roedores. Era la época de películas como *Enemy Mine* o *The Fly*. En la primera temporada de la nueva *V* los visitantes nunca abandonan su apariencia humana y la dieta de mamíferos es suplantada por apetitosos platos de cocina levemente oriental, minimalista y fusión. Sólo en cierto momento una humana embarazada de un visitante siente la tentación de comerse un ratón. Es un guiño dirigido al espectador nostálgico y cómplice y un recordatorio de que la sutileza narrativa se ha instalado en los códigos de lectura de la teleficción: el intertexto y la alusión. Como los *cylons*, encarnados en atractivos hombres y mujeres, los visitantes son bellos, exteriormente humanos. Por fuera, pantalla que repite incansablemente su mensaje de paz; por dentro, terroristas con una agenda de exterminio. La posibilidad de su humanización es el motor utópico que actúa como subtexto de un guión saturado de atentados, traiciones, revelaciones y giros sentimentales y políticos. Sabemos que esa redención es imposible, que serán nuestros enemigos hasta el capítulo final, pero verlos como humanos los vuelve menos planos, más tridimensionales a nuestros ojos. Por eso tiene tanto potencial *Fringe*, porque en ella *los otros* son versiones alternativas y absolutamente humanas de nosotros mismos.

*V* nos obliga a pensar en el *remake* como procedimiento narrativo. En tanto que reescritura de un texto preexistente, el *remake* transparenta en cada línea, en cada plano, en cada rostro el referente original. Por tanto, lo que estamos viendo se encuentra, a nuestros ojos, en tensión con lo que vimos. No hablo desde el punto de vista de la producción (de la estética, de la poética, de la intención política del autor o autores); hablo desde el polo de la recepción: el *remake* opera por superposición y su presencia invoca, plano a plano, la presencia fantasmática del referente reformulado.

En el caso de *V*, ver esa serie en el año 2010 me enfrenta al niño que yo era en los años ochenta.

El niño que comía ratones y gusanos de gominola.

El éxito del *remake* estriba en borrar el original o, al menos, en hacerlo invisible tras un artefacto de desvíos sutiles o de nubes de humo o de fuegos artificiales. *V* lo consigue no sólo técnicamente, sino también conceptualmente. En la época de la ficción cuántica, en que la gestación de una obra es simultánea a la de sus versiones en otras plataformas, es decir, en que la novela o la película o la teleserie puede ser llamada *central*, pero no *original*, porque ningún producto es anterior a sus hermanos y por tanto no existe una única raíz, la reescritura explícita de un texto anterior, de un original posible, supone al cabo un ejercicio de resurrección motivado por el romanticismo (en su doble dimensión amorosa y fúnebre).

Para que exista la nostalgia que es la espina dorsal del *remake* debíamos existir, es decir, ser contemporáneos de la *obra original*. Pero, aun así, somos otros y el yo actual no existía entonces. Vi *V* cuando para mí las teleseries no eran más que personajes interactuando según tramas. Ahora las veo como construcciones sofisticadas que proponen diversas lecturas, complementarias o en conflicto, complejas, en el seno de nuestra sociedad mestiza y relacionada.

Soy un *remake* del que fui en los años ochenta.

La misma tensión que me une a aquel telespectador niño vincula el original con su reescritura.

# *Boardwalk Empire:* los orígenes corruptos

*Boardwalk Empire* es una teleserie cinematográfica que habla de cómo el poderoso se mantiene en el poder. Es decir, no retrata el ascenso, sino la resistencia.

En plenos años veinte, Nucky Thompson se burla de la Ley Seca en una Atlantic City sedienta de excesos. Tesorero público y mafioso, protector de los desvalidos y asesino por persona interpuesta, líder republicano y traficante de alcohol y de influencias, el personaje encarnado por Steve Buscemi es sobre todo un estratega con una gran inteligencia emocional.

Su telón de Aquiles es, por supuesto, el amor. El fraternal y el heterosexual. Aunque es capaz de gestionar con maestría los afectos de sus múltiples amistades y subalternos, se muestra en cambio ciego al odio que ha ido provocando en su hermano durante años. La primera temporada de la serie, además de ese incremento de odio, retrata cómo Nucky se enamora por segunda vez en su vida. La *afortunada* es Margaret Schroeder, una inmigrante irlandesa que ve en él tanto a su salvador como a su corruptor. Es ella el personaje que más crece durante esos doce primeros capítulos. Mientras que sus mutaciones, en el contexto de un alto número de subtramas que afectan tanto a los personajes de Atlantic City como a los socios y enemigos mafiosos de Nueva York y de Chicago, se hacen continuamente visibles; los cambios internos de Nucky Thompson son casi imperceptibles. La suya es la historia secreta que recorre –entre las grietas de las siete octavas partes sumergidas del iceberg– la temporada inicial, para revelarse –como una epifanía– en los dos capítulos finales.

Alrededor de Margaret y de Nucky y Elias Thompson encontramos varios círculos concéntricos de personajes interrelacionados. En el más lejano están el joven Al Capone o Arnold Rothstein, un sofisticado *gangster* neoyorquino, cuyas existencias imbrican los desmanes de Atlantic City en el contexto del dilatado nacimiento de un Estado federal. Más cerca de los protagonistas, la exuberante y temperamental Lucy Danziger, que ve perder su lugar como amante de Nucky, o la cabaretera Gillian Darmody, que fue protegida a los trece años por el entonces Comodoro de la ciudad (y preñada por él), establecen vínculos eróticos entre las criaturas de la ficción. El hijo de Gillian, Jimmy, interpreta el papel del joven ambicioso que anhela –aunque no se lo confiese ni a sí mismo– ostentar el poder de su jefe, Nucky, que antaño fue también amante de su madre. De modo que aunque la obra hable de la conservación del poder, su motor argumental va a consistir en protegerlo de potenciales usurpadores. Y de la Ley. El personaje más poliédrico y fascinante de la serie es Nelson van Alden, agente federal, ferviente religioso, obsesivo laboral, quien se contempla a sí mismo como incorruptible al tiempo que va probando las mieles de la perversión. No hay más que fijarse en los apellidos de este párrafo para darse cuenta de que las energías que estimulan el deseo, la ambición, los celos o la venganza tienen que ver con el origen étnico, con la maraña migratoria que encontramos en el sótano de toda la ficción norteamericana contemporánea.

Si *Gangs of New York* es la génesis del mundo mafioso que Scorsese había explorado en sus obras maestras, *Boardwalk Empire* es el relato de los orígenes de la topografía que tres cuartos de siglo más tarde sería ocupada por *The Sopranos*. Es decir, admite ser leída como precuela. Sobre todo si se tiene en cuenta que quien figura como creador de *Boardwalk Empire* no es Scorsese –productor ejecutivo y firma invitada–, sino Terence Winter, uno de los guionistas y productores de *The Sopranos*. La gran diferencia entre los protagonistas de ambas series es su relación con el hogar. Mientras que Tony tiene casa, esposa e hijos, Nucky vive en un hotel. Lo que para el primero es una carga presente, para el segundo es un fardo de ausencia. Porque Nucky Thompson extraña visceralmente tener una familia. Las imágenes de la Atlantic City que comparten ambas series –una como espacio principal y la otra como escenario esporádico– muestran en los años veinte a una pequeña ciudad en todo su (podrido) esplendor y en el siglo xxi a un (oxidado) complejo recreacional. Hemos pasado de primerísimo fordismo a unos Estados Unidos que han delegado a Asia la producción en cadena. Entre ambas obras se despliega el mundo literario de Philip Roth, quien ha hablado en sus novelas del cierre de fábricas en el mismo estado de Nueva Jersey. *Boardwalk Empire* retrata el país que, después de los tiroteos de finales del siglo xix abordados por *Deadwood* y el origen de la ciudad contemporánea que retrata *The Knick*, camina hacia la gran depresión *(Carnivàle)*, la Segunda Guerra Mundial *(The Pacific)*, los difíciles cincuenta *(Magic City)*, los felices sesenta *(Mad Men)*, la canción triste y la corrupción en Miami de los años ochenta y el duelo por Estados Unidos de América *(The Wire, House of Cards, Euphoria)* que, tal vez por sus orígenes corruptos, no pudieron llegar a ser.

# Boss: la soledad del patriarca

Si el 11-S fue el capítulo piloto del siglo XXI, no es de extrañar que las series hayan convertido la catástrofe en su prólogo. Son tres sus figuras principales: el accidente *(Six Feet Under, Lost)*, la masacre *(Battlestar Galactica, Game of Thrones, The Leftovers)* y el diagnóstico de una enfermedad mortal *(Breaking Bad, Boss)*. Si en la mayoría de las ficciones televisivas esa catástrofe, personal o colectiva, supone un cambio radical –el giro en la vida de los personajes con que se inicia todo relato–, en la primera temporada de *Boss* nos encontramos con un antihéroe que decide ignorar la necesidad del cambio. A Tom Kane, alcalde de Chicago, le descubren una enfermedad cerebral degenerativa, comienza a sufrir crisis que minan su capacidad de gobierno, se medica ilegalmente, porque mantiene oculta su dolencia; pero sigue trabajando, porque todo ha cambiado, pero debe parecer que todo sigue igual. Su crisis médica es la más pequeña de las *matrioshkas:* se filtra a la prensa que es responsable de diversas irregularidades que se han cobrado víctimas mortales, desciende su popularidad, se le pone en contra el consejo municipal y arranca la campaña política que decidirá al nuevo gobernador de Illinois. Pero para ese gran titiritero el mayor estímulo son los desafíos.

La apariencia es la clave de la política. La percepción de la opinión pública es favorable al carismático gobernante, nodo central de todas las redes de conexiones que constituyen la ciudad, aunque su círculo más próximo sepa que es un monstruo. Sólo un periodista está dispuesto a revelar la corrupción del hombre. Para ello se acercará a la neuróloga que lo trata y que va a ser silenciada; a la esposa, hija del alcalde anterior, que mantiene con Kane una ambigua y fascinante relación de conveniencia; a cualquiera que pueda proporcionarle información acerca de la podredumbre que hay tras la máscara.

El divorcio entre la palabra y la acción, entre la publicidad y los hechos, tiene en el desvío constante su magistral recurso técnico. Es decir, los diálogos son desmentidos por las imágenes, o aluden simultáneamente a dos planos de lo que está sucediendo, el real y el fingido, a menudo a través de la metáfora. Por eso es fundamental el uso que hace Kane de la tecnología: grabarse en vídeo para estudiar sus lapsos, para recordar qué dijo durante sus crisis, qué decisiones tomó cuando no era capaz de controlar su propio cerebro. Rebobinar la escena inmediatamente anterior significa confrontarla desde una nueva perspectiva. La del protagonista, a solas, cuando no hay disfraz posible y no puede sostener la mentira que es su vida.

Tal vez el personaje más interesante de *Boss* sea el de la hija del alcalde, cuya existencia responde a la estructura trágica de la obra. En un contexto dominado por la infidelidad, el asesinato, la traición y el complot, el periodista y ella son los dos únicos individuos cuya fe no ha sido ensuciada por la política. La fe en la verdad y en el bien. Emma es rectora en un centro episcopal de servicios sociales. Se trata de una figura sacrificial: antes de que comenzara la historia ya fue sacrificada, en aras de que sus padres conservaran el poder que habían amasado, y volverá a serlo durante el transcurso de la temporada. De hecho, esa es la función de todos los personajes que rodean a Tom Kane, todos sus familiares y sus asesores próximos, sin distinción, se sacrifican o son sacrificados. Pero en sus casos estamos ante un castigo: osaron conspirar contra el tirano y tienen que asumir las consecuencias. En el caso de la hija, en cambio, no hay afrenta. Es la única persona del mundo a la que ama y que le corresponde y, no obstante, renuncia a ella. Porque la erótica del poder es superior a cualquier otra.

En ese y en otros momentos, el telespectador de *Boss* duda de la verosimilitud de la obra. Por ejemplo, en las escenas de violencia en el despacho oficial, cuando Kane humilla y agrede físicamente a otros agentes políticos de la ciudad. Una explicación de por qué un relato tan poderoso roza puntualmente lo inverosímil se encuentra en esa dimensión trágica que he mencionado. Tom Kane está más cerca de los protagonistas de Shakespeare o de Esquilo que de Tony Soprano o de Walter White. Lo único que realmente merece la pena para él es el bienestar de la *polis*. Es tal el grado de su identificación con Chicago que prescinde de la comunidad mínima que ha sacralizado la ficción televisiva norteamericana: la familia. Renuncia a su condición de padre y de esposo porque sólo le interesa ser un patriarca. Su soledad es la de Creonte, no la de Don Draper. Subrayar esa tragicidad conduce a Farhad Safinia, creador y guionista de *Boss*, a encadenar, capítulo a capítulo, el diagnóstico de la enfermedad mortal con los cadáveres que conlleva su ocultación. Y, con ello, a una saturación trágica que hace destacar la serie entre sus contemporáneas. Porque en el resto predomina una cosmovisión pesimista, pero casi siempre el amor y, sobre todo, la familia, se convierten en pulmones artificiales que insuflan un poco de oxígeno a la negatividad imperante. A menudo encontramos también, cumpliendo la misma función, a un personaje que reactualiza el rol del gracioso. En *Boss* no hay amor que salve, familia en que refugiarse ni humor que anestesie. Todo es dolor y sacrificio y muerte y pérdida. Tal vez sea la serie más dura que jamás se haya rodado. Es indudable que está narrada en un nivel de excelencia formal y dramática y psicológica que a nadie puede dejar indiferente.

En el panorama de las ficciones que en los últimos años han querido retratar la metrópolis en su conjunto, *Boss* se puede leer como la antítesis de *The Wire*. Y Safinia, de origen iraní, educado en París y en Londres, guionista con Mel Gibson de *Apocalypto* (una película ambientada en el mundo maya), como el reverso de David Simon. Esa sería otra respuesta al flirteo con lo verosímil de la serie: su creador no conoce a fondo la ciudad de Chicago, no hay referentes históricos directos de esos personajes, que pese a su adicción al sexo o a la tecnología, nos resultan constantemente *clásicos*. Si Simon y Burns basan las cinco temporadas de su serie en la investigación, en la experiencia personal, en la crónica, Safinia en cambio se documenta y ficcionaliza. Si Simon apuesta por el protagonista colectivo, tanto en el Baltimore de su obra maestra como en la Nueva Orleans de *Treme*, Safinia lo hace por el antihéroe solo y único. Si Simon descree de la posibilidad de un gran lector urbano, de alguien capaz de mover todos los hilos, de controlar todas las esferas, de entrar y salir constantemente de la legalidad para regir con mano de hierro, Safinia dota a Kane justamente de esos rasgos. Unos rasgos más premodernos que posmodernos. El alcalde, en lo alto de la torre, contempla los confines amurallados de Tebas, Esparta, Troya o Chicago.

Las ciudades de *Dexter*, *CSI*, *Daños y perjuicios* o *The Good Wife* son fragmentadas, parciales, telones de fondo carentes de una identidad protagónica. Solo en otra serie estrictamente contemporánea a *Boss* encontramos esa misma idea: la ciudad puede ser controlada, interpretada por un único hermeneuta. *Person of Interest* construye una Nueva York vigilada las veinticuatro horas del día por cámaras de seguridad, cuyas imágenes son procesadas por una máquina (The Machine), diseñada en el marco de la lucha antiterrorista, que gestiona tal cantidad de información que la mayor parte de ella, la que no atañe estrictamente al terrorismo, es descartada por las autoridades. Es ahí donde entra en escena Mr. Finch, un informático billonario que participó en la creación del artefacto y que recibe ese exceso de información, lo canaliza, lo interpreta. Son números. Números que apuntan hacia personas que, como víctimas o como verdugos, van a verse involucrados de forma inminente en un crimen. El brazo ejecutor de Mr. Finch es un antiguo agente de inteligencia, una auténtica máquina de matar, John Reese. Mientras que este se mueve por la ciudad, aquel lo teledirige frente a la pantalla del ordenador, con un mural de fotografías, recortes de diario y notas al fondo. Entre las distintas escenas, las imágenes de cámara de seguridad actúan en la serie como puntos y aparte entre párrafo, marcando un ritmo, una sintaxis. Es una mirada sin nadie. Sin narrador. Sin relato. Son dos seres humanos, con sus movimientos virtuales o físicos, quienes crean el discurso, encarnándolo. El color de los hechos frente al blanco y negro de ese monstruo informe y único. Urbano.

# *Mindhunter* o la génesis del asesino psicópata

¿Quién nos iba a decir a estas alturas del partido que era posible una serie de televisión policial genéticamente innovadora? Es decir, que podía llegar a nuestras pantallas una serie que no se limitara a alterar elementos más o menos periféricos de la tradición detectivesca, sino que interviniera en su núcleo duro, en su ADN, para provocar en él una mutación.

Eso es precisamente lo que logró *Mindhunter,* incorporándose a la tradición mínima de obras previas que también se atrevieron a alterar las premisas básicas. Es decir, si hay un núcleo canónico de relatos policiales que se centran en la comisaría o la oficina del FBI, la investigación de casos, su resolución, tal vez su juicio *(Hill Street Blues, Homicide, CSI, The Wire, The Shield, True Detective, Fargo...),* también existe una dimensión paralela en que ese esquema varía radicalmente, sobre todo por la incorporación de la figura del psicópata *(Dexter, Hannibal).* En su cruce se inscribe con fuerza *Mindhunter,* una serie policial extrañamente *académica*, en que la teoría criminal tiene mucho más peso que su práctica. No trata sobre la existencia de asesinos concretos o sobre la resolución de casos, sino sobre la génesis de un concepto: el del asesino en serie.

Sus tres protagonistas no son agentes de campo, sino profesores. Holden Ford (Jonathan Groff) y Bill Tench (Holt McCallany) dan clases en la academia del FBI y a policías de todo el país. Cuando deciden aprovechar esos viajes para entrevistar a asesinos múltiples confinados en prisiones distantes, no sólo cambian el rumbo de sus vidas, sino también el de la crimonología. Como documenta la obra de no ficción en que se basa la serie, *Mind Hunter: Inside FBI's Elite Serial Crime Unit*, de Mark Olshaker y John E. Douglas, hasta finales de los años setenta no se había observado la particular anatomía del homicida sistemático, del asesino psicópata. La psicología y la psiquiatría de alto nivel se desarrollaban en la clínica y en la universidad, sin penetrar en las instituciones de vigilancia y control. La doctora Wendy Carr (Anna Torv), reconocida investigadora académica, actúa en el relato como puente, cuando decide unirse a la unidad del FBI. Hasta entonces Ford y Tench han ido acumulando perfiles y datos a fuerza de tesón y de intuición; Carr les proporcionará la disciplina, el método.

Si existe un precedente serial de *Mindhunter* no se encuentra en el género policial, sino en el poliamoroso: en efecto, *Masters of Sex* fue la primera serie que se obsesionó por el método científico y por los datos en un ámbito de investigación también nuevo. Si en sus cuatro temporadas Masters y Johnson elaboraron una metodología de estudio del sexo que incluía la fase de laboratorio (parejas observadas durante su actividad cultural) y la de estadística (el cotejo de los datos obtenidos y su cuantificación en busca de patrones), en la primera de *Mindhunter* las entrevistas en prisiones de máxima seguridad, su transcripción y la clasificación de los datos obtenidos también constituyen el esqueleto narrativo. Pero en él se extrema la dimensión académica, reduciendo al mínimo el drama hormonal, la tensión psicológica, las pulsiones entre los personajes. Aunque asistamos a la transformación de Holden en un monstruo, esclavizado por su propia intuición, en ningún momento deja de ser una metamorfosis sutil, menor: no se traduce en ninguna explosión violenta, en ningún crimen. En el capítulo más extraño de la serie, de hecho, esa deriva del personaje conduce a la expulsión de un director del colegio en que trabaja, porque en un arrebato Holden opina que su extraño comportamiento con los niños podría llevar a que en el futuro sí cometiera algún acto infame.

Holden encuentra su inquietante espejo deformante en Edmund Kemper, un personaje inolvidable. Es el primer asesino en serie al que entrevistan y, sin duda, el más inquietante, por su gran tamaño, por su cara de niño con gafas, por su inclinación a hacerse amigo de los guardias de seguridad y de los policías (y por ser real: mató, decapitó y violó a su madre, entre otras víctimas). La génesis del concepto «asesino en serie» sólo podía articularse dramáticamente poniéndole rostro. Aunque *Mindhunter* sea una gran serie de ideas, finalmente hay que encarnarlas en músculos y miradas y hasta un inesperado abrazo. Holden y Kemper admiten, en ese momento, sin palabras, reconocerse en el núcleo duro de sus personalidades. El gesto anuncia el hundimiento del agente del FBI durante la segunda temporada: no es posible salir indemne de semejante abrazo.

# *Hannibal*: la escena del crimen como arte contemporáneo

Al menos desde las obras más radicales de Marcel Duchamp somos conscientes de que el arte es también contextual. Arthur C. Danto, en *Después del fin del arte*. *El arte contemporáneo y el linde de la historia*, habla del tránsito en los años setenta entre el *modern Art*, que no precisa según él de la filosofía, y el *contemporary Art*, que en cambio no se entiende sin ella. A su juicio, el nuevo paradigma se caracteriza, además de por la importancia fundamental del discurso filosófico y por tanto de *la idea*, por cuatro elementos más: el hecho de que los artistas no se revelan contra el arte anterior (disponen de él como archivo, pero no pueden acceder a su espíritu); la autoconciencia (a la que también han llegado las series), y su emancipación respecto a las categorías de orden, belleza y materialidad, y por una determinada estructura de producción.

Esa última palabra es clave y remite a la cuestión del contexto. En el mundo de Hollywood el arte puede ser comercial, *mainstream*. No existe la distinción entre entretenimiento y arte porque todo el sistema se sostiene, precisamente, en el concepto del *arte del entretenimiento*. Y este no puede renunciar a la materia de las series; ni a la belleza de los planos; ni a la ilusión de un orden que, en el espacio doméstico, nos haga sentir a salvo del caos exterior.

Si Danto tiene razón y el cambio de paradigma se produce en los setenta, *Mad Men* –que se ambienta en la década anterior– podría ser clave para analizar la relación de las series con el arte contemporáneo. Es la época, por cierto, en que Andy Warhol acerca con sus latas de sopa Campbell's y otros proyectos la publicidad, la tipografía, el diseño, el conceptualismo duchampiano, las artes contemporáneas y –sobre todo– la producción en serie. Tal vez sean dos los grandes momentos de la teleserie a este respecto. Uno tiene que ver con un cuadro de Rothko; el otro, con la emergencia de la performance.

Capítulo séptimo de la segunda temporada. La nueva adquisición de Bertram Cooper despierta el interés de todos sus empleados, hasta el punto de que varios de ellos aprovechan su ausencia para colarse en su despacho y poder mirar con atención el cuadro expresionista y abstracto. Los comentarios ante la composición roja de Mark Rothko son bastante banales, excepto el de Ken Cosgrove, quien no en vano es un talentoso escritor que, por las convenciones sociales y los imperativos del mundo empresarial, renuncia a su vocación:

–Es como mirar algo muy profundo. Podrías caer en él.

Más tarde el propio Cooper recibe en su despacho a Harry Crane, el responsable del departamento de televisión de la empresa, quien le acaba confesando que no tiene ni idea de arte contemporáneo. Y Cooper, a su vez, le confiesa que a él sólo le interesa como inversión económica.

El boom del expresionismo abstracto fue en los cincuenta, de modo que tiene sentido que en la década siguiente la transacción económica de esos lienzos sea común entre la alta burguesía norteamericana. Para entonces la pintura se irá viendo inmersa en la crisis que todavía la afecta, precisamente –en parte– porque el *action painting* de Pollock mostró una vía de investigación alternativa a la de la mirada: el gesto, la danza, la música (pintaba a ritmo de bebop) no sólo como caminos hacia la obra, sino como obras en ellos mismos. Esa línea de las artes plásticas converge con la literaria de la Generación Beat, cuyos recitales poéticos también son en sí mismos obras de arte dramático e intervenciones políticas, *artivismo*.

En el octavo capítulo de la primera temporada encontramos una escena en que se observa el choque entre la cultura underground y la oficial. Acompañado de su amiga hippie, Don llega a un bar en que se está recitando poesía. Primero tenemos una lectura convencional: el escritor lee su texto ante el público; pero después llega una auténtica performance: una chica recita un poema, sin leerlo, acerca de un sueño erótico con Fidel Castro en una cama *king size* del hotel Waldorf Astoria, con Nikita Jrushchov mirando por la ventana. Viva la revolución, dice en español en algún momento. Cuando termina, se quita el jersey y muestra sus pechos al auditorio.

–Demasiado arte para mí –es la respuesta de Don antes de irse. Es una respuesta irónica, pero también sintomática. Y no sólo de su época, sino de la difícil recepción de las propuestas contemporáneas por parte del público general desde los sesenta hasta ahora. La grandísima mayoría de los personajes seriales son incapaces de valorar el arte contemporáneo (o de valorarlo sólo como dinero).

Tras una visita al museo de Santa Fe que expone las pinturas de Georgia O'Keeffe, Jesse Pinkman *(Breaking Bad)* dice:

–No lo pillo. ¿Por qué alguien pintaría una puerta una y otra vez?

A Jesse le parece propio de un psicópata. Su pareja, en cambio, opina que cada puerta es diferente porque es diferente cada vez que la miras, como fumar un cigarrillo o hacer el amor.

Ni el intelectual ni el artista son figuras protagónicas en la mayor parte de la serialidad televisiva. Probablemente se trate de una cuestión de empatía: el espectador medio no se puede identificar con alguien cuya cultura sea muy superior a la suya. Es interesante cómo ese límite se convierte, en realidad, en un desafío: cómo desarrollar ideas abstractas, cómo introducir temas y referencias culturales en diálogos verosímiles de gente humilde, criminales, policías, abogados, médicos y amas de casa de clase media.

La teleserialidad contemporánea se configura en los años ochenta y noventa, mediante obras de referencia como *Berlin Alexanderplatz*, de Rainer Weiner Fassbinder, *Hill Street Blues*, de Steven Bochco, *Twin Peaks*, de Mark Frost y David Lynch, o *The Kingdom*, de Lars von Trier. En ese corpus posible, pilar de la tercera edad de oro, observamos cómo las series vampirizan todos los lenguajes precedentes: la literatura, el cine, el teatro, al tiempo que reciclan el lenguaje propio. Mientras que la pintura, la escultura, la escenografía, la música, el vestuario y otros lenguajes expresivos tienen cabida naturalmente en lo serial –como lo tuvieron mucho antes en la ópera–, es muy difícil incorporar esa *idea* que deviene fundamental del arte contemporáneo a partir de Warhol, artista serial. ¿Cómo traducir el arte conceptual al arte del entretenimiento? ¿Cómo incorporar la performance y la instalación en los procedimientos narrativos seriales? ¿Cómo hacer verosímil la presencia de arte sofisticado en entornos poblados por personajes que no pueden entenderlo? Mi hipótesis es que ese proceso se llevó a cabo a través del crimen entendido como performance y de la escena del crimen entendida como instalación. No en vano fue en los mismos años setenta cuando se acuñó el término *serial killer* –asesino en serie. Me da la razón el hecho de que la interesantísima comedia *I Love Dick*, que intentó contar una historia de deseo femenino en diálogo con la performance y el arte conceptual, en la misma Marfa de Donald Judd, fuera cancelada.

*Twin Peaks* actúa, una vez más, como big bang. Mark Frost, guionista de *Hill Street Blues*, y David Lynch, director de *Eraserhead* y *Blue Velvet*, se habían conocido en el proyecto de un biopic sobre Marilyn que jamás llegó a rodarse: un asedio a la figura femenina, a su fantasma. En *Lynch on Lynch* el director recuerda que la imagen inicial del proyecto que condujo a *Twin Peaks* fue la de un cadáver en la orilla de un lago: la mujer muerta y fantasmal. A partir de ahí acordaron, cuenta, tratar un caso de asesinato con elementos propios de un museo de arte. El realismo a través del surrealismo.

Ese mismo vector, de hecho, recorre la relación de las series con los crímenes. La gran mayoría de los reales no tienen sentido, no pueden ser comprendidos en términos racionales: son causados por la desigualdad, la pobreza, la incultura, la codicia, el menosprecio del valor de la vida. Pero los asesinos de *A sangre fría* de Truman Capote apenas tienen lugar en la serialidad, que prefiere al psicópata porque sí puede ser comprendido en términos freudianos, porque sí sigue un guión y tienen un plan. Un orden. Las escenas del crimen reales son informes. Las que vemos en las series, en cambio, han sido ordenadas por una mente criminal que –como ocurre en los murales– somete el caos de lo real a una ordenación, a un sistema. La basura, el detrito, el vertedero son sustituidos por la mutilación planificada, el diseño, la instalación. Por eso en las series de este cambio de siglo hemos pasado del psicópata como *outsider* (el que vemos en películas como *Henry, Portrait of a Serial Killer* o *Natural Born Killers*) al asesino en serie completamente insertado en la sociedad. Tal vez los dos paradigmáticos sean Dexter y Hannibal, que significativamente trabajan ambos para la policía.

La diferencia principal entre ellos –que comparten origen literario– aunque pueda parecer ética, es sobre todo de intención artística. Dexter es un ejecutor, no hay creatividad en sus acciones homicidas, ni conciencia de artificio, belleza u originalidad. Hannibal, en cambio, sí es un creador. No sólo eso, es uno de los poquísimos personajes seriales de vasta cultura, erudito, sibarita, sofisticado (¿será porque fue concebido en el siglo xx?). El *storytelling*, para Dexter, es una dimensión técnica del oficio forense: los patrones de sangre, nos explica, cuentan historias. Para él es un arte, el de la interpretación, que no debe concebirse como una de las *bellas artes*. En el lado opuesto y oscuro, él como asesino sigue una ética férrea y su protocolo, su ritual lo acercan al ámbito de lo sagrado, sin la distancia ni la ironía propias del arte contemporáneo.

En muchos momentos la puesta en escena de su trabajo con la sangre recuerda el expresionismo abstracto, o instalaciones artísticas como las de Beili Liu, que construyen espacios con hilos rojos. Pero la instalación como tal es sobre todo ideada y concretada por sus enemigos. Desde el primero, su hermano, en la temporada inicial, quien como antagonista radical de Dexter licua, drena la sangre de sus víctimas, y fragmenta sus cuerpos para recomponerlos en composiciones deshumanizadas y geométricas; hasta los *tableaux vivants* bíblicos de la quinta temporada, que precisan de la implicación del público para ser ejecutados (una policía tropieza con un cable invisible, el mecanismo se pone en marcha, la víctima es ejecutada en directo: la propia policía ha sido el público y el verdugo). Como ha escrito José Luis Molinuevo en *Guía de complejos*: «Una psicopatía es mutada en ejercicio de arte como esteticismo puro». Si en la novela negra clásica la sociología o el capitalismo salvaje, por no hablar de las bajas pasiones, eran el trasfondo de los móviles de la actividad criminal, en las series criminales protagonizadas por psicópatas ese espacio se vacía, pierde interés narrativo, se imponen el mal absoluto y el arte por el arte.

Nadie en esa comisaría de Miami tiene el más mínimo interés cultural. Son funcionarios apasionados por su trabajo, que no dedican ni una hora semanal al *cultivo del espíritu*. En un nivel profundo, por tanto, podría decirse que *Dexter* habla de la proscripción del arte de la esfera del interés general. O de cómo, para que interese al espectador medio, tiene que metamorfosearse en crimen creativo. Esa sublimación se hace aún más patente en *Hannibal*, porque en esa otra serie sí hay una persona que ama la música clásica, dibuja o lee; pero no tiene ningún interlocutor con quien compartir esos intereses. La construcción de la soledad es radical: Dexter tiende lazos con su hermana o con su hijo, mientras que Hannibal es un hombre brutal y conscientemente solo. El modo en que fuerza la conversación sobre cultura con otras personas es la invitación a cenar. La gastronomía se presenta como un puente, como una síntesis de conocimientos diversos, y como un modo aceptado socialmente de aprendizaje, de sofisticación y de violencia, en el contexto del canibalismo entendido como una práctica elitista, de vanguardia.

El arte contemporáneo aparece en *Hannibal* como en ninguna otra serie: el diseño de interiores, la cocina, las escenas del crimen e incluso la música son vehículos de exploración de la sensibilidad más avanzada del siglo XXI. En el comedor del protagonista hay un jardín vertical, como los que en los noventa monumentalizó y transformó en franquicia Patrick Blanc. Los platos que elabora son fruto de la colaboración, en el mundo real, del chef José Andrés y de la estilista Janice Poon. En los asesinatos se observan ecos de Damien Hirst (el cuerpo de una de las víctimas es laminado y presentado en plataformas verticales, como si de alguno de los animales de Hirst se tratara), del arte naif (por llamar de algún modo a la plastinación de Gunther von Hagens y a su exposición en gira universal permanente *Human Bodies*, como traducción *mainstream* de la estética de Hirst), del arte tribal americano (varias de las imágenes emblemáticas de la obra tienen que ver con cuerpos dispuestos como tótems, en mezcolanza con cornamentas, huesos y otros elementos habituales en la artesanía primitiva) o de Spencer Tunick (uno de los asesinos construye collages humanos, pegando los cuerpos desnudos y revelando, si se mira desde las alturas, ese mismo impulso por la ordenación del caos natural que recorre este ensayo). La música, por último, es obra de Brian Reitzell, compositor de la banda sonora de varias películas de Sofia Coppola, quien firma una dimensión sónica de la obra, tan poderosa como la de los diálogos o las imágenes, a través de una magistral alternancia de disonancias, sintetizador, percusiones y música clásica (el repertorio es muy variado y en él destacan las *Variaciones Goldberg* de Bach, que aparecen en varios momentos, como el ritmo secreto de la serie). Reitzell trabaja los episodios como piezas de arte sonoro: de los cuarenta y tres minutos de cada uno, cerca de cuarenta poseen música, de modo que el conjunto suena en nuestras conciencias como una interminable y lúcida pesadilla.

El escritor Sergio Chejfec evocó en un artículo titulado «Después del tiempo del manuscrito» estas palabras del filósofo Boris Groys: «La instalación es para nuestro tiempo lo que fue la novela para el siglo XIX. La novela fue una forma literaria que incluyó a todas las demás formas literarias de aquel entonces; la instalación es una forma del arte que incluye todas las demás formas de arte». La metáfora me parece adecuada para pensar las teleseries contemporáneas, que construyen un artefacto narrativo a partir de la gran mayoría de lenguajes expresivos de nuestra época. En ciertas narrativas sobre asesinos en serie, por tanto, la performance del asesinato y la instalación de la escena del crimen estarían dentro de la gran instalación que es toda serie con ambición artística.

Añade Chejfec: «yo diría que si existe la posibilidad de un realismo en literatura alejado de sus propias convenciones ahora agotadas, ello pasa por la idea de instalación en tanto que artefacto que muestre su propia artificiosidad y al hacerlo conserve, más bien proteja, la materialidad externa de los objetos que exhibe o descubre». Esa distancia es intrínseca al modo en que las series se relacionan con lo real; pero se exacerba en las de esta segunda década del siglo XXI, barrocas como *Breaking Bad*, *True Detective*, *Fargo* o *Hannibal*, relatos marcados por el *horror vacui*, que en cada plano dejan claro que su realismo es autoconsciente, lejano.

En 1996 Hal Foster publicó *El retorno a lo real*, una de cuyas tesis era que hasta que no llega la neovanguardia no se activa la vanguardia (al tiempo que se institucionaliza). Lo que he llamado el *giro manierista* se puede entender en esos términos: hasta cuando en 2007 y 2008, respectivamente, inician su emisión los depurados y esteticistas capítulos de *Mad Men* y *Breaking Bad*, no comienza a imponerse la conciencia de la importancia clásica y canónica de las grandes series precedentes de HBO *(The Sopranos, The Wire, Deadwood...)*. Foster habla de los ejes anticipación/reconstrucción y represión/repetición como motores del devenir artístico contemporáneo. Defiende que la obra de vanguardia no es «históricamente eficaz o plenamente significante en sus momentos iniciales», porque «es traumática –un agujero en el orden simbólico de su tiempo que no está preparado para ella, que no puede recibirla, al menos no inmediatamente, al menos no sin un cambio *estructural*». El realismo de nuestra época es necesariamente traumático. Por eso la telerrealidad sintoniza a la perfección con la cultura de la terapia. Si la neovanguardia dejó de creer en la idea de ruptura, las series serían un poderoso ejemplo de neovanguardia: «repensar la transgresión no como una ruptura producida por una vanguardia heroica fuera del orden simbólico, sino como una fractura producida por una vanguardia estratégica dentro del orden». Se trataría de cambiar la ruptura por la exposición: exponer la crisis, su derrumbe, sus ruinas.

# El cuento de la criada: todos los nombres

Fue precisamente en 1984 cuando Margaret Atwood empezó a escribir en Berlín *El cuento de la criada*, una novela extraordinaria llamada a suceder a *1984* como metáfora del futuro inmediato. Si Orwell fabuló la existencia de un Gran Hermano que, a nuestros ojos, es sinónimo de telecontrol y drones y telerrealidad; se podría decir que *El cuento de la criada* anticipa la obsesión actual por la fertilidad, en un contexto de extremismo religioso que también nos es sospechosamente familiar.

Bienvenidos a la República de Gilead, un Estado teocrático surgido de un golpe de Estado que pretextó estar velando por la seguridad nacional tras un atentado terrorista. Sus habitantes todavía recuerdan las libertades recientes, que han sido suprimidas en aras de instaurar una nueva realidad, en que la Biblia se lee literalmente en todas las situaciones de la vida cotidiana. Entre ellas, la procreación.

Una plaga de infertilidad ha convertido a las escasas mujeres fértiles en bienes muy preciados. Inspirados en un pasaje del Antiguo Testamento que prefigura los vientres de alquiler («He aquí mi sierva Bilhá; únete a ella y parirá sobre mis rodillas, y yo también tendré hijos de ella»), esas mujeres que ovulan pasan a llamarse *criadas:* su función es dejarse poseer por los *comandantes* que controlan política y militarmente el país. Ambos forman parte de una nueva forma de familia en que los niños prácticamente no existen, junto a las *esposas*, las *martas* y los *chóferes*. Los espías infiltrados

en la sociedad son conocidos como *ojos*, y las maestras de las criadas, como *tías*. Para construir una nueva realidad hay que crear un
nuevo lenguaje.

La Biblia, esa novela infinita, ha sido adaptada innumerables
veces. Atwood imagina una adaptación a la realidad, perpetrada
por asesinos dementes que niegan la información, la tecnología, el
dinero, la cultura, el trabajo a las mujeres. Su propia novela fue una
película y una ópera antes de convertirse en serie de televisión. La
escena inicial de esta ocurre en la página 116 del libro. La lectura de
ambas obras en paralelo recuerda que el tiempo de la literatura es
sobre todo interior (la memoria, la mente, las palabras, de June),
mientras que el de la pantalla es exterior (la acción, los cuerpos,
pese a los *flashbacks* y la voz en off). Si en la novela destacan las
impresionantes metáforas de June, su dominio de la lengua («Me
muero por tocar algo, algo que no sea tela ni madera. Me muero
por el acto de tocar»); en la serie se impone otro tipo de perfección
formal: la de la composición visual de las escenas. Mujeres de hoy
vestidas y retratadas como en los cuadros de Vermeer o de Ham-
mershoi. Ceremonias pedagógicas o punitivas o religiosas o sexuales de coreografía milimétrica. Escenas médicas en que escenografía
ginecológica o el instrumental del siglo XXI contrastan con la vida
cotidiana del XVIII. Todo intensamente teatral. Y muy inquietante.

El Comandante y la Criada juegan al Scrabble. No podría haber
sido ajedrez o naipes: tenía que ser un combate de palabras. Ella se
llama realmente June, pero en su nueva vida su apelativo es Defred
(las criadas pierden su identidad, la preposición «de» las define
como propiedad de otro, como apéndice, como instrumento repro-
ductivo, como piezas intercambiables). Todas las dictaduras instau-
ran su *doblepiensa*: June, que es la narradora, contrapone constantemente su discurso íntimo (voz en off) con ese discurso público que
ha tenido que aprender a golpes y que proviene directamente de las
Sagradas Escrituras.

Hay todavía un tercer registro lingüístico en la serie, mucho
menos empático que la voz de ella, mucho menos impactante y
escalofriante que esos diálogos que cortan el aire, con sus expre-
siones ancestrales, anacrónicas, de pronto vigentes gracias a ese
milagro que llamamos verosimilitud narrativa. Me refiero a los

mensajes escuetos que se intercambian los paramilitares que patrullan constantemente las casas y los jardines y ese río infernal junto al que son colgados los *traidores de género* o los miembros de las sectas rivales.

–Cambio de turno en quince minutos –dicen por sus walkietalkies.

Sus palabras, siempre técnicas, acaban articulando como un zumbido esos capítulos perfectos. Sus presencias de negro nos recuerdan que las familias en sus casas, las criadas por parejas de camino a la compra, los coches negros con sus chóferes y sus comandantes, los hombres que van o vuelven del trabajo: todo el sistema depende tanto del lenguaje de la fe como de la militarización del mundo, que busca la muerte de todo lenguaje.

En la segunda temporada, que suprime esa banda sonora de mensajes militares en el espacio público e instaura los silencios de los lugares abandonados, durante su huida hacia Canadá, June es acogida por una familia mestiza. Sus tres miembros se van a misa por la mañana y ella se queda sola en el apartamento. Pocos minutos después, un vecino llama a la puerta y ella, asustada, se esconde debajo de la cama matrimonial. Allí descubre un libro y una tela. Un libro prohibido y una pequeña alfombra. Un ejemplar del Corán y una alfombra de oración.

Entonces se entiende por qué June –que antes de ser esclava sexual fue editora de textos académicos– ha ignorado los libros durante sus meses de huida. Mientras se escondía en la redacción en ruinas de *The Boston Globe* vio capítulos en DVD de *Friends* y recortó noticias de viejos diarios. Y en su segundo refugio tampoco busca, ávida, literatura. Gracias a esa ausencia, el hallazgo del libro sagrado del Islam adquiere aura de epifanía. En un mundo sin libros, ese musulmán que guarda el que más importa debajo de su cama, jugándose la vida en ello, se vuelve un símbolo de resistencia. O de estupidez. Atwood ha declarado en varias ocasiones que *El cuento de la criada* no aborda el islamismo, sino el cristianismo, la ideología religiosa más poderosa de Estados Unidos, que es donde está ambientada la novela que escribió en los años ochenta. Para las tocas que ocultan los rostros de las criadas recurrió a tres fuentes iconográficas: los trajes victorianos, los hábitos de las monjas y la mujer sin rostro de las etiquetas de un detergente de los años cuarenta. La presencia de ese ejemplar oculto del Corán nos recuerda que la serie, sobre todo en esta segunda temporada, habla del fundamentalismo religioso cristiano, de la ultraderecha, de Trump. Los musulmanes son la minoría perseguida.

Perseguida, por cierto, como nunca lo fue realmente en Estados Unidos, sino como lo fue en la España de la Santa Inquisición, cuando era habitual que los conversos por la fuerza al catolicismo siguieran practicando, en secreto, los protocolos del judaísmo o del Islam. Como todos los clásicos, *El cuento de la criada* no sólo cuestiona el poder de su propia época (mientras en Estados Unidos Ronald Reagan alimentaba las esperanzas de las sectas cristianas, la autora residía entonces en Berlín y tenía muy presente el Muro, la Europa del Este hipervigilada y censora, cuyos habitantes recordaban cómo era el mundo antes de la dictadura del proletariado), sino también del pasado y del futuro. Para engordar la verosimilitud de las repercusiones de la epidemia de infertilidad, por ejemplo, Atwood pensó en los robos de niños durante la última dictadura Argentina. Hoy es inevitable ver en Gilead el fantasma del abominable Estado Islámico. La demencia, la persecución de los inmigrantes y las amenazas a la libertad de expresión se han instalado con especial virulencia en Estados Unidos precisamente en los dos últimos años, mientras se emitían la primera y la segunda temporada de la serie. Y el feminismo es la gran tendencia del pensamiento crítico de nuestra época. En el prólogo de las últimas ediciones del libro, Atwood se pregunta si este es feminista y responde: «Si eso quiere decir un tratado ideológico en el que todas las mujeres son ángeles y/o están victimizadas en tal medida que han perdido la capacidad de elegir moralmente, no». Y añade: «Si quiere decir una novela en la que las mujeres son seres humanos –con toda la variedad de personalidades y comportamientos que eso implica– y además son interesantes e importantes y lo que les ocurre es crucial para el asunto, la estructura y la trama del libro… Entonces sí». Desde los rituales secretos de los conversos hasta la explosión actual del feminismo, pasando por las dictaduras latinoamericanas, el terrorismo islámico o Trump: son múltiples los ecos históricos que retumban en la caja de resonancias de la novela convertida en serie de televisión.

El episodio en que June huye y es protegida por la familia que esconde un Corán en el somier está recorrido por la maternidad como estructura simbólica y narrativa. Antes de tomar la avioneta que podría llevarla a Canadá, la protagonista tiene que renunciar mentalmente a su hija, secuestrada por la dictadura; por esa razón su memoria se centra en el recuerdo de su propia madre. El guión del capítulo cita textualmente algunos pasajes de la novela («Naciste cuando yo tenía treinta y siete años, me dijo mi madre»), pero sobre todo convierte en personaje de carne y hueso una presencia fantasmal en su primera existencia literaria. La madre es una feminista clásica y luchadora, una activista que fue agredida por los paramilitares en los primeros meses del golpe de Estado y que acabó deportada en las Colonias (June la ve en una diapositiva durante su adiestramiento como criada). Un *flashback* nos muestra la noche en que llevó a June, una niña, a una manifestación en que un grupo de mujeres quemaba papeles con los nombres de sus violadores.

El nombre como último reducto de la identidad: tanto la novela como la serie insisten una y otra vez en esa idea. Durante su huida June no sólo recupera su nombre y sus apellidos; su origen y su linaje, su memoria sentimental, familiar y profesional, y el control sobre su cuerpo (el sexo salvaje con Nick; la gimnasia a lo Rocky Balboa; la libertad final de movimientos). También protagoniza dos acciones de control de la memoria y la dignidad colectivas. Cuando descubre que la sede de *The Boston Globe* fue convertida por los matarifes del nuevo gobierno en el recinto de una carnicería, probablemente de periodistas y otros profesionales de la palabra, crea un memorial en que los nombres de las víctimas conviven con objetos personales y con cirios encendidos. En paralelo construye un mural con recortes de diarios, una suerte de genealogía del desastre, de historia polifónica del hundimiento, en un mundo sin historiadores, sin documentalistas, sin producción textual, sin diarios, sin academia, sin escritores. «Un grupo de hombres autoritarios se hace con el control y trata de instaurar de nuevo una versión extrema del patriarcado, en la que a las mujeres –como a los esclavos americanos del siglo XIX– se les prohíbe leer», escribe Atwood en su prólogo. Después añade que tampoco tienen acceso al dinero ni al trabajo. Pero el énfasis recae en la lectura. Y June, en ese matadero siniestro se convierte, durante unas semanas, en la única lectora del apocalipsis.

En la novela, además de jugar a Scrabble con Fred, a veces, June puede leer revistas femeninas y literatura (Chandler, Dickens). En la serie no hay televisión en Gilead; sí existe, en cambio, en la novela, verla forma parte del ritual familiar que legitima la violación periódica de la criada. Después de leer la obra maestra de Atwood uno pensaba que la distopía no podía ser más oscura. Al borrar por sistema pantallas y libros, *The Handmaid's Tale* nos recuerda que siempre es posible sumar oscuridad a la oscuridad. Que cuando finalizaron las dictaduras comunistas y el Muro de Berlín fue derribado llegaron Al Qaeda, los talibanes, el Estado Islámico. Que después de Ronald Reagan la mayoría democrática votó a Bush –padre e hijo– y a Trump. Que, después de abrirse al capitalismo, China ha adoptado un sistema informático para castigar y para premiar a sus ciudadanos, inspirado en los sistemas de concesión o negación de crédito bancario en Occidente (y en la dictadura de Orwell).

De todo eso habla *El cuento de la criada,* una novela y una serie que reivindican en cada capítulo el poder de los nombres propios, de las palabras que recuerdan, del lenguaje que invoca verdad, en un mundo donde la Biblia se ha convertido en el Código Civil y donde las mujeres han sido condenadas al silencio. En su centro June Osborne escribe con su cuerpo y con su voz su propio relato y su propia resistencia y una posible utopía más allá de las fronteras, en la democracia de Canadá, para no olvidar quién es y para que nosotros tampoco olvidemos quiénes somos. Lo demás es fanatismo religioso: y silencio.

# Chernobyl: una serie perfecta pero anacrónica

La metáfora siempre es más poderosa que su descarnado referente. Por eso el capítulo más trepanador de *Chernobyl* es el cuarto, en el que asistimos al exterminio de los perros enfermos de radiactividad. El espectador es introducido en esa carnicería a través de un muchacho sin experiencia, que es adiestrado por dos soldados veteranos. Nos reconocemos en la evolución del joven –de verdugo ineficaz, muy torpe, a ejecutor sistemático–: también nosotros nos hemos ido acostumbrando al horror. Y a través de su pareja de maestros recordamos la geopolítica de 1986: Afganistán, los últimos estertores de la Guerra Fría, todo un sistema político, económico y sobre todo moral al borde del colapso. La muerte de los perros ocurre a lo lejos o fuera de campo. También la de los seres humanos es invisible y, sin embargo, la vamos sintiendo –como un latido acelerado– en el trasfondo de los cinco capítulos de la miniserie de Sky y HBO. El guión de Craig Mazin y la dirección de Johan Renck insisten en la estrategia narrativa del momento culminante del cuarto episodio: al igual que vemos a la perra y a los cachorros, pero después solamente escuchamos los disparos con que son ultimados, también conocemos a los bomberos, a los técnicos nucleares o a los mineros, sin ser testigos directos de su fin.

La muerte está en el aire. La muerte es ceniza omnipresente. La muerte es radiación, aros concéntricos. La muerte –sobre todo– es colectiva y total. Pero ¿cómo representar dramáticamente las razones de su expansión en un mundo como el de la Unión Soviética, en el que los individuos no aspiraban ni podían aspirar al protagonismo? En la fase de documentación de la serie, Mazin leyó *Voces de Chernóbil*. *Crónica del futuro*, la obra maestra de historia oral que Svetlana Aleksiévich publicó –tras diez años de entrevistas– en 1997. Un libro arbóreo, en el que las voces se suceden como en una caja de resonancia, para dar un testimonio coral del desastre y de su insuficiente liquidación.

La productora –según ha declarado la propia escritora– le compró a la premio Nobel de Literatura los derechos de algunas de las historias de su libro (la más obvia es la del bombero Vasili Ignatenko y su mujer embarazada, Lyudmila). Pero en el momento de estructurar el guión de la serie, Mazin optó por un gran protagonista, Valeri Legásov (Jared Harris). Su suicidio, en los primeros minutos del episodio piloto, tras haber grabado unas cintas en las que confiesa la verdad sobre el accidente y su manipulación por parte del Estado, convierte –de hecho– toda la obra en la reconstrucción de los años decisivos de una única biografía.

En *Las tres vanguardias. Saer, Puig, Walsh*, Ricardo Piglia parte de una cita de Paul Valéry («Ningún poder es capaz de sostenerse con la sola opresión de los cuerpos con los cuerpos. Se necesitan fuerzas ficticias») en su análisis de las tramas sociales y de la ficción de Estado que constituyen eso que llamamos realidad nacional. Ese sinfín de relatos conforman –según él– el contexto mayor de cualquier novela, que «no hace sino detener ese flujo», en una construcción artística que invierte la lógica del discurso estatal. Mientras que «el héroe del Estado es aquel que dice que hay que bajar los ideales por culpa del peso de lo real»; el de la novela, en cambio –añade el autor de *Respiración artificial*– «sostiene que es necesario encontrar un ideal que le dé sentido a lo real». Esa es la tensión que encontramos entre la versión –antes soviética y ahora rusa, en lo esencial coincidentes– de los hechos acaecidos en Chernóbil y la serie *Chernobyl*.

Tras atribuir –en un congreso internacional en Viena– toda la responsabilidad del desastre a tres funcionarios de la central, exculpando al aparato del Estado (que no había invertido en seguridad, había obligado a la sobreproducción energética y había ignorado los informes que alertaban del peligro), Legásov es condecorado

–de hecho– como héroe nacional. Pero en ese mismo último capítulo, por supuesto, el héroe del Estado se transforma en el de la novela, se imponen la valentía, la verdad, el ideal.

Y eso es lo que subrayan, precisamente, los últimos segundos de la serie: una sucesión de imágenes de archivo en las que las personas que han inspirado a los personajes aparecen con su auténtico rostro, junto con textos en los que al mismo tiempo que se resumen sus destinos se enfatizan las mentiras de la Unión Soviética sobre las víctimas del accidente.

Hasta en ese detalle final *Chernobyl* recuerda a la que podría ser su gran modelo narrativo: *Show Me a Hero*, seis capítulos de David Simon y William F. Zorzi para HBO, ambientados en Yonkers, Estados Unidos, pero en los mismos años. Su título refiere a una cita de Francis Scott Fitzgerald: «Muéstrame a un héroe y te escribiré una tragedia». Ese es el punto de partida de la mayor parte de la ficción occidental y del propio Mazin, quien –al contrario que Simon o sus maestros, como John Ford– no la cuestiona. Legásov es, finalmente, un héroe clásico.

Para Piglia el personaje protagonista («el héroe») constituía todavía el elemento central e irreemplazable del relato. El guionista de *Chernobyl* defiende también esa concepción, sobre la que se construyó toda la mitología hollywoodiense. La obra de Aleksiévich, en cambio, erige una antropología y una estética completamente distintas, para enfrentarse al discurso oficial, para representar con dignidad el proceso con que el socialismo real aplastó a sus ciudadanos. Cuenta en *Voces de Chernóbil* que su editor le recriminó que contara historias que parecían proamericanas: «En el periódico no quiero gente que difunda el pánico. Tú escribe sobre los héroes, como los soldados que se subieron al tejado del reactor». Y afirma en *El fin del «Homo sovieticus»*: «Muchos vieron en la verdad a un enemigo». Para construir artefactos que hagan justicia a la heroicidad colectiva y que restituyan la verdad posible, la cronista renuncia tanto a un yo único vertebrador como a un protagonista. Y tras centenares de entrevistas transcritas y editadas con artesanía paciente, escribe polifonías estremecedoras.

–Cada mentira que contamos implica una deuda con la verdad –afirma Legásov en el juicio del último capítulo de la miniserie, el clímax de la historia. Pero Legásov no testificó en el juicio real.

Es una licencia dramática de Mazin. Y Ulana Khomyuk, no sólo tampoco testificó, sino que además no existió. Es una licencia de Mazin para darle un único cuerpo (no en vano de mujer, el de Emily Watson) a todos los científicos que investigaron la catástrofe (como conciencia moral, por cierto, recuerda a la Vinni Restiano que interpreta Winona Ryder en *Show Me a Hero*). La ficción del Estado ruso se contrapone a la ficción de HBO. La maquinaria política del ocultamiento sistemático se espejea en la maquinaria narrativa de un sello que eclipsa distintos grados de autoría (Sky es raramente mencionada, Aleksiévich no aparece en los créditos) y simplifica los hechos y se los apropia. Desde la mirada algorítmica –como desde la del régimen comunista– no existen los protagonistas ni los héroes; pero las fórmulas predominantes siguen apostando a las figuras centrales, porque saben que –en términos de audiencia y de crítica tradicional– son las ganadoras.

*Chernobyl* recrea con maestría un tiempo y, sobre todo, una atmósfera existencial; cuenta tanto con un guión como con una dirección precisos, efectivos, emocionantes; está interpretada con excelencia británica; pero no desenmascara ni revela verdad alguna, porque reivindica un sistema de representación de la historia reciente que hibrida la estética del realismo social (tan propia de las dictaduras) con la mitología heroica estadounidense, del todo ajena a la materia de la obra.

Rusia anunció en su día una producción que daría cuenta de su versión de la catástrofe, con sus héroes y enemigos (y el partido político Comunistas de Rusia ha pedido la prohibición de *Chernobyl* y que sus responsables respondan ante la justicia). Entre una y otra serie, *Voces de Chernóbil* muy probablemente seguirá siendo la mejor lectura sobre el desastre que hizo temblar el mundo hace más de treinta años: por su respeto a las víctimas y a los testigos; por su arquitectura en red; por su excavación arqueológica en el yacimiento de la central nuclear y de la cosmovisión soviética, y por su ausencia de centros anacrónicos.

# El incómodo retraso de *Twin Peaks*

Al segundo intento, la chica logra entrar en la habitación secreta. Le ha llevado de nuevo un café al chico que le gusta y, gracias a que a la segunda va la vencida, ahora no está el guardia de seguridad y él se atreve a dejarla entrar. Van al grano. Un beso. Ella se levanta. Se quita el vestido. Se ven sus piernas desnudas, las dos nalgas, la lencería muy fina. Se quita el sujetador: asoma medio pecho hermoso y rotundo, sexy como los de *Game of Thrones*, pero partido por el plano. Y pronto estarían follando, como en cualquier capítulo piloto de HBO o Hulu o Showtime, pero entonces en la jaula de cristal aparece una forma monstruosa, que se moldea a sí misma en el aire, por momentos parece *El grito* de Munch, por momentos un alienígena que quiere comunicarse sin éxito. Y la pareja se queda boquiabierta, paralizada. Y son destrozados. Y mueren.

(Por cierto: eso que acabas de leer no es un *spoiler*. Piénsalo: verás que tengo razón. Sigo.)

Así de contundente es el manifiesto con el que Mark Frost y David Lynch reinician *Twin Peaks*, un cuarto de siglo y casi una edad de oro de la televisión más tarde. ¿Que tiene que haber desnudo y sexo en el piloto? Pues lo ponemos. Eso sí, el coito va a ser *interruptus* y nosotros vamos a dejar bien claro que las convenciones y las fórmulas y los chantajes que se han ido imponiendo durante estos últimos quince años en las series de televisión no nos afectan, porque nosotros somos la vanguardia, los pioneros, los héroes fundadores. Y estamos por encima del bien y del mal.

Los dos primeros episodios de la tercera temporada de *Twin Peaks* dejan bien clara esa posición en varios momentos. Tal vez los más elocuentes sean el que acabo de describir y el final del segundo capítulo, ese concierto de Chromatics en el Bang Bang Bar. En una performance que sería más propia del recibidor de un centro cultural que de una taberna del pueblo, interpretan *Shadow*, que se alarga al margen de la acción con un regodeo que sólo puede ser entendido como iconoclasia.

La insistencia de los creadores en la Habitación Roja como museo de arte contemporáneo también enfatiza esa libertad absoluta. Un museo con exposiciones temporales y obras cedidas al otro plano, el de la supuesta realidad: la jaula de cristal (¿portal interdimensional?), las habitaciones de motel, la cárcel, Las Vegas. Porque *Twin Peaks* ya no es un territorio físico, sino un tono, una vibración que se expande por Estados Unidos. Lo coloniza. Lo acaba suplantando.

Como leemos en *Regreso a Twin Peaks*, el pueblo protagonista en un primer momento iba a llamarse Northwest Passage. La figura simbólica del pasaje entre dos planos narrativos y metafóricos es fundamental para entender y desentender la propuesta de Frost y Lynch. Como lo es la figura retórica del retraso. No sólo me refiero al efecto de las voces de la Habitación Roja, sino también a la cantidad de personajes que son lentos, tardan en reaccionar, incluso parecen sufrir algún tipo de retraso mental. Se diría que subrayan con su condición atónita o con su estupidez la voluntad anacrónica de la obra. Su falta de sincronía con el reloj de las series del siglo XXI que de un modo u otro nacieron de esta serie de principios de los noventa.

–Yo soy Laura Palmer –dice Laura Palmer en el segundo capítulo.

Y le responde el agente Cooper:

–Pero Laura Palmer está muerta.

–Yo estoy muerta.

–¿Cuándo podré irme? –pregunta Cooper, prisionero de la Habitación Roja.

Ella le responde al oído después de besarle en los labios. Ese beso es vértigo hitchcockiano. Ese beso susurra un secreto. Ese beso es necrofílico.

En efecto, desde su minuto 1, *Twin Peaks* fue un ejercicio de necrofilia, de amor a un cadáver y sobre todo a una ausencia. La primera autopsia de la teleficción no hizo más que recordar esa pasión enferma, sobre la que se erigen los pilares de las series de este comienzo de siglo. Todas ellas nos hablan –como hizo la pionera *Twin Peaks*–, de una comunidad en descomposición. Todas, por tanto, son ejercicios de autopsia. Tras responderle, Laura Palmer se quita el rostro y su cabeza deviene un túnel de luz. Esa luz es la televisión: un torrente que no se detiene. Porque en realidad no nos hemos pasado veinticinco años en una cárcel de terciopelo rojo, sino en el laberinto de ficciones que esa cárcel engendró. La pretensión de Frost y Lynch es ignorar que el laberinto ha existido. Vuelven a mostrar a Laura Palmer en el cartel. Vuelven a poner la banda sonora para que reactive en nosotros la vieja hipnosis.

Pero en el momento en que se sobreimpresiona la tipografía de siempre, ahora añeja, la serie no es capaz de atravesar su propio pasaje y evidencia su retraso. Un retraso que olvidamos en las nuevas escenas memorables, en los guiños a las viejas escenas memorables, en los regresos de los viejos personajes memorables; pero que se hace demasiado patente en la estética, en el anacronismo sostenido y deliberado.

Me temo que el experimento –arriesgado, brillante, tan cinematográfico– difícilmente sedujo a unas audiencias que entre la segunda y la tercera temporada se volvieron mucho más exigentes y caprichosas. Me pregunto si el mundo Twin Peaks no se adapta mejor a esa novela artefactual y fascinante que publicó Frost *(La historia secreta de Twin Peaks. Una novela)*, en la que reconstruye la historia del pueblo desde los padres fundadores hasta nuestros días, pasando por avistamientos alienígenas y todo tipo de documentos falsos. Si esta tercera temporada no hubiera sido mejor una gran instalación, en el MoMA o el Pompidou, que una emisión semanal televisiva.

# *Stranger Things* y la experiencia familiar

Lo que más me interesa de *Stranger Things* es su filosofía de la familia estadounidense. En la serie sólo hay una familia realmente unida, la protagonista; el resto de los núcleos familiares está compuesto por padres y madres que no se enteran de lo que hacen sus hijos, ni los niños ni los adolescentes, quienes se emborrachan hasta el coma etílico o se enfrentan a monstruos asesinos con bates de beisbol o palos de hockey mientras sus progenitores ven la televisión o hablan por teléfono. En ese contexto no es de extrañar que los cuatro niños protagonistas –conectados por walkie-talkie– formen los cimientos de su propia familia, en la que está prohibido decir mentiras.

La única madre que sí sabe lo que ocurre es Joyce Byers, quien, en su obsesión por proteger a Will, ha convertido a su primogénito, Jonathan, en el padre de su hermano pequeño. Para comunicarse con su hijo –secuestrado por una criatura pavorosa en una dimensión paralela–, Joyce crea en la primera temporada un alfabeto de luces de Navidad que se convirtió en el icono de la serie. Para salvarlo del abismo en el que se encuentra en la segunda temporada –esta vez con el cuerpo presente pero con el alma en manos de una criatura muchísimo más poderosa y estremecedora–, el personaje interpretado por Winona Ryder se obsesiona con los dibujos que Will produce de manera compulsiva hasta entender que todos forman parte de una misma imagen, de una misma red.

Si las bombillas ocupaban una pared de la casa, los dibujos la
invaden por completo. Uno al lado del otro, se trenzan y se retuercen por las estancias y los pasillos. Como icono es mucho menos
efectivo, pero como símbolo es igualmente magnético. Porque de la
maternidad como alfabeto o idioma privado pasamos a la familia
como rompecabezas y laberinto. Ha transcurrido un año desde noviembre de 1983, cuando apareció Eleven con su telekinesis y Will
desapareció en la oscuridad nevada. Ahora estamos en Halloween
de 1984 y Joyce tiene novio. Cuando las cosas comienzan a ponerse
feas, intenta que este no sepa de la nueva amenaza paranormal.
Pero, por suerte, el incipiente padrastro se mete de lleno en el juego.
De los nuevos personajes de la temporada, Bob es el que más
aporta a la ficción. Fue compañero del colegio de Joyce y de Hopper (quien se ha convertido, a su vez, en el padre adoptivo de Eleven); es buena persona, y ha aprendido de los traumas de su infancia (podría, sin problema, ser uno de los Goonies de mayor). Es él
quien echa luz a la red tentacular dibujada por su posible hijastro:
–¿Estamos en el mapa de Will? –pregunta en ese momento crucial, de puente, entre la interpretación cartográfica de las paredes de
la casa y la búsqueda de Hopper en las grutas tentaculares que atra-
viesan el subsuelo de Hawkins.
La otra dimensión, abierta por los científicos irresponsables del
Departamento de Energía de Estados Unidos (cuando Eleven y
otros niños eran tratados como ratas de laboratorio), está invadien-
do la nuestra. Y el agente doble, el habitante de ambos mundos, es
un niño. La metáfora es sólida y se extiende a la representación de
la familia en *Stranger Things*: los niños y los adolescentes viven
entre dos dimensiones, la de los adultos y la de los monstruos.
Cada capítulo de la serie está construido como una calculada
composición de referencias a la mitología cinematográfica de Steven Spielberg y, con ello, a los años ochenta. *E.T., Poltergeist, Indiana Jones, Back to the Future* y *The Goonies* son películas que
hablan de dos mundos en tensión, pero diseñadas para ser vistas en
la sala del hogar o en la sala del cine por toda la familia. En la segunda temporada de *Stranger Things*, a las referencias a esos títulos
hay que añadirles, entre tantos otros, los de *Rambo, Mad Max,
Alien, Shark* o *Ghostbusters*. La lista de homenajes, intertextos,

parodias y guiños es agotadora. Pero importa menos que el hecho que se colige de ella: se trata de seducir por igual a niños, adolescentes y adultos. En otras palabras, se trata de repetir, a finales de la segunda década del siglo XXI, la operación que Spielberg protagonizó como director, guionista y productor hace casi cuatro décadas: crear un espacio en que puedan convivir y disfrutar varias generaciones de espectadores.

Para ello hay que maquillar la oscuridad y el nihilismo por el que atraviesa la tercera edad de oro de la televisión. Poner chistes y bromas en boca tanto de los niños como de los adolescentes y de los adultos. Imaginar formas de la relación amistosa y amorosa que se puedan aplicar a cada franja de edad. No romper bajo ningún concepto aquella moral, la del cine popular de los ochenta. Ni su estética.

La gran mayoría de las series de los últimos años insisten en el polo negativo de la memoria: el del trauma, que Freud convirtió en un género literario. *Stranger Things*, al recuperar las convenciones narrativas del cine ochentero, se sitúa a contracorriente, porque reivindica el polo positivo de la memoria: el de la nostalgia. La nostalgia nos da placer. El problema lo tenemos aquellos espectadores que no sentimos ningún tipo de nostalgia –y, por tanto, tampoco de placer– por las películas familiares de los años ochenta. Nos sentimos como los protagonistas en la segunda temporada de la serie, cuando llegan al colegio con sus trajes de cazafantasmas y son los únicos que pensaron que ese día era de carnaval.

Tal vez para incluirnos, o para asimilar la obra al canon serial del que desea formar parte, cuando se acerca el final los hermanos Duffer sí insisten dolorosamente en los traumas de Eleven y de su archienemigo, Vecna, hasta convertirlos en la estructura elemental de la trama. En esos capítulos la ciencia ficción se abraza con el terror. Pero los lazos de la amistad, de la familia escogida, son más fuertes que los vínculos arácnidos y paranormales del mal. En los amigos, en las películas familiares de los años ochenta, en *Stranger Things* como experiencia colectiva: que cada cual –parecen decirnos los creadores de la serie– decida cuál es su refugio, su airbag, su salvavidas.

# *Euphoria* reivindica la adolescencia

*Euphoria* es una serie aparentemente vacía de euforia. «Una vez fui feliz», nos dice en off la protagonista, Rue, en los primeros segundos del capítulo piloto, mientras se ve a un feto inmerso en la paz de la placenta. Después llegó el parto. Y, tres días más tarde, el 11-S, una inyección tremenda de realidad y dolor. Pero pronto «el dolor dio paso al atontamiento». Y en él seguimos.
El atontamiento de la clase media estadounidense habitante de los suburbios durante las dos primeras décadas del siglo XXI. El de las drogas que ayudaron a neutralizar un nuevo dolor (la enfermedad y la muerte de su padre). Circular, el capítulo termina con una imagen gemela a la inicial: tras la llegada de Jules a la vida de Rue, un plano cenital nos muestra a ambas en una cama protectora como un útero.
A partir de ese momento la serie narra los intentos de los personajes por conquistar la euforia, tanto en fiestas puntuales como en estrategias a largo plazo. Rue lo hace a través de un amor romántico, ingenuo, platónico, que la anima a abandonar las drogas; Jules, buscando la pasión de un hombre en internet y la amistad amorosa con mujeres en la vida física; Kat, encontrando una mina en el cibersexo y perdiendo la virginidad; Cassie, en relaciones sentimentales y sexuales; Maddy, mediante el sexo con desconocidos y el amor imposible por Nate, el mejor atleta del colegio, que se comporta como un psicópata desde que a los once años descubrió la colección de vídeos en que su padre se graba con chicos jóvenes que le llaman «papi». Sólo Lexi será capaz de llevarlos a una euforia temporal,

mediante una obra de teatro inspirada en su familia y amigas, cuya puesta en escena será el clímax, el anticlímax y la parodia de sus vidas. Una casi catarsis, quién sabe si duradera. Todos ellos comparten una misma expresión en el rostro: la de apatía, hastío o espera. La elocuencia reside sobre todo en sus ojos y en su maquillaje inesperado, que contrastan con la impasibilidad del resto de la cara (¿dónde acaba el ser y empieza la máscara?). Si en el corazón de la serie hay vacío existencial, vacío de euforia, que se refleja sobre todo en la tensión facial de las chicas, la construcción formal comienza con un primer nivel de fantasía en las sombras de ojos, la purpurina y los pintalabios. La complejidad hipnótica de la voz de la narradora omnisciente, las simetrías y las inversiones de los planos cinematográficos o las arquitecturas narrativas de los episodios suman más capas de artificio a ese nivel o de maquillaje. Se trata de la clásica operación barroca: el *horror vacui* se combate con retórica y acumulación. Es así como la euforia migra de las vidas de ficción a la forma de la serie: su plasmación eufórica.

*

*«Me ha costado mucho mirarla, porque muestra sin filtros lo que para muchos jóvenes de secundaria y universidad de Estados Unidos es su experiencia cotidiana. Yo personalmente no me correspondo con esos personajes, porque me han explicado los efectos de las drogas y no las consumo, pero conozco a mucha gente que sí toma drogas y viven realmente así.»*

[Natalee Litchfield, dieciséis años, Molalla,
Oregón, Estados Unidos.]

*

La euforia no es el único elemento que debería estar –por título o por tema o por género– y del que ha sido vaciada la serie. Esas ausencias definen tan bien a *Euphoria* como los temas y las figuras que sí están presentes y que a nadie se le escapan: la adolescencia como angustia y montaña rusa, las drogas cotidianas en el marco de la cultura de la terapia, el sexo como realidad o como horizonte de deseo, la aceptación del cuerpo más allá de las normas sociales, las relaciones tóxicas, el acoso físico y pixelado, la vida en la periferia, la presión del futuro universitario.

En *Euphoria* no hay pedagogía, ni en el instituto ni en el hogar, porque no cuenta con auténticas figuras de autoridad. Sus encarnaciones –casi siempre masculinas– resultan fallidas: el director del centro educativo es incapaz de gestionar la crisis del vídeo porno de Kat, que ella misma acaba resolviendo mucho mejor que él; el padre de Nate no sabe cómo enfrentar el lado oscuro de su hijo, quien extorsiona, golpea y miente con maestría criminal, y la policía fracasa en su intento de proteger a Maddy de los malos tratos de su pareja, engañada por ella misma y por Nate.

La madre de Rue está perpetuamente al borde de un ataque de nervios, saturada de los engaños y los flirteos con la muerte de su primogénita, y la de Cassie se pasa el día borracha. La adolescencia se revela en la serie como un sistema radicalmente autónomo: Jules se acuesta sin saber exactamente por qué con hombres adultos, Kat gana dinero como ciberdominatrix, Nate no paga por sus múltiples delitos y Rue burla todos los sistemas de control de la drogadicción. Se apañan con sus problemas sin recurrir a sus padres, tutores o profesores. Como si habitaran un mundo paralelo.

\*

*«La vida emocional de los personajes está cargada mayoritariamente de mucha tristeza. Me parece que este sentimiento está muy presente en la vida de los jóvenes, acompañado de una gran incertidumbre y enojo. La violencia se vive de forma muy cercana a la nuestra. El acceso a las drogas también lo veo muy parecido. Con el auge de la cuarta ola feminista, la juventud acostumbra a gozar tanto del sexo con otros como de la autosatisfacción, lo cual se hace presente en la serie, aunque en las fiestas a las que yo acostumbro a ir no se forman enseguida parejas en los distintos dormitorios de la casa, como pasa siempre en las series norteamericanas.»*

[Vera Noejovich, dieciocho años, Buenos Aires, Argentina.]

\*

Ron Leshem y Daphna Levin, los creadores de la serie israelí original que *Euphoria* adapta con libertad, nacieron en 1976 y 1968, respectivamente. Sam Levinson, el creador del proyecto de HBO, lo hizo en 1985. A la misma franja de edad pertenece el resto del equipo creativo, como la directora Augustine Frizzell, el músico Labrinth, la diseñadora de vestuario Heidi Bivens o la maquilladora Doniella Davy. Las actrices que lideran el casting nacieron, en cambio, durante la década de los noventa, y encarnan personajes que lo hicieron durante la primera de este siglo. Davy y Levinson, estudiaron tutoriales de belleza en YouTube y perfiles de Instagram para diseñar esa dimensión narrativa de la obra. Pero el polisémico maquillaje de *Euphoria* también está inspirado en el último tercio del siglo xx (recuerda, de hecho, al de *Pose* o al de *Glow*). Su horizonte de referencias audiovisuales también abunda en esa misma época. En las fiestas de disfraces encontramos a algunas protagonistas convertidas en la niña de *Taxi Driver*, de Martin Scorsese, la monja asesina de *Ms. 45*, de Abel Ferrara, la prostituta explosiva de *True Romance*, de Tony Scott, o la Julieta de *Romeo + Julieta*, de Baz Luhrmann. Y el final de la temporada nos sitúa abruptamente en un videoclip alucinado, en cuya coreografía se transparenta –ectoplasmática– la de *Thriller*, de Michael Jackson.

Esos datos biográficos, creativos y culturales pueden conducir a la conclusión de que se trata de una ficción que intenta conectar a través de la sociología con los espectadores más jóvenes, y a través de la nostalgia con los de mediana edad. Pero creo que no existe tal divergencia. Levinson ha declarado que excavó en su propia adolescencia para nutrir la serie de fantasmas verdaderos. Y aunque parezca existir un monopolio iconográfico de los años ochenta y noventa, en realidad todos esos referentes se amalgaman con los propios de los milenials.

No me refiero sólo a las apps y las plataformas, omnipresentes; sino a las propias actrices, que ya forman parte de la mitología artivista de nuestra época. Con más de siete millones de seguidores en Instagram en 2022, Hunter Schafer, además de intérprete, modelo y artista, es la activista LGTBI+ que denunció al estado de Carolina del Norte por discriminar en el uso de los lavabos públicos. Con cerca de seis millones, Barbie Ferreira, modelo de tallas grandes y actriz, fue destacada por la revista *Time* como una de las adolescentes más influyentes de 2016. Zendaya tiene casi ciento cincuenta millones y con su interpretación perfecta en *Euphoria* ha conseguido escapar del estereotipo de estrella Disney y liderar una producción que aspira a la trascendencia.

*

*«Me encantó la manera en que abordan la violencia en el noviazgo, la homofobia internalizada, el porno, el* empowering *del cuerpo, la salud mental, la condición trans o la drogadicción, de un modo súperreal, con la que mucha gente se puede identificar, para llegar a mucha más de la que llegaría si fuera un simple* teen show *de* high school. *Yo ya no soy una adolescente, pero no hace mucho que lo era, y me regresó a esa locura de sentimientos.»*

[Ximena Rodríguez, veinte años, Hermosillo, México.]

*

En las primeras temporadas de *The Good Wife* o *Ray Donovan*, mientras que el protagonista y su mujer veían la televisión, sus hijos adolescentes miraban vídeos en YouTube. Esa escisión generacional de las audiencias ha obsesionado a las productoras durante años. El auge de la emisión en directo, la captación de youtubers estrella o series híbridas como *Skam* (un formato noruego, con adaptaciones en siete países, que combina la emisión de los capítulos en televisión con los clips y las actualizaciones en redes sociales de la cadena) forman parte de las estrategias de la televisión –cada vez más tentacular y mutante– para adaptarse a las formas de consumo de las nuevas generaciones.

La dimensión más ligera, hormonal, divertida y musical de la adolescencia ha sido tratada por muchísimas series y constituye el grueso del subgénero adolescente. La más dramática se ha retratado en ficciones sociales y criminales como *The Killing* (donde aparecen los miles de menores de edad que viven como vagabundos en Estados Unidos) o *American Crime* (con una segunda temporada magistral ambientada en un instituto). Son pocas las series que se han ubicado en un punto medio. La estupenda *Friday Night Lights* destaca con luz propia entre ellas. Como lo hace ahora *Euphoria,* siguiendo el camino de *13 Reasons Why* y perfeccionándolo.

No me refiero solamente al énfasis en la autonomía del mundo de los jóvenes y en el consecuente alejamiento de las figuras pedagógicas (en estas nuevas series es impensable un personaje carismático y paternal como el *coach* Taylor), sino también en una decisión formal que me parece clave en ambas ficciones. En las dos hay una narradora. La de *13 Reasons Why* es parcial y habla desde la muerte a través de unas cintas de casete. La de *Euphoria* es omnisciente e hipnótica.

Aunque WhatsApp y las otras redes sociales hayan introducido la escritura y la imagen en la conversación cotidiana, en la adolescencia es importantísima la voz. Y la música. En su apuesta barroca, *Euphoria* logra equilibrar la oralidad y la música con la fuerza visual. Y se ha convertido en un fenómeno positivo que la otra serie, mucho más tremendista, no ha sabido ser. Los personajes de Zendaya, Ferreira y Schafer, y ellas mismas, insisto, se han convertido en modelos tanto de maquillaje como de activismo. Una serie se vuelve relevante cuando además de opiniones y entusiasmo, genera realidad.

*

*«Me encanta la voz de la narradora, que tiene algo de* La broma infinita, *de David Foster Wallace, con su descripción hipertécnica de las drogas y de las reuniones de adictos. Y el personaje trans es genial, nunca es una víctima y –sobre todo– su arco narrativo no trata de su ser trans. Pero lo que yo veo es que* Euphoria *cuenta la juventud de los que estamos llegando a los treinta, pero mezclando elementos nuestros, como las fiestas o las ferias, con otros de ellos, de los que ahora tienen entre quince y veinte, como*

*las apps, que a nosotros nos han ido llegando y para ellos han sido omnipresentes.*»

[Rubén Darío H. Londoño, veinticinco años, Medellín, Colombia.]

*

Se podría situar también a *Euphoria* en una serie de series de HBO que han sabido vincularse –a razón casi de una por década– con el espíritu femenino del momento, gracias a personajes cada vez más jóvenes. *Sex and the City* lo hizo, pionera, con las treintañeras más sofisticadas de Manhattan; *Girls*, con las veinteañeras más precarias de Brooklyn, y *Euphoria* parece capaz de hacerlo con las alumnas de secundaria más extraviadas de la América profunda de Trump y Biden.

Es importante inventar tradiciones como esas para no caer en analogías que limitan las interpretaciones (como con la película *Kids* de Larry Clark o la serie *Skins*) en lugar de dilatarlas. Como *Sex and the City* o *Girls*, *Euphoria* va mucho más allá de la radiografía de una nueva audiencia, de la voluntad de seducirla y de los guiños y las referencias a iconos y relatos de este cambio de siglo: diseña una narrativa y una estética que se ajustan a su época y se toma muy en serio los temas y la edad que se propone diseccionar, con la firme voluntad de superar las expectativas.

Por eso la escena más elocuente de esta primera temporada tal vez sea un homenaje cinéfilo que es al mismo tiempo teatral. Es Halloween: Jules se ha disfrazado de la Julieta angelical que encarnó Claire Danes y Rue, de Marlene Dietrich con smoking. En la fiesta, Jules la arrastra a la piscina: sumergidas calcan con sus cuerpos y gestos la famosa escena de la rompedora película de Luhrmann –y la reescriben. Pero la aspiración de ese ejercicio es mayor: la obra de Shakespeare no se limita a representar con fidelidad los miedos y los anhelos de los jóvenes aristócratas europeos de la última década del siglo XVI, ni se dirige a ese público. Del mismo modo, *Euphoria* no habla solamente de los adolescentes estadounidenses de la segunda década del siglo XXI ni aspira a que estos sean sus únicos espectadores convencidos. La obra de teatro, absolutamente

autoconsciente, con que acaba la segunda temporada, mezcla de
drama, comedia, autobiografía colectiva y musical, está dirigida
tanto a los padres como a los alumnos de la comunidad escolar. Y
todos los temas que aborda, desde la condición de hija menor hasta
el homoerotismo latente de los deportes masculinos, pasando por
las adicciones o la amistad, son temas universales. Compartidos.
La adolescencia es un invento del siglo xx, durante milenios no
existió, de modo que es uno de los muchos temas ahora universales
de los que no pudieron hablar los clásicos. Para entendernos: pese a
la edad parecida de sus personajes, el *Lazarillo* no habla de la adolescencia, en cambio *El guardián entre el centeno*, de J. D. Salinger,
sí lo hace. Su espectro temporal se ha ido ampliando y ahora ya
abarca al menos una década de la vida de la mayoría de los seres
humanos. Tengamos la edad que tengamos, esos cerca de diez años
que pasamos perdidos, buscando y encontrándonos, siguen ahí,
dentro de nosotros como un animal enjaulado o como una mirada
atónita asediada por filigranas de purpurina y reclaman representaciones a la altura de su importancia.

Así lo entiende *Euphoria*, una serie estadounidense que adapta
una israelí y dialoga con millones de personas de todas las edades y
de todos los rincones del planeta. Lo hace creando en el centro de
cada personaje un gran vacío, una gran angustia, que es contrape-
sada por aros concéntricos de maquillaje, de drogas, de fugas, de
disfraces, de movimientos de cámara, de coreografías imposibles,
de barroco eufórico.

# «Bandersnatch»: ¿capítulo de *Black Mirror*, videojuego o libro imposible?

¿De qué habla realmente «Bandersnatch»? ¿De qué habla realmente esa historia que, tomes las opciones que tomes, te conduce desde la obsesión de un joven programador de videojuegos por adaptar la obra literaria de un oscuro escritor hasta el manicomio en que se halla ahora confinado, donde dibuja compulsivamente en la pared las bifurcaciones del relato o del destino, tras haber fracasado en el diseño y la producción de su videojuego? ¿De la pantalla y la tecnología como el resto de capítulos de la serie conceptual *Black Mirror*? ¿De Netflix como gran plataforma audiovisual del siglo XXI? ¿De los años ochenta como mito de origen del siglo XXI? ¿Del videojuego como artefacto narrativo central de nuestra época?

Habla de todo eso, sin duda: de la pantalla como el lado oscuro de la realidad; de Netflix como nuevo dios en el Olimpo que han creado las grandes empresas tecnológicas; de cómo la figura del programador, emprendedor y *hacker* en los ochenta se configuró a modo de nuevo mesías (o ahora lo representamos así, porque la profecía se ha cumplido y el mundo se ha siliconizado), y de la interacción con el usuario y las bifurcaciones narrativas que el videojuego ha ensayado como ningún otro lenguaje, y que la televisión debe adoptar para adaptarse a los nuevos tiempos.

Aunque se trate del único capítulo de la serie que no está ambientado en el presente o en el futuro, en realidad el menú de las opciones interactivas ancla el relato en nuestro presente narrativo. En todo momento queda claro que la acción ocurre en la nostalgia de un pasado, pero no el de los referentes cinematográficos y musicales al uso (a la manera de *Stranger Things* o *Ready Player One*), sino el de unos jóvenes que no eran tanto los consumidores de la cultura como sus productores. Esas pantallas pixeladas de los primeros programadores de videojuegos son las abuelas de las nuestras. La arqueología no es tanto mitológica (como ocurría en «USS Callister») como técnica y filosófica: la reconstrucción de los años ochenta desde 2018 no puede ser inocente y romántica, sino necesariamente distópica. Por eso tal vez la decisión clave del episodio tiene dos opciones y ambas son distópicas: que el ordenador le explique al protagonista qué es PAC o qué es Netflix. Y por eso también el capítulo está recorrido por la psicodelia y la locura, porque las drogas fueron fundamentales en el desarrollo del concepto de red en esa misma época y porque para ello había que cuestionar radicalmente las estructuras al uso.

La distopía se plantea de un modo absolutamente brillante y sutil. En la mencionada bifurcación sobre la verdad de la situación del protagonista, las dos opciones son igualmente oscuras. Si optamos por Program and Control entramos en la trama conspiranoica, en el programa secreto del gobierno. Si, en cambio, decidimos que el personaje descubra que es un personaje de una serie de Netflix, ese control programado conduce a una trama de ciencia ficción, de carácter metaficcional, heredera de Luigi Pirandello y Philip K. Dick. Pero en el fondo no hay ninguna diferencia: o te controlan con drogas y espionaje o te programan desde el futuro; o lo hace el gobierno o lo hace una corporación. Estás igualmente jodido.

Charlie Brooker lucha de ese modo por el control conceptual de su obra conceptual, después de haberle vendido su alma al diablo. Si al principio del relato, de hecho, aceptas que el protagonista finalice su videojuego en una oficina de la empresa según el plazo imposible que le impone su director, la serie se acaba rápidamente, tras un *flashforward* en que «Bandersnatch» recibe una crítica demoledora (precisamente en televisión). Las dos primeras temporadas de *Black Mirror*, de tres episodios cada una, y el capítulo especial de Navidad, cuando dependía de Channel 4, fueron casi perfectos. Las fluctuaciones de la calidad llegaron con Netflix, sus plazos y sus dos temporadas de seis capítulos cada una.

Después de los premios Emmy cosechados por «USS Callister» –un gran episodio que habla precisamente de la industria del videojuego y de su relación con la virtual realidad–, en vez de una temporada de tres capítulos o más nos hemos encontrado con un único capítulo que tiene la duración de tres, de una temporada fusionada en una única película, de nuevo casi perfecta. Tanto intelectual como técnicamente. Incluso en términos de reflexión moral. Todas las opciones éticamente cuestionables que tomamos en «Bandersnatch» conducen –como la de aceptar el plazo de entrega que dicta la industria– a un final desastroso. La peor es la de matar al padre. El protagonista nos deja claro que ha perdido el control: somos nosotros quienes lo convertimos en asesino. La responsabilidad y la culpa son nuestras.

También las escenas de lucha tarantiniana llegan si nuestras opciones son morbosas o absurdas. Tal vez sea la gran herencia del videojuego en la obra de Brooker: la dimensión ética. En muchos videojuegos matar o atropellar o saltarse las normas de tráfico o incluso violar son opciones que puede tomar o no el jugador, sin que de ellas dependa su éxito o su supervivencia. Si Tarantino incluye en una película una escena de tortura, esa sangre se queda en el interior de la construcción estética y ética de su obra, pero si yo decido matar al padre del protagonista, esa sangre de su cabeza, tras el impacto del cenicero de vidrio, me salpica (como la de *Children of Men* de Alfonso Cuarón, que mancha la lente de la cámara, en una secuencia precisamente de videojuego). Y a partir de entonces la historia –por mi culpa– solamente puede acabar mal.

La oscura pantalla del alma, Netflix, los años ochenta y los videojuegos interactivos y complejos; sí, por supuesto: de todo eso habla el capítulo más comentado, más viral, más histórico de *Black Mirror*. Pero, empecemos de nuevo, ahora en serio: ¿de qué habla realmente «Bandersnatch»?

Yo diría que el gran tema es la superioridad del libro sobre la pantalla. O la pantalla que siente nostalgia por el libro. El autor del libro «elige tu propia aventura» que el protagonista adapta en el lenguaje del videojuego vivió en los mismos años sesenta en que Italo Calvino y Julio Cortázar se enfrentaron literariamente al hipertexto. El autor del videojuego vive en los mismos años ochenta en que esas formulaciones de vanguardia encontraron una forma popular: la de las novelas de «elige tu propia aventura». El autor de la serie *Black Mirror* vive, a su vez, en la época en que esas obras –experimentales o masivas– han sido homenajeadas, versionadas o expandidas. Y tras dieciséis capítulos en que el objeto libro no ha tenido ninguna importancia, cuando llega el momento de escribir el guión del capítulo que por motivos tecnológicos y por conseguir la fusión impresionante de la forma con el fondo (porque la forma nos envuelve, a través del dios Netflix, y nos convierte a nosotros en los protagonistas) va a pasar a la historia de las formas artísticas, Charlie Brooker decide que la historia va a tratar sobre la imposibilidad de adaptar un libro.

Y lo hace al mismo tiempo que los hermanos Coen deciden que su obra para Netflix va a ser una película en capítulos o una serie resumida en el metraje de una película, en que cada parte sea un cuento que sale de un mismo libro: *The Ballad of Buster Scruggs*. Es uno de los temas centrales de nuestra época: la mutación del libro, la desmaterialización del libro, la fragmentación del libro. Porque antes los libros eran las principales unidades de sentido y ahora el sentido se nos ha atomizado en miles de unidades que solamente en nuestros cerebros se articulan como constelaciones con sentido. Como libros virtuales. Como construcciones interactivas.

Los capítulos de *Rayuela* han cobrado entidad propia y están en todas partes. Pero nos aterra esa dispersión. Por eso creamos listas de reproducción. Por eso en Instagram nos ofrecen convertir las mejores fotos del año en un álbum. Por eso se están publicando libros con estados de Facebook y de hilos de Twitter. Por eso publicamos catálogos de exposiciones o PDF, o vemos películas o series que evocan fantasmas de libros.

¿Es «Bandersnatch» la *Rayuela* del siglo XXI? ¿Importa? No realmente. La obra es muy potente, pero su potencia ha dependido directamente de la capacidad de convocatoria e impacto de Netflix. Aunque los videojuegos sean la industria cultural que más dinero genera, la televisión sigue siendo la más transversal de las audiovisuales. Por eso la crítica de videojuegos, en el mundo ochentero de «Bandersnatch», se hace por televisión. Por eso en la celda del hospital psiquiátrico hay un televisor.

Tras el fin de la televisión seguimos pensando la pantalla y sus contenidos como visión a distancia, como tele-visión. En tiempos de Google Earth, Netflix ha permitido que nuestra mirada no sólo pueda viajar en el espacio, sino también en el tiempo. Para que seamos dioses por un día. Para que a través del televisor entremos en un videojuego y, a través de él, en un libro. Un libro cada vez más lejano y menos sagrado. Un libro descompuesto en páginas esquemáticas, pegadas en la pared de un hospital psiquiátrico, en el rincón de un mundo de ficción.

# La lección final de *Game of Thrones*

Si tuviera que escoger una única imagen de la última temporada de *Game of Thrones* sería un primer plano del capítulo quinto: el de la cara magullada y cenicienta de Arya Stark, atravesada por diagonales de gris y de sangre, superviviente de la aniquilación de Desembarco del Rey. Su cara mirándome, superpuesta a la mía, en un juego de abismos, porque la fotografía oscura que ha caracterizado los seis episodios finales ha transformado por momentos la pantalla en un espejo negro.

Tras esa máscara, un cerebro modelado durante años por la venganza toma la decisión de cambiar en su lista negra a Cersei por Daenerys, una ira por otra. Me recuerda aquel momento de la *Ilíada* en que, tras descubrir que Patroclo ha muerto, Aquiles «con ambas manos el requemado hollín» y «la negra ceniza» se derrama «sobre la cabeza». El héroe enmascarado decidirá luchar finalmente en la guerra de Troya y consumar su destino.

Tres mil años después, la discípula de los Hombres sin Rostro toma una decisión muchísimo más polémica. Y no es la única: en una serie marcada por el conflicto y la multiperspectiva, por una vez se impone el consenso entre linajes enemigos. Tyrion Lannister y Arya Stark –rápidamente– y Jon Targaryen –siempre más lento– coinciden en que la iluminada y draconiana Daenerys, a quien Benioff y Weiss (creadores de la serie y escritores y directores del capítulo final) nos presentan en lo alto de una escalinata, entre Drogon y un enorme estandarte rojinegro con el escudo Targaryen, es decir, en una clara escenografía fascista, es una genocida que no cesará de masacrar hasta que hinquen la rodilla todos y cada uno de los habitantes de los Siete Reinos.

*Game of Thrones* construyó una impresionante y compleja épica teleshakesperiana que con el paso de las temporadas fue tendiendo hacia la simplificación. Sobre todo a causa del protagonismo que fueron adquiriendo algunos personajes, de modo que la red inicial se fue licuando en un polígono de pocos rostros. En la serie nunca fue válida una lectura de buenos y malos. Pero, en convergencia de la complejidad de la colmena a unos pocos individuos decisivos, pasamos del parricidio y el relevo generacional de las primeras temporadas a una defensa a ultranza de los lazos de la hermandad. Por un lado tenemos a Daenerys Targaryen, que perdió a su odioso hermano, a sus dos maridos, a su más fiel consejero y a dos de sus tres hijos dragones; por el otro, a los hermanos Sansa, Bran y Arya Stark, huérfanos también, pero con vínculos familiares muy vivos. Y en medio se encuentran Tyrion, cuyos hermanos han muerto, y Jon Snow, el bastardo, el hijo secreto, que en el momento decisivo decide traicionar a su amante y tía Targaryen y reforzar su identidad autobiográfica, su hermandad infantil. Esa decisión provoca la ira de Daenerys, su ataque despiadado y sin proporción.

Robert Bevan ha estudiado en *La destrucción de la memoria* la historia de los asedios, ataques y bombardeos que desde siempre han atentado contra los habitantes de las ciudades y contra sus edificios emblemáticos: «la arquitectura se ha convertido en un campo de batalla en el cual todavía hoy se dirimen otras luchas de tipo ideológico, étnico o identitario». Cuando Daenerys –secuestrada por la rabia y la venganza– reduce la capital de los Siete Reinos a un cementerio de escombros no solamente derriba a Cersei, también se carga el Antiguo Régimen, con una mitología que une con lazos míticos a todas las dinastías de Poniente. Ella destruye con la artillería bestial del único hijo dragón que le queda la arquitectura de su propia infancia, de su mismísima genealogía. Se queda así completamente sola.

Los Stark, en cambio, ostentan una hermandad a prueba de acero valyrio. Y la de los Lannister revive –*post mortem*– en el último momento: de las cuatro imágenes imborrables que nos regalan Weiss y Benioff en la primera parte de «El Trono de Hierro», la única que no es sobrenatural nos muestra a Tyrion desenterrando a Cersei y a Jaime. Las otras tres tienen que ver, precisamente, con la única familia que le queda a Daenerys: ella con las alas de Drogo a sus espaldas, Drogo surgiendo de la nieve y el Trono de Hierro derritiéndose bajo las llamas. La importancia de los hermanos en esta última temporada ha sido subrayada una y otra vez. El más feroz de todos los combates de «Las Campanas» lo encarnan los hermanos Clegane. Las dos escenas más tiernas de ese mismo episodio las protagoniza Jaime con cada uno de sus hermanos: su despedida de Tyrion y su abrazo suicida con Cersei bajo la lluvia de escombros.

También en la retórica cinematográfica encontramos esos paralelismos. Los planos de «La batalla de los bastardos» en que Jon trata de salir de una montaña de cadáveres son gemelos de los que el mismo director, Miguel Sapochnik, dedica a su hermana Arya en «Las Campanas», cuando intenta sobrevivir a la multitud que la pisotea presa del pavor. Y en los minutos finales de la serie unos planos encadenados nos muestran solamente los destinos de Arya, Sansa y Jon. Daenerys, en cambio, es condenada a aparecer una única vez durante la destrucción de Desembarco del Rey, como si se hubiera convertido en su dragón. Y se nos niega la posibilidad de despedirnos de ella y de Drogo, para que su soledad sea también la nuestra. Justo antes de morir se refugia en un recuerdo de la infancia, al igual que Tyrion le dio las gracias a Jaime por haberlo protegido de niño. Pero ni un solo personaje vivo la conoció de niña. Y sus enemigos, en cambio, son fieles a la alianza que forjaron cuando Robert Baratheon ocupaba el Trono de Hierro.

En el monólogo clave del capítulo, Tyrion le dice a Jon:

–Cuando asesinó a los esclavistas de Astapor, seguro que sólo se quejaron ellos, al fin y al cabo, eran malvados; cuando crucificó a cientos de nobles merinos, ¿quién iba a discutirlo?, eran malvados; ¿y los khals dothraki que quemó vivos?, ellos le hubieran hecho algo mucho peor; allí donde va, los malvados mueren y la aclamamos por ello.

¿Habla sólo de los habitantes de Poniente? ¿No se está refiriendo también a nosotros, los espectadores frente a nuestros espejos negros? El poder de Daenerys creció gracias a los inmaculados y los dothrakis y los consejeros y los dragones, sí; pero también porque nosotros la apoyamos, seducidos y acríticos.

En sus últimas temporadas, los fans que habían leído los libros han tenido que aprender a aceptar –o no– que los personajes televisivos cobraran vida propia, emancipados del papel. En nuestra época de audiencias hiperactivas y a menudo cocreadoras, millones de seguidores han visto defraudadas sus predicciones y se han creído en su derecho de protestar, exigir, incluso llorar.

Quienes aceptamos el pacto con todas sus consecuencias, en cambio, nos hemos visto arrastrados por una avalancha de avalanchas sucesivas, que casi siempre nos han sorprendido, porque atentaban contra nuestro horizonte de expectativas. ¿No es esa una de las virtudes principales de los mejores relatos? ¿No es, por eso, un gran acierto que haya sido la daga de Jon y no Aguja la autora del regicidio? ¿Quién se imaginaba que el símbolo central de la serie, el Trono de Hierro, se derretiría y que su lugar lo ocuparía una silla de ruedas de madera?

Bran el Tullido, pero también el memorioso, es nuestro hermano: el espectador que se encuentra en el interior de la ficción, pero que lo observa todo con distancia panóptica. Tanto para los convencidos como para los escépticos, *Game of Thrones* fue una experiencia memorable, porque la emoción, el amor, el odio, la sorpresa, la crítica y la indignación constituyen la materia de la memoria. Como todas las series, su temporada final fue autoconsciencia y retromanía: adicta a su propio pasado. Desde el primer capítulo, «Invernalia», en que los personajes entran en el castillo norteño en un orden que evoca directamente a «Se acerca el invierno», el episodio piloto; hasta el último, «El Trono de Hierro», en que las discusiones sobre burdeles de los nuevos consejeros del nuevo rey nos recuerdan las de los viejos consejeros de los reyes anteriores (y nos hacen imaginar qué hubiera pasado si Daenerys hubiera seguido con su plan utópico, si el futuro hubiera sido peor). Recordaremos durante mucho tiempo dónde y con quién estábamos cuando nos pusimos en pie ante la muerte increíble de Hodor; cómo nos conmovió o nos sublevó la masacre de la Boda Roja, los terribles y maquiavélicos juegos de Ramsay, la batalla contra los muertos o el extermi-

nio de Desembarco del Rey, y hasta qué punto apoyamos a Dae-
nerys o a quienes la traicionaron. *Game of Thrones* nos enfrentó con nuestras contradicciones.
Tal vez esa fue la esencia del fenómeno. Quisimos seguir teniendo
acceso a los destinos de Cersei, Jon Snow o Tyrion pese a que George R. R. Martin no hubiera acabado la siguiente novela. Pensamos
que podía ser feminista una ficción que, al tiempo que daba poder a
algunas de sus protagonistas, mostraba pornográfica y gratuita-
mente cuerpos femeninos. Nos emocionamos con una obra en que
la mayoría de los personajes eran torturados y aceptaban esa tortura como parte de su destino. Nos horrorizamos cuando murieron
los protagonistas y nos quejamos cuando dejaron de morir. Quisimos que Arya matara a Daenerys, como si una fuera mejor persona
que la otra, como si ambas no hubieran perpetrado masacres con
absoluta sangre fría.

Benioff y Weiss lograron que cada uno de nosotros creáramos
un pacto de amor y odio, es decir, de hermandad –tan fuerte como
el que unió a los Lannister y sobre todo a los Stark hasta el final–
con su relato de fantasía medieval. Y al final nos quitaron nuestras
máscaras de píxeles e hicieron que regresara desde el más allá y con
toda su verdad el verso de Baudelaire que se encuentra en las puertas de la modernidad (como «Abandonad toda esperanza» se encuentra en las puertas del Infierno): «–Hipócrita lector, –mi semejante, –¡mi hermano!».

# Nota final

En 2005 compartí, durante poco más de tres meses, la planta baja de una casa con jardín en el barrio de Wicker Park. Cuando no estaba en algún aula o en el despacho minúsculo de la Universidad de Chicago que me habían asignado, escribía sobre Australia, leía a Saul Bellow en el jardín o veía películas con Andrés, mi compañero de piso. Encargábamos las películas (sobre todo documentales europeos y asiáticos y cine norteamericano) en la página de Netflix y nos llegaban por correo, junto con un sobre franqueado para su devolución. Podías tener un máximo de tres DVD en casa. En una ocasión, nos quedamos sin material y conectamos el televisor. Fue entonces cuando comencé a ver por primera vez una teleserie norteamericana del siglo XXI. Se trataba de 24: tenía un héroe de moral borrosa, ritmo de vértigo y una pantalla que se dividía en otras, como si el relato no pudiera ajustarse a las convenciones del siglo pasado. Por supuesto, en los años ochenta y noventa había compartido tardes de telenovelas con mi madre y con mi abuela y había consumido todo tipo de teleseries con mi hermano; durante muchas noches de 2004, incluso, vi con Nora la telenovela argentina *Padre coraje* en el pequeño televisor en blanco y negro del conventillo de La Boca. Pero en 2005 descubrí que algo había ocurrido con el formato teleserial. Que había mutado. Cuando regresé a España, me informé, vi *The Sopranos* y, gracias a ella, viví una de las experiencias más intensas de mi vida como lector.

He pasado los últimos quince años viendo sistemáticamente teleseries norteamericanas. Disfrutándolas y analizándolas como un
lector apasionado. Aunque en los últimos tiempos mi atención y mi
interés se hayan ido trasladando de las obras concretas a las plataformas y los algoritmos que las producen y ponen en circulación,
no puedo evitar ver las series con ojo crítico (y tomando notas en el
móvil).

Hasta 2005 mis lecturas sobre televisión se reducían a autores
como Theodor Adorno, Marshall McLuhan y Umberto Eco; o a
ensayos concretos como «"E unibus pluram": televisión y narrativa
americana», el texto de 1993 en que David Foster Wallace habla de
metaespectadores y de narrativa de la imagen (y que forma parte del volumen *Algo supuestamente divertido que nunca volveré a
hacer*, de 1997). En la última década y media, al tiempo que escribía las novelas *Los muertos*, *Los huérfanos*, *Los turistas* y *Membrana*, o ensayos narrativos como *Contra Amazon* o *Lo viral*, fui
ampliando mi biblioteca con títulos que hablan de la pantalla en
nuestra época.

Algunos de ellos son, en orden de lectura y a modo de bibliogra-
fía parcial, los siguientes: *Lacrimae Rerum. Ensayos sobre cine moderno y ciberespacio* (2006), de Slavoj Žižek; *Yo ya he estado aquí.
Ficciones de la repetición* (2005), de Jordi Balló y Xavier Pérez; *La
utopía de la copia. El pop como irritación*, de Mercedes Bunz
(2007); *La caja lista: televisión norteamericana de culto* (2007),
editado por Concepción Cascajosa Virino; *The Columbia History
of American Television* (2007), de Gary R. Edgerton; *Prime Time.
Las mejores series de tv americanas de CSI a Los Soprano* (2005),
de Concepción Cascajosa Virino; *Homo Sampler. Tiempo y consumo en la Era Afterpop* (2009), de Eloy Fernández Porta; *Los Soprano forever. Antimanual de una serie de culto* (2009); tres libros de
Nicolas Bourriaud: *Estética relacional* (2002), *Postproducción*
(2002) y *Radicante* (2009); *The Cult TV Book* (2010), editado por
Stacey Abbott; *Piratas de textos. Fans, cultura participativa y televisión* (1992) y *Fans, blogueros y videojuegos. La cultura de la
colaboración* (2006), de Henry Jenkins; *TV di culto. La serialità
televisiva americana e il suo fandom* (2006), de Massimo Scaglioni;
*Perdidos. Enciclopedia Oficial* (2010), de Paul Terry y Tara Bennett;

*Dexter. Ética y estética de un asesino en serie* (2010), editado por Patricia Trapero Llobera; *Guía de Mad Men. Reyes de la Avenida Madison* (2010); *Le nuove forme della serialità televisiva. Storia, linguaggio e temi* (2008), de Veronica Innocenti y Guglielmo Pescatore; *Mad Men. The Illustrated World* (2010), de Dyna Moe; *Arredo di serie. I mondi possibili della serialità televisiva americana* (2009), editado por Aldo Grasso y Massimo Scaglioni; *Ficciones colaterales. Las huellas del 11-S en las series «made in USA»*, de Fernando de Felipe e Iván Gómez; *The Revolution Was Televised* (2012), de Alan Sepinwall; *Guía de perplejos* (2012), de José Luis Molinuevo; *Narrativas transmedia. Cuando todos los medios cuentan* (2013), de Carlos A. Scolari; *Hombres fuera de serie* (2014), de Brett Martin; *Dueñas del show. Las mujeres que están revolucionando las series de televisión* (2018), de Joy Press, y *Series contra cultura. Una guía humanista de la ficción televisiva* (2021), de Alberto Nahum García. Y todos los libros sobre series que ha publicado la editorial Errata Naturae, en varios de los cuales he tenido el honor de participar.

En paralelo al consumo crítico de teleseries y a la lectura sobre ellas y su contexto, he escrito decenas de artículos y ensayos para revistas, suplementos culturales y libros colectivos. El primero de ellos se tituló «Dexter o la monstruosidad expandida» y apareció en *Letras Libres* el 31 de enero de 2008. Los siguientes se publicaron en suplementos culturales como *ABCD* y *Cultura/s;* revistas como *Quimera, Jot Down, Prodavinci, Otra parte* o *Mujerhoy*, y en la edición en español del *New York Times* y del *Washington Post*. Esos textos han constituido los borradores, el punto de partida o los capítulos sobre el que he construido este libro. Agradezco a Laura Revuelta, Sergio Vila-Sanjuán, Jordi Balló, Jaime Rodríguez Z., Juan Trejo, Ramón González Férriz, Ángel Alayón, Ángel Fernández, Graciela Speranza, Marcelo Cohen, Elías López, Albinson Linares, Boris Muñoz, Patricia Nieto, Eliezer Budasoff, Mael Vallejo, Isabel Navarro, Rubén Hernández e Irene Antón que editaran esos textos. También tengo que mencionar a Fernando Ángel Moreno, que me invitó a hablar sobre *Lost* en el I Congreso Internacional de Narratología de la Universidad Complutense de Madrid (diciembre de 2010); a Christine Henseler, que me permitió hablar por primera vez en público sobre el concepto de ficción cuántica en Hybrid Storyspaces. Redefining the Critical Enterprise in Twenty-First Century Hispanic Literature, que tuvo lugar en la Universidad de Cornell en mayo de 2010, y a Luisa Miñana, que consideró oportuno que yo hablara en Escribit 2011 sobre *Teleshakespeare* y que publicó en la revista *Imán* de la Asociación Aragonesa de Escritores el resultado de ese viaje a Zaragoza, mi texto «Shakespeare y la teleficción. Una conferencia». Tras la publicación de *Teleshakespeare* en las ediciones española (Errata Naturae, 2011), costarricense (Germinal, 2013), argentina (Interzona, 2014), mexicana (Tintable, 2015) y colombiana (Universidad de los Andes, 2017), las ocasiones en que he hablado en público sobre la teleserialidad contemporánea han sido innumerables. Recuerdo con especial cariño las conferencias que impartí sobre series y arte contemporáneo en la Universidad Autónoma de Madrid, invitado por Fernando Castro Flórez, y en la Universidad de Granada, invitado por Domingo Sánchez Mesa. Y los seminarios que di o coordiné sobre el tema en el Espai Caja Madrid, gracias a la invitación de Carme Cruañas; el Museo de Arte Contemporáneo de Barcelona, por sugerencia de Paul B. Preciado y Bartomeu Marí, y en la Universidad Veritas de Costa Rica, gracias a la generosidad de Carla Pravisani y María Lourdes Cortés.

En 2013 decidí que la latinoamericana sería la *edición definitiva* del libro porque entonces planeaba publicar en el futuro un segundo volumen sobre el tema, que se titularía *Telefreud*. He desestimado la realización de ese proyecto, porque las series ya no son tan importantes en mi imaginario, mi consumo cultural ni mi escritura como lo eran a principios de la década pasada. Esa es la razón de ser de esta remasterización del libro, que he hecho a partir de una selección de ensayos que he escrito durante los últimos diez años. He corregido y ampliado también el texto original. En todo ese proceso de relectura y edición me he dado cuenta de que la tercera edad de oro de la televisión no ha terminado, pero sí lo ha hecho un tipo de experiencia colectiva.

Durante un par de meses, al tiempo que veíamos 24, Andrés y yo seguíamos *CSI: Las Vegas*. Ese es uno de los placeres de las teleseries: contemporizarlas y, sobre todo, compartirlas. Recuerdo el capítulo final de la quinta temporada, dirigido por Quentin Tarantino. Fue una vivencia inolvidable. El inicio de una ruta que tal vez terminó el 19 de mayo de 2019, cuando vi con Marilena el último episodio de *Game of Thrones*. Qué bestia, qué maravilla. Algo concluyó entonces. Una etapa emocional e intelectual, tal vez. Una sincronía internacional, una resonancia del espíritu de la época.

Ese año de 2019 fue el del capítulo final de otra serie que también hizo historia: la comedia *Veep*. En mi recapitulación del *New York Times* afirmé que, pese a la alta calidad de esos y otros títulos, como *Watchmen*, por primera vez en el siglo xxi las mejores series del año habían sido europeas: *Fleabag, Gomorra, Years and Years, The Virtues*. Las españolas *Fariña* y *Antidisturbios,* la italiana *Gomorra* o las israelíes *Fauda* y *Valley of Tears* también han destacado en el panorama internacional de estos años. La serie más vista y comentada de 2021 fue la coreana *El juego del calamar*. En 2022 ha regresado con su cuarta temporada una de las mejores series de la historia, la danesa *Borgen*. La tercera edad de oro de la televisión se ha vuelto absolutamente global. ¿Significa eso que el ADN de la obra de William Shakespeare ya no es medular en los guiones de las series? Aunque en las europeas, israelíes o asiáticas encontramos una genética propia, se ha impuesto la retórica anglosajona en el lenguaje serial y el autor de *Hamlet* y *El rey Lear* es el gran referente internacional de la tragicomedia. De modo que las series continúan siendo puro Teleshakespeare una década después de que yo encontrara el título de este libro, como se comprobó –una vez más– al final de la segunda temporada de la excelente ucronía *For the Mankind*, cuando en la Luna los astronautas Tracy y Gordo llevan hasta el extremo de la tragedia su historia de amor y desamor, por el bien de la humanidad. Se siguen produciendo obras potentes y siguen siendo teleshakesperianas, pero ha desaparecido la energía que nos vinculó durante la efervescencia del fenómeno. Lo que sentimos el día en que terminaron *Lost, Breaking Bad* o *Game of Thrones*. En la atomización de las plataformas y la multiplicación absurda de la oferta, no creo que volvamos a experimentar aquella entrega personal, aquella energía compartida, aquella comunión con otros millones de espectadores.

Por eso esta edición sí es definitiva. Termina con el texto que escribí el 20 de mayo de 2019. Con las cenizas de aquella emoción, tan parecidas a las que sobrevolaban la atmósfera de Desembarco del Rey. Con los ecos de aquella vibración mental, que tantos echaremos de menos. Y con esta despedida.

Mataró, Castellammare di Stabia, Barcelona,
diciembre de 2007-junio de 2022

# Películas citadas

Abrams, J. J., *Cloverfield* (2008)
Abrams, J. J., *Star Trek XI* (2009)
Abrams, J. J., *Mission: impossible III* (*Misión: imposible III*, 2006)
Altman, Robert, *Short Cuts* (*Vidas cruzadas*, 1993)
Bird, Brad, *The Incredibles* (*Los increíbles*, 2004)
Bowman, Rob, *The X Files: Fight the Future*
(*Expediente X: enfréntate al futuro*, 1998)
Carnahan, Joey, *The A-Team* (*El equipo A*, 2010)
Clark, Larry, *Kids* (1995)
Coen, Joel y Ethan, *The Ballad of Buster Scruggs*
(*La balada de Buster Scruggs*, 2018)
Clooney, George, *Good Night, and Good Luck*
(*Buenas noches, y buena suerte*, 2005)
Cronenberg, David, *The Fly* (*La mosca*, 1986)
Cuarón, Alfonso, *Children of Men* (*Hijos de los hombres*, 2006)
Davis, Andrew, *The Fugitive* (*El fugitivo*, 1993)
De Palma, Brian, *Mission: Impossible* (*Misión: imposible*, 1996)
Donner, Richard, *The Goonies* (*Los Goonies*, 1985)
Donner, Richard, *Maverick* (1994)
Fincher, David, *The Social Network* (*La red social*, 2010)
Ford Coppola, Francis, *The Godfather* (*El padrino*, 1972-1990)
Frankel, David, *The Devil Wears Prada*
(*El diablo viste de Prada*, 2006)
González Iñárritu, Alejandro, *Amores perros* (2000)
Griffith, D.W., *The Birth of a Nation* (*El nacimiento de una
nación*, 1915)
Hitchcock, Alfred, *Vertigo* (*Vértigo*, 1958)

Hooper, Tobe, *Poltergeist* (1982)
Kaufman, Philip, *Invasion of Body Snatcher*
(*La invasión de los ultracuerpos*, 1978)
Kotcheff, Ted, *Rambo* (1982)
Lynch, David, *Mulholland Drive* (2001)
Lynch, David, *Wild at Heart* (*Corazón salvaje*, 1990)
Luhrmann, Baz, *Romeo + Juliet* (*Romeo + Julieta*, 1996)
Mankiewicz, Joseph L., *All about Eve* (*Eva al desnudo*, 1950)
Marshall, Frank, *Alive!* (*¡Viven!*, 1993)
Marshall, George, *The Perils of Pauline*
(*Los peligros de Paulina*, 1947)
McNaughton, John, *Henry, Portrait of a Serial Killer*
(*Henry: Retrato de un asesino*, 1986)
McTeigue, James, *V for Vendetta* (*V de Vendetta*, 2006)
Miller, George, *Mad Mad* (1979)
Mitchell, Mike, *Sky High* (*Sky High, escuela de altos
vuelos*, 2005)
Neveldine, Mark y Brian Taylor, *Gamer* (2009)
Nolan, Christopher, *Inception* (*Origen*, 2010)
Nolan, Christopher, *Memento* (2000)
Pakula, Alan J., *All the President's Men* (*Todos los hombres del
presidente*, 1976)
Petersen, Wolfgang, *Enemy Mine* (*Enemigo mío*, 1985)
Phillips, Todd, *Starsky & Hutch* (2004)
Pollack, Sydney, *The Three Days of the Condor* (*Los tres días
del Cóndor*, 1975)
Reitman, Ivan, *Ghostbusters* (*Cazafantasma*s, 1984)
Russo, Anthony y Joe, *Avengers: Endgame*
(*Vengadores: Final de partida*, 2019)
Scorsese, Martin, *Taxi Driver* (1976)
Scott, Ridley, Alien (*Alien: el octavo pasajero*, 1979)
Scott, Ridley, *Blade Runner* (1982)
Scott, Tony, *True Romance* (*Amor a quemarropa*, 1993)
Scott, Tony, *Spy Game* (*Juego de espías*, 2001)
Smith, Kevin, *Cop Out* (*Vaya par de polis*, 2010)
Snyder, Zack, *300* (2007)
Snyder, Zack, *Watchmen* (2009)

Sonnenfeld, Barry, *The Addams Family* (*La familia Adams*, 1991)
Spielberg, Steven, *Jaws* (*Tiburón*, 1975)
Spielberg, Steven, *E.T. the Extra-Terrestrial*
(*ET, el extraterrestre*, 1982)
Spielberg, Steven, *Raiders of the Lost Ark*
(*En busca del arca perdida*, 1981)
Spielberg, Steven, *Ready Player One* (2018)
Stone, Oliver, *Natural Born Killers* (*Asesinos natos*, 1994)
Thomas, Betty, *The Brady Bunch Movie*
(*La tribu de los Brady*, 1995)
Vaughn, Matthew, *Kick-Ass* (2010)
Wachowski, Lana y Lilly, *The Matrix* (*Matrix*, 1999)
Jack Webb, *Dragnet* (*Redada*, 1954)
Welles, Orson, *Citizen Kane* (*Ciudadano Kane*, 1941)
Wellman, William A., *The Public Enemy* (*Enemigo Público*, 1931)
Wilder, Billy, *The Private Life of Sherlock Holmes*
(*La vida privada de Sherlock Holmes*, 1970)
Wise, Robert, y Robbins, Jerome, *West Side Story* (1961)
Wright, Edgar, *Scott Pilgrim vs. the World*
(*Scott Pilgrim contra el mundo*, 2010)
Zemeckis, Robert, *Back to the Future* (*Regreso al futuro*, 1985)

# Teleseries citadas

*Abigail* (RCTV: 1988-1989)
*Alfred Hitchcock Presents*
(*Alfred Hitchcock presenta*, CBS: 1955-1965)
*Alias* (ABC: 2001-2006)
*Ally McBeal* (Fox: 1997-2002)
*American Crime Story* (FX: 2016-)
*American Gods* (Starz: 2017-2021)
*American Horror Story* (FX: 2011-)
*Arrow* (The CW: 2012-2020)
*Battlestar Galactica*
(*Galáctica: Estrella de combate*, ABC: 1978-1979)
*Battlestar Galactica*
(*Galáctica: Estrella de combate*, Sky1: 2003-2009)
*Berlin Alexanderplatz* (Westdeutscher Rundfunk: 1980)
*Better Call Saul* (AMC: 2015-2022)
*Billions* (Showtime: 2016-)
*Black Mirror* (Channel 4: 2011-2019)
*Blue Bloods* (CBS: 2010-)
*Boardwalk Empire* (HBO: 2010-2014)
*Bones* (Fox: 2005-2017)
*Borgen* (DR1: 2010-)
*Boss* (Starz: 2011-2012)
*Boston Legal* (ABC: 2004-2008)
*Breaking Bad* (AMC: 2008-2013)
*Buffy, the Vampire Slayer*
(*Buffy, cazavampiros*, The WB: 1997-2001; UPN: 2001-2003)
*Californication* (Showtime: 2007-2014)

*Caprica* (Syfy: 2010)
*Carnivàle* (HBO: 2003-2005)
*Cheers* (NBC: 1982-1993)
*China Beach* (*Playas de China*, ABC: 1988-1991)
*Commander in Chief* (*Señora Presidenta*, ABC: 2005-2006)
*CSI* (CBS: 2000-2015)
*Dallas* (CBS: 1978-1991)
*Damages* (*Daños y perjuicios*, FX: 2007-2010;
Direct TV: 2011-2012)
*Daredevil* (Marvel Television: 2015-2018)
*Dark* (Netflix: 2017-2020)
*Dark Shadows* (ABC: 1966-1971)
*Deadwood* (HBO: 2004-2007)
*Death Valley Days* (Diversas productoras: 1952-1975)
*Desperate Housewifes* (*Mujeres desesperadas*, ABC: 2004-2012)
*Devs* (FX: 2020)
*Dexter* (Showtime: 2006-2013)
*Diary of a Call Girl* (*Servicio completo*, ITV: 2007-2011)
*Dinasty* (*Dinastía*, ABC: 1981-1989)
*Doctor Who* (BBC: 1963-1989)
*Dollhouse* (Fox: 2009-2010)
*Doragon Bōru* (*Bola de drac*, Toei Animation: 1986-1989)
*Dragnet* (1951-1959)
*El Ministerio del Tiempo* (TVE: 2015-2020)
*El vecino* (Netflix: 2019-2021)
*E.R.* (*Urgencias*, NBC: 1994-2009)
*Ellen* (ABC: 1994-1998)
*Falcon Crest* (Lorimar: 1986-1990)
*Family Guy* (*Padre de familia*, Fox: 1999-2002; 2005-)
*Fargo* (1996)
*Fargo* (FX: 2014-)
*Fariña* (Altresmedia: 2018)
*Fauda* (Netflix: 2015-)
*FlashForward* (ABC: 2009-2010)
*Fleabag* (BBC: 2016-2019)
*For the Mankind* (*Para toda la humanidad*, Apple TV: 2019-)
*Friday Night Lights* (NBC: 2006-2011)

*Fringe* (Fox: 2008-2013)
*Generation Kill* (HBO: 2008)
*Game of Thrones* (*Juego de tronos*, HBO: 2011-2019)
*Girls* (HBO: 2012-2017)
*Glow* (Netflix: 2017-2019)
*Gomorra* (Sky-Rai3: 2014-2021)
*Good Times* (CBS: 1974-1979)
*Grey's Anatomy* (*Anatomía de Grey*, ABC: 2005-)
*Halt and Catch Fire* (AMC: 2014-2017)
*Hell on Wheels* (*Infierno sobre ruedas*, AMC: 2012-2016)
*Heroes* (*Héroes*, NBC: 2006-2010)
*Hill Street Blues* (*Canción triste de Hill Street*, NBC: 1981-1987)
*Homeland* (Showtime: 2012-2020)
*Homicide: Life on the Street* (*Homicidio*, NBC: 1993-1999)
*House of Cards* (Netflix: 2013-2018)
*Hunted* (BBC: 2012)
*I Love Dick* (Amazon Studios: 2016)
*I Love Lucy* (CBS: 1951-1957)
*I May Destroy You* (HBO-BBC: 2021)
*I Spy* (*Yo soy espía*, NBC: 1965-1968)
*In Treatment* (*En terapia*, HBO: 2008-)
*JAG* (*JAG: Alerta Roja*, NBC: 1995-1996; CBS: 1997-2005)
*Jericho* (CBS: 2006-2008)
*Knight Rider* (*El coche fantástico*, NBC: 1982-1986)
*Kojak* (CBS: 1973-1978; USA Network: 2005)
*Kyaputen Tsubasa* (*Campeones*,
Tsuchida Productions: 1983-1986)
*La casa de papel* (Antena 3-Netflix: 2017-2021)
*L.A. Law* (*La ley de Los Ángeles*, NBC: 1986-1994)
*Law and Order* (*Ley y orden*, NBC: 1990-2010)
*La peste* (Movistar+: 2018-2019)
*Legion* (Marvel Television: 2017-2019)
*Lie to me* (*Miénteme*, Fox: 2009-2011)
*Lost* (*Perdidos*, ABC: 2004-2010)
*Lou Grant* (CBS: 1977-1982)
*M\*A\*S\*H* (CBS: 1972-1983)
*MacGyver* (ABC: 1985-1992)

*Mad Men* (AMC: 2007-2015)
*Magic City* (Starz: 2012-2013)
*Magnum, P.I.* (CBS: 1980-1988)
*Malcolm in the Middle* (Fox: 2000-2006)
*Masters of Sex* (Showtime: 2014-2016)
*Miami Vice* (*Corrupción en Miami*, NBC: 1984-1990)
*Mike Hammer, Private Eye* (*Mike Hammer, detective privado*,
CBS: 1984-1985)
*Mission: impossible* (*Misión imposible*, CBS: 1966-1973)
*Modern Family* (ABC: 2009-2020)
*Monk* (USA Network: 2002-2009)
*Moonlighting* (*Luz de luna*, ABC: 1985-1989)
*Murder, She Wrote* (*Se ha escrito un crimen*, CBS: 1984-1996)
*New Amsterdam* (NBC: 2018-)
*Nip/Tuck* (FX: 2003-2010)
*No Ordinary Family* (*Los increíbles Powell*, ABC: 2010-2011)
*Northern Exposure* (*Doctor en Alaska*, CBS: 1990-1995)
*Nurse Jackie* (Showtime: 2009)
*NYPD Blue* (*Policías de Nueva York*, ABC: 1993-2005)
*Ojingeo Geim* (*El juego del calamar*, Netflix: 2021-)
*Orange is the New Black* (Lionsgate Television: 2013-2019)
*Ozark* (Netflix: 2017-2022)
*Paquita Salas* (Netflix: 2016-2019)
*Peaky Blinders* (BBC: 2013-2022)
*Person of Interest* (CBS: 2012-2016)
*Prison break* (Fox: 2005-2009)
*Pose* (FX: 2018-2021)
*Queer as Folk* (Channel 4: 1999-2000)
*Remington Steele* (NBC: 1982-1987)
*Riget* (*El reino*, DR: 1994-1997)
*Rome* (*Roma*, HBO-BBC-RAI: 2005-2007)
*Rubicon* (AMC: 2010)
*Sense8* (Netflix: 2015-2018)
*Sex and the City* (*Sexo en Nueva York*, 1998-)
*Sex Education* (Netflix: 2019-)
*Shark* (CBS 2006-2008)
*Sherlock* (BBC: 2010-2017)

*Six Feet Under* (*A dos metros bajo tierra*, HBO: 2001-2005)
*Show me a Hero* (HBO: 2015-)
*Skam* (Norsk rikskringkasting: 2015-2017)
*Skins* (E4: 2007-2013)
*Soap* (*Enredo*, ABC: 1977-1981)
*Sons of Anarchy* (*Hijos de la anarquía*, FX: 2008-2014)
*Spartacus* (*Espartaco*, Starz: 2010-2012)
*Sports Night* (ABC: 1998-2000)
*Starsky & Hutch* (ABC: 1975-1979)
*Stranger Things* (Netflix: 2016-2022)
*Street Hawk* (*Halcón callejero*, ABC: 1985)
*Studio 60 on the Sunset Strip* (NBC: 2006-2007)
*Supernatural* (Warner: 2005-2006; CW: 2006-2020)
*Super Pumped. The Battle for Uber*
(*Super Pumped. La batalla por Uber*, Showtime: 2022-)
*Survivors* (BBC: 1975-1977)
*S.W.A.T.* (ABC: 1975-1976)
*The Addams Family* (*La familia Adams*, ABC: 1964-1966)
*The Agency* (*La agencia*, CBS: 2001-2003)
*The A-Team* (*El equipo A*, NBC: 1983-1987)
*The Big Bang Theory* (CBS: 2007-2019)
*The Billion Dollar Code* (*El código de la discordia*,
Netflix: 2021)
*The Borgias* (*Los Borgia*, Showtime: 2011-2013)
*The Brady Bunch* (*La tribu de los Brady*, ABC: 1969-1974)
*The Corner* (HBO: 2000)
*The Crown* (Netflix: 2016-)
*The Dead* (*Los muertos*, Fox: 2010-2011)
*The Deuce* (HBO: 2017-2019)
*The Event* (NBC: 2010-2011)
*The Flintstones* (*Los Picapiedra*, ABC: 1960-1966)
*The Following* (Fox: 2013-2015)
*The Fresh Prince of Bel-Air* (*El príncipe de Bel-Air*,
NBC: 1990-1996)
*The Girlfriend Experience* (Starz: 2016-)
*The Knick* (Warner Bros: 2014-2015)
*The Good Fight* (CBS: 2017-)

*The Good Wife* (CBS: 2009-2016)
*The Greatest American Hero* (*El gran héroe americano*,
ABC: 1981-1983)
*The Jeffersons* (CBS: 1975-1986)
*The Killing* (AMC: 2011-2014)
*The Last Semester* (*El último semestre*, Playboy: 2009)
*The Leftovers* (HBO: 2014-2017)
*The Little Drummer Girl* (*La chica del tambor*, BBC: 2018)
*The Marvelous Mrs. Maisel*
(*La maravillosa señora Maisel*, Amazon Studios: 2017-)
*The Newsroom* (HBO: 2012-2014)
*The Shield* (FX: 2002-2008)
*The Simpsons* (*Los Simpson*, Fox: 1989-)
*The Sopranos* (*Los Soprano*, HBO: 1999-2007)
*The Tudors* (*Los Tudor*, BBC2: 2007-2010)
*The Umbrella Academy* (Netflix: 2019-)
*The Virtues* (Channel 4: 2019)
*The Walking Dead* (AMC: 2010-)
*The West Wing* (*El ala oeste de la Casa Blanca*, NBC: 1999-2006)
*The Wire* (HBO: 2002-2008)
*Third Watch* (*Turno de guardia*, NBC: 1999-2005)
*13 Reasons Why* (*Por trece razones*, Netflix: 2017-2020)
*This is Us* (NBC: 2016-)
*Thirtysomething* (*Treintaytantos*, ABC: 1987-1991)
*Topacio* (RCTV: 1984-1985)
*Transparent* (Amazon Studios: 2014-2017)
*Treme* (HBO: 2010-2013)
*True Blood* (*Sangre fresca*, HBO: 2008-2014)
*True Detective* (HBO: 2014-2019)
*24* (FOX: 2001-2010)
*Twin Peaks* (ABC: 1990-1991)
*Undercovers* (*Encubiertos*, NBC: 2010)
*V* (ABC: 2009-2011)
*V* (NBC: 1984-1985)
*Valley of Tears* (Kan 11: 2020)
*Veronica Mars* (UPN: 2004-1006; The CW Network: 2006-2007)
*Watchmen* (HBO: 2019)

*Westworld* (HBO: 2016-)
*Whithout a Trace* (*Sin rastro*, CBS: 2002-2009)
*Vikings* (*Vikingos*, History: 2013-2020)
*WandaVision* (Disney+: 2021-)
*Weeds* (Showtime: 2005-2012)
*The X-Files* (*Expediente X*, FOX: 1993-2002)

# Otros libros de Jorge Carrión
# en Galaxia Gutenberg

«Hay muchísima gente interesada en las librerías más famosas del mundo: Jorge Carrión las ha visitado todas.»

Margaret Atwood

«Delicioso libro.»

Piedad Bonnett, *El Espectador*

«Existen libros cuyas primeras páginas ya nos advierten de algo: que volveremos a ellos en constantes relecturas. Esta nueva obra de Carrión es uno de ellos.»

Fernado Clemot, *Quimera*

«Un mapa, una apuesta, una confesión y una brillante amalgama de librerías, bibliotecas, conversaciones, búsquedas y homenajes.»

Fernando Rodríguez Lafuente, *ABC Cultural*

Las bibliotecas y las librerías –reales o de ficción, recorridas o leídas– son escenarios fundamentales de nuestra educación sentimental e intelectual. En este libro de crónicas que ensayan y de ensayos narrativos, Jorge Carrión viaja a las innovadoras bibliotecas y librerías de Seúl; investiga en Nápoles y en Capri la historia de la mítica casa de Curzio Malaparte; entrevista a libreros y a escritores de Miami; conversa sobre libros y ciudades con Alberto Manguel, Iain Sinclair, Luigi Amara o Han Kang; interpreta las bibliotecas de Don Quijote y del Capitán Nemo, y rinde homenaje a algunas de las librerías y de las bibliotecas más fascinantes del mundo –y de su propia vida.

Mientras Amazon sigue conquistando espacios físicos y virtuales, el autor de *Librerías* –el libro de referencia internacional sobre el tema, traducido a las lenguas más importantes del mundo– y de «Contra Amazon. Siete razones / Un manifiesto» –que ha sido un auténtico fenómeno en el mundo cultural anglosajón– defiende la figura del librero y la librería de autor, al tiempo que nos invita a viajar y –sobre todo– a leer con espíritu crítico.

Jorge Carrión
Lo viral

Galaxia Gutenberg

«Un buen ensayo sobre lo que está pasando.»

José Carlos Mainer,
*El Heraldo de Aragón*

«Jorge Carrión pensó justamente
el presente, la pandemia, en un librito
fantástico.»

Alberto Olmos,
*El Confidencial*

«El mejor ensayo que has leído ha sido
el de Jorge Carrión, *Lo viral*, quizá
su mejor libro.»

Miguel Ángel Hernández,
*La verdad de Murcia*

«No se lo pierdan.»

Flavia Pittella, *Infobae*

«Un libro pequeñito, exquisito.»

Mar Abad, *Yorokobu*

¿El siglo xxi empezó con la caída de las Torres Gemelas de Nueva York o con
la entrada de un virus en el cuerpo de un hombre en Wuhan? ¿Es el SARS-CoV-2
el primer patógeno cyborg? ¿Netflix, Zoom o Amazon son multinacionales pandémicas?
¿Cómo se puede representar la transformación de la ciencia ficción en realidad
cotidiana?

*Lo viral* es, al mismo tiempo, una reconstrucción histórica de los primeros meses
del coronavirus, un ensayo fragmentario sobre la viralidad digital, la memoria
de una biblioteca en cuarentena, un experimento de crítica cultural y un diario falso
pero sincero.

Jorge Carrión
Membrana

Galaxia Gutenberg

«Un texto fascinante. Una obra
verdaderamente extraordinaria.»

Marta Sanz

«Un libro deslumbrante e intrigante,
que no se parece a ningún otro:
extraordinario.»

Martín Caparrós

«Es fascinante esta novela, o lo que sea.
La cantidad de ideas que genera por
página es apabullante, como lo es su
originalidad.»

José Ovejero, *La marea.*

«Una sacudida perturbadora.»

Domingo Ródenas de Moya, *Babelia*

Año 2100. Se inaugura el Museo del Siglo XXI. El texto que leemos es el del catálogo
de la exposición permanente, escrito con fuerza poética y ensayística por una inteligencia
artificial. En él se cuenta la relación ancestral de la humanidad con la tecnología;
cómo nacieron los híbridos y las conciencias algorítmicas; cómo cobró forma
un nuevo imperio. Una novela que se interroga sobre lo que significa hoy ser humano
y se inscribe en los grandes debates contemporáneos. Inesperada, brillante, muy original.

Jorge Carrión
Todos los museos son
novelas de ciencia ficción

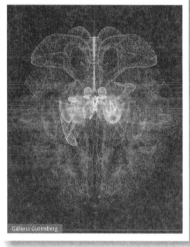

Galaxia Gutenberg

«Un proyecto complejo y coherente que se expresa en diferentes lenguajes.»

Anna Maria Iglesias,
*La Lectura*

«Una narración en definitiva de la que podemos afirmar que refleja como pocas el goce de la inteligencia en lo que esta tiene de más preciado: el juego. Espléndida.»

Juan Ángel Juristo,
*ABC*

«Un libro que es una exposición, que es una novela, que es un cómic; que es un viaje en el tiempo, que es un modelo computacional, que es también un entrelazado cuántico.»

Iván Pintor Iranzo,
*Diario de Tarragona*

Junio de 2019. Jorge Carrión recibe un extraño correo electrónico. Lo firma alguien llamado Mare, que parece vivir en el futuro. La conversación durará varias semanas demenciales, durante las cuales el narrador recurrirá a lecturas de todo tipo, a *2001: Una odisea del espacio*, a artistas, a Google y a expertos en física cuántica, ciberseguridad e inteligencia artificial para tratar de entender lo que está viviendo.

El resultado de esa vivencia paranormal es esta novela, que puede leerse también como el catálogo de la exposición del mismo nombre. O viceversa, pues al fin y al cabo todos los museos son novelas de ciencia ficción.

Una idea original de Jorge Carrión, desarrollada y escrita por él, diseñada por Fernando Rapa y parcialmente imaginada en forma de cómic por Roberto Massó. Con la participación de: Barcelona Supercomputing Center, Francisco Baena, Fernando Cucchietti, José Guerrero, Kate Crawford, Luís Graça, Vladan Joler, Robert Juan-Cantavella, Alicia Kopf, Justine Emard, Marta de Menezes, Joana Moll, Marta Peirano, Saša Spačal y Mirjan Švagelj.